EL GRAN LIBRO DE ETIQUETA

CAMILLE LE CARRE

EL GRAN LIBRO DE ETIQUETA

CREADO Y EDITADO POR
CAMILLE LE CARRE PARA
EDITORIAL CONCEPTS
Ilustraciones: PONTET

45 Valencia Avenue
Coral Gables, Florida 33134

Alcalá 26,
28014 Madrid, España

www.booksinspanish.com
edicon@gate.net

Copyright © 1999 by
EDITORIAL CONCEPTS, Inc.
ISBN: 0-939193-65-5

Printed in Mexico.
Impreso en México.
CAM-SAN Impresores
Cuautitlán Izcalli
Estado de México, México

DISTRIBUIDORES

ESTADOS UNIDOS Y AMERICA CENTRAL
Spanish Periodical
& Book Sales, Inc.
Miami, Florida

MEXICO
Pernas & Cía.
Editores y Distribuidores,
S.A. de C.V.

PUERTO RICO
Agencia de Publicaciones
de Puerto Rico
San Juan, Puerto Rico

REPUBLICA DOMINICANA
Agencia de Publicaciones
de Santo Domingo
Santo Domingo (R.D.)

COLOMBIA, COSTA RICA, ECUADOR, PANAMA, PERU
Vargas & Associates
International Group

VENEZUELA
Distribuidora Continental, S.A.
Caracas, Venezuela

CONTENIDO

1
LA PRIMERA REGLA: ¡PROYECTE SIEMPRE SU MEJOR IMAGEN!

2
¡EL HOMBRE ELEGANTE ES EL COMPLEMENTO DE TODA MUJER DE IMPACTO!

3
¡CUATRO SECRETOS PARA PROYECTAR UNA PERSONALIDAD FASCINANTE!

EL GRAN LIBRO DE ETIQUETA

4
¡LA CORTESIA HALAGA!

5
EL ARTE DE INVITAR

6
LA ETIQUETA EN LA MESA

7
PARA CADA OCASION, UNA MESA
Y UN SERVICIO DIFERENTES

8
EL EQUIPO INDISPENSABLE
PARA LA
ANFITRIONA PERFECTA

9
LA ETIQUETA ACTUAL
EN El RESTAURANTE

10
ETIQUETA EN ESAS OCASIONES ESPECIALES

11
LA ETIQUETA DE LA BODA

12
LA ETIQUETA EN LA INTIMIDAD

13
LOS NIÑOS Y LA ETIQUETA

14
LA ETIQUETA Y LA MUJER SOLTERA

15
LA ETIQUETA PARA LA MUJER QUE TRABAJA

16
LA ETIQUETA EN ESAS SITUACIONES ESPECIALES

APENDICE I
HABLEMOS DE VINOS
página 348

APENDICE II
LOS 30 COCTELES MAS POPULARES

INTRODUCCION

El diccionario define la palabra **etiqueta** como "reglas del decoro que gobiernan y guían el comportamiento humano". Y si buscamos su etimología, encontraremos un detalle muy interesante: *etiqueta* se deriva del vocablo francés *étiquette,* con el que los nobles franceses del siglo XVIII se referían a los letreros de "No pise la grama" que los jardineros del Palacio de Versalles, durante el reinado de Luis XIV, colocaban junto a los fabulosos canteros que creaban. El también llamado *Rey Sol de los franceses* no sólo se distinguió por su magnífica obra cultural y por el esplendor de las construcciones que emprendió, sino por ser sumamente estricto en cuanto a los modales y rutinas sociales de los miembros de su Corte. Así estableció toda una serie de normas de comportamiento, y fue muy exigente en cuanto al cumplimiento de las mismas.

Yo definiría que la *etiqueta* actual consiste en:

■ Una serie de reglas (aunque quizás el término *sugerencias* sea más apropiado para evitar la implicación de imposición) que contribuyan a desarrollar en nosotros un sentido del decoro, los buenos modales y

(¡muy principalmente!) la consideración y el respeto hacia las personas que tenemos a nuestro alrededor.

Y si alguien me pidiera una Regla de Oro que comprendiera todos los principios que se exponen en este libro que ahora tiene en sus manos, no vacilaría en exponerla rápidamente.

No hagas a los demás lo que no quieras que te hagan a ti.

Es evidente que si aplicamos este principio elemental en nuestro comportamiento diario, si utilizamos en todo momento la corrección, la moderación, y un sentido equilibrado de lo que es *tener clase y estilo,* estaremos cumpliendo con nuestras obligaciones en esta sociedad en la que nos desarrollamos.

Por supuesto, el sentido de la *etiqueta* no es un instinto con el cual nacemos los seres humanos. Las reglas básicas de nuestro comportamiento-en-sociedad deben ser aprendidas a medida que vamos creciendo, e igualmente debemos continuar desarrollando –en todo momento– la flexibilidad necesaria para enfrentarnos a situaciones nuevas ante las cuales a veces es preciso mostrar tolerancia y hasta hacer concesiones para mantener la armonía. Pero, de nuevo, si aprendemos a respetar los sentimientos, los intereses y las emociones de nuestros semejantes, entonces estaremos capacitados para ser miembros de una sociedad y compartir en paz este planeta en el que todos debemos convivir y ser productivos.

LOS ORIGENES DE LA ETIQUETA

Se pierden en la Historia. Es probable que el hombre primitivo aprendiera una serie de rutinas elementales de convivencia, cuyo propósito fuera principalmente la conservación de la especie. A partir de ese concepto rudimentario, la *etiqueta* fue evolucionando, y los antropólogos de hoy han llegado a determinar que la primera muestra en sí de la *etiqueta* –como la conocemos hoy– posiblemente surgió con el acto ceremonioso de estrechar las manos... un gesto de paz y amistad (además de mostrar que no se llevan armas ocultas), que se presenta independiente y simultáneamente entre grupos étnicos aislados, demostrando que ese sentido de la consideración hacia el prójimo es universal y denominador común entre todos los seres humanos, aunque puedan existir variaciones según las costumbres del país o región.

Desde luego, la *etiqueta* ha ido evolucionando al mismo ritmo que la vida, mucho más después de las dos grandes guerras mundiales, cuyos destrozos físicos y morales hicieron comprender a muchos lo inútil de imponer reglas rígidas y artificiales que tienen poco valor cuando el ser humano se ve amenazado. Así, vemos cómo la *etiqueta* se ha ido adaptando a diferentes épocas:

■ En el siglo XI, por ejemplo, las crónicas se refieren a una joven noble veneciana que era severamente criticada por los eclesiásticos al atreverse a utilizar en público un tenedor (en vez de un cuchillo... el único cubierto aceptado socialmente en aquellos días).

■ Siglos más tarde, en la etapa romántica de los caballeros armados, surgió la costumbre de que el caballero descubriera la parte superior de su armadura para identificarse al ser presentado... una rutina social que fue transformada más tarde en el hábito de que el hombre descubra su cabeza en señal de saludo o de respeto al encontrarse con otra persona.

Abundan las curiosidades de este tipo en la historia de la *etiqueta*. En 1832, por ejemplo, una autora británica (conocida únicamente como Mrs. Trollope), publicó en los Estados Unidos lo que se considera uno de los primeros libros de *etiqueta* en el hemisferio occidental: *Domestic Manners Of The Americans*. En el mismo la autora mostraba su asombro ante la costumbre de que los norteamericanos jamás cerraran las puertas de sus casas, porque consideraban que al hacerlo estaban cometiendo una ofensa mayor contra sus vecinos... "algo que es absolutamente normal en Inglaterra". Mrs. Trollope también establecía una distinción muy definida entre ambos sexos, e inclusive recomendaba que el hombre que acompañara a una mujer en un paseo por el campo debía permanecer de pie en todo momento, aun cuando su compañera se sentara a descansar por un rato.

Muchas de estas recomendaciones arbitrarias se fueron flexibilizando con los años, desde luego. En 1922 –también en los Estados Unidos– la especialista en *etiqueta*, Emily Post, ya aceptaba que el hombre se sentara junto a una mujer en el campo, pero le prohibía terminantemente que lo hiciera en un lugar público (a menos que fuera su esposo)... "¡y nunca en un restaurante!". Por supuesto, según ella, el cuerpo femenino debía estar cubierto totalmente en todo momento (hasta en la playa), y todavía algunas de nuestras abuelas recuerdan con cierta nostalgia aquella época en que exhibir la pantorrilla provocaba poco menos que un escándalo entre hombres apasionados.

La *etiqueta* actual está lejos de esas imposiciones arbitrarias y artificiales de antaño, aunque la tradición ancestral sigue vigente en muchas ocasiones, especialmente en lo que a ceremonias se refiere. Y es ese nuevo concepto de cómo mostrar consideración y respeto a quienes tenemos a nuestro alrededor lo que constituye la base de este libro. Al comenzar un nuevo milenio, nos encontramos con que el mundo de hoy es distinto... la evolución de nuestros hábitos y costumbres ha sido formidable, especialmente en las últimas décadas del siglo pasado: los medios de comunicación han eliminado prácticamente todas las fronteras de la faz de la Tierra, mucho más con el auge actual del Internet. Asimismo, muchas familias están fragmentadas (por divorcios, muertes, o por necesidades físicas y profesionales), una situación que antes pocas veces se presentaba y que era casi siempre inaceptable. También la mujer de hoy se ha ido incorporando con una determinación formidable a la fuerza laboral y a la política en casi todos los países, compitiendo activamente con el hombre en campos que antes eran dominados por él. Y, desde luego, hay que considerar que nuestros hogares han sido invadidos por dos elementos foráneos que ya consideramos indispensables: el teléfono (en todas sus variedades) y la televisión. No es de extrañar que la mujer haya dejado de pensar en el matrimonio y en la familia como sus únicos propósitos en la vida... y que muchas decidan, voluntariamente, permanecer solteras.

Tomando en cuenta todas estas realidades, le presentamos este **GRAN LIBRO DE ETIQUETA**, un nuevo concepto de lo que es la *etiqueta* en estos momentos, adaptada a realidades con las que podemos estar de acuerdo o no, pero que existen y que –por lo tanto– no pueden (ni deben) ser ignoradas. En todo momento he querido ser objetiva y flexible para mostrar a todos (y muy especialmente a las mujeres) cómo podemos proyectar esa consideración y respeto básicos hacia los demás, sin que por ello sacrifiquemos nuestros intereses en la vida o renunciemos a nuestros derechos fundamentales.

CAPITULO 1

LA PRIMERA REGLA: ¡PROYECTE (SIEMPRE) SU MEJOR IMAGEN!

La etiqueta en la actualidad va mucho más allá del enunciado de las reglas de la cortesía, el buen comportamiento y el estilo, sino que incluye esa consideración general que debemos mostrar hacia el mundo que nos rodea. Y, por supuesto, el elemento fundamental de esa consideración con los demás es la imagen que proyectamos continuamente a las personas a nuestro alrededor. Es sumamente importante que esta imagen sea la más positiva posible y que refleje al máximo nuestro atractivo personal (interno y externo) aunque estemos conscientes de no ser una belleza apabullante, capaz de detener el tráfico a nuestro paso.

Preocuparnos por nuestra imagen personal no puede (ni debe) considerarse como una señal de vanidad (aunque es perfectamente normal que todos mostremos cierta vanidad moderada), sino como una muestra de cortesía elemental hacia nuestros semejantes. Lo fundamental en este sentido es:

■ Aceptarnos tal como somos, con los puntos positivos y negativos que todos tenemos, y hacer lo que esté a nuestro alcance por mejorar

nuestra apariencia personal… en todo sentido. Y estemos conscientes de que esa imagen que proyectamos ante los demás no se basa
únicamente en el magnetismo que todas tenemos (en mayor o menor
grado), sino en una serie de elementos combinados, todos fundamentales para la etiqueta actual.

Estos elementos son:

▪ Nuestros movimientos (conscientes e inconscientes)... el llamado
lenguaje silente del cuerpo, al que tanta importancia se le presta hoy
en día.
▪ Nuestro gusto al vestirnos.
▪ El tono de nuestra voz al hablar.
▪ La forma de expresarnos hasta en los momentos rnás íntimos...

Todos estos elementos constituyen lo que llamamos *estilo,* y no hay duda
de que cada individuo tiene un *estilo personal* que lo distingue de los

demás. Si este *estilo* es positivo, si sabemos comportarnos debidamente ante las diferentes situaciones a las que nos enfrenta la vida diaria, entonces estaremos cumpliendo con una serie de reglas lógicas del buen gusto que es lo que conocemos con el nombre de etiqueta.

Una *imagen positiva* y un *estilo correcto* pueden llegar a ser más importantes que la belleza física... esto está comprobado en infinidad de casos a través de la Historia de la humanidad. La Princesa Grace de Mónaco, una mujer que logró imponer su estilo personalísimo entre la aristocracia europea y el *jet set* internacional, aseguraba que "cada persona proyecta su estilo desde el interior... la apariencia externa es sólo el complemento de la imagen total". Y, en efecto:

■ Si logramos proyectar al mundo la confianza que desarrollemos en nosotros mismos (porque sabemos que nuestro *estilo* es el adecuado, el aceptado naturalmente por todos) tendremos asegurado el éxito en todos los campos. Sobre todo, contaremos a nuestro favor con armas infalibles para imponernos a los demás y triunfar en el campo más importante de todos los que tratemos de conquistar: el de las relaciones humanas.

¡SALUD Y ELEGANCIA SON SINONIMOS!

Por atractiva y elegante que sea usted, por mucho esfuerzo que haga por emitir únicamente vibraciones positivas, si su cuerpo no está en las mejores condiciones físicas, la imagen que proyectará será la de una persona abatida, cansada... ¡enferma! Mantenernos saludables no sólo es nuestro primer deber con nosotros mismos, sino que la salud es fundamental para tener éxito en las relaciones sociales. Para ello:

■ Es conveniente visitar al médico por lo menos una vez al año, y someterse a todos los exámenes de rutina que éste le indique. Una enfermedad detectada a tiempo puede prolongar su vida.

■ Si es mujer, examínese los senos periódicamente. Cualquier abultamiento, textura, o forma anormal que detecte debe ser examinada inmediatamente por su médico.

■ Si es hombre, el examen de sus testículos también es imprescindible para detectar cualquier anormalidad en ellos. Las estadísticas muestran que el cáncer testicular es hoy mucho más frecuente que años atrás; se trata de una condición que puede ser controlada si se identifica en sus primeras fases de desarrollo.

- Visite al dentista por lo menos dos veces al año. La boca es el punto focal en el rostro de toda persona, además de ser una de nuestras principales zonas erógenas.
- Mantenga sus dientes siempre limpios, y su aliento inalterablemente fresco. Cepíllese los dientes varias veces al día, y estimúlese las encías con el mismo cepillo de dientes.
- Siga una alimentación debidamente balanceada. Si su peso excede al promedio, sométase inmediatamente a una dieta (después de consultar su situación personal con su médico, para que éste le recomiende la más apropiada).
- Haga ejercicios... aunque sea por sólo quince minutos todos los días. Puede caminar, correr, nadar, andar en bicicleta, o hacer ejercicios aeróbicos (muy efectivos) en su propia casa. Los peligros de llevar una vida sedentaria son extraordinarios.
- Si considera que necesita someterse a la cirugía plástica (para un ajuste físico determinado, o simplemente para eliminar arrugas), y su presupuesto lo permite, no lo piense dos veces... se trata de una obligación que tiene con usted misma. Muy importante: ¡elija el mejor cirujano!

¡ASI VISTE LA MUJER ELEGANTE!

Una mujer bien organizada –aun cuando su presupuesto le imponga ciertos límites– debe tener un ropero apropiado para vestir de acuerdo a la ocasión que se le presente. Para esto es imprescindible que se mantenga al día en lo que se lleva, cuáles son los colores de moda, la línea que está impuesta en en el corte... Esto no quiere decir –y es muy importante enfatizarlo– que siga usted ciegamente los dictados de la moda o que se convierta en una esclava de las imposiciones de los modistas, a veces caprichosas y extravagantes. Se puede ser una *mujer elegante* y mantener al mismo tiempo un criterio propio en cuanto al vestuario; de lo contrario, todas estaríamos uniformadas con los mismos modelos y colores, y el mundo resultaría terriblemente monótono.

Pero si existe una regla fundamental en lo que se refiere a la selección de las piezas que integran nuestro guardarropa, la cual debemos observar siempre: tener propiedad... y mantenerla en todo momento:

- Invierta siempre en artículos de la mejor calidad posible; es preferible limitarnos en la variedad y no en la calidad. Muchas sabemos –hasta por experiencia propia– que hay diseños muy-a-la-moda y que, sin embargo, no se ven elegantes (por costosos que sean). En cambio, un artículo de alta calidad puede calificarse de "conservador", pero siempre mantendrá su estilo... y su elegancia, desde luego.

- Tenga siempre presente que las prendas de calidad no son las que más cuestan. Algunas pueden ser más económicas, pero tienen un diseño y calidad similar a las más costosas.

- Elija las piezas de su ropero de acuerdo a sus necesidades personales. ¿Qué imagen quiere proyectar...? ¿Cuáles son sus verdaderas necesidades sociales...? El tipo de trabajo y los compromisos sociales de una mujer son los elementos principales que deben determinar el número de piezas en su guardarropa... ¡y no sus impulsos en el momento de comprar! Por ejemplo, una mujer que tenga una profesión relacionada con el mundo de la Moda, lógicamente, debe estar siempre vestida con lo más novedoso. Por el contrario, la ejecutiva en una empresa determinada deberá estar más consciente de proyectar una imagen profesional, formal, neutral... sin que esto implique que deba olvidarse del factor elegancia, sin que su ropero se vuelva monótono.

- En este sentido, lo ideal es mantenerse al tanto de lo que los diseñadores internacionales tratan de imponer con sus diseños de estación (recuerde que las Colecciones se presentan dos veces al año... Primavera-Verano y Otoño-Invierno... en París, Milán, y Nueva York), y generalmente estos eventos son cubiertos por la prensa internacional, así como por revistas dedicadas exclusivamente al mundo de la Moda. Por supuesto, los conceptos de la Moda internacional están evolucionando constantemente, y es preciso mantenerse al tanto de las variaciones sugeridas. Pero hay una serie de reglas invariables que deben ser observadas... ¡siempre!

- Mantenga su ropero siempre en orden, y todas las piezas de su vestuario listas para ser usadas.

1
VESTIDOS Y ACCESORIOS...

■ Todas las piezas de su ropero deben estar siempre bien arregladas, insistimos, ya que su estado influye decisivamente en la imagen que usted proyecte a los demás.

■ Las telas con adornos muy elaborados (hilos metálicos y pedrería, por ejemplo) y colores de mucho impacto, no deben usarse durante el día; tampoco deben llevarse al trabajo ni a su centro de estudios, si es usted una oficinista o estudiante.

■ Adapte la Moda a sus necesidades y gustos, a su *imagen personal...* y trate de no imitar a amigas extravagantes, estrellas del cine y la televisión, etc. Recuerde que lo que a una mujer le queda bien, puede resultar totalmente desastroso en otra.

■ Preste especial atención a los accesorios; deben combinar (en tamaño, diseño y color) con el resto de su atuendo, e integrarse a su estilo personal... inclusive armonizar con su maquillaje y el estilo en que lleva peinado su cabello.

■ Al elegir sus bolsos, cinturones y zapatos, prefiera la mejor piel y un diseño discreto. Los accesorios constituyen el complemento de su vestuario, no son puntos focales para llamar la atención.

■ La armonía es esencial al elegir sus accesorios. Si es de estatura más bien pequeña, sería ilógico que eligiera un bolso gigantesco. Si el tono predominante en la ropa que ha elegido en una ocasión determinada es el rojo, evite unos zapatos azules y un bolso verde... sencillamente, ¡no armonizan!

■ Tenga también presente la hora del día, Por ejemplo, evite la formalidad de las perlas y el brillo del cristal de roca en las mañanas; sáquele mejor partido en la noche, cuando toda mujer debe emitir destellos que atraigan la atención de los demás. Sin embargo, para el día sí puede elegir un collar de cuentas de colores que armonicen con otros tonos predominantes en su atuendo, y que al mismo tiempo se convierta en el complemento perfecto de su vestuario. Es lo más apropiado.

■ ¿Los zapatos? Son importantísimos. Elija siempre diseños actuales, pero tenga en cuenta otro elemento fundamental: deben ser cómodos, para que no resten espontaneidad a sus movimientos. Igualmente considere que los zapatos, el bolso y el cinturón son elementos de su vestuario que deben guardar cierta armonía (en colores y texturas).

■ Tenga muy presente que una mujer elegante nunca sale a la calle sin su bolso.

■ Los diseños de las medias también varían... elija los más actuales. La mujer elegante siempre prefiere medias de la mejor calidad, porque está consciente de que las mismas contribuyen a resaltar el atractivo de sus piernas. Además, por lo general son más resistentes.

■ ¿Una media con un punto corrido...? Deshágase de ella, ¡inmediatamente!

■ Si usa sandalias (o zapatos abiertos), lleve medias con el talón y la puntera transparentes. Pero si prefiere llevar las sandalias con el pie desnudo, asegúrese de tener las uñas de los pies debidamente arregladas (quizás pintadas de algún color neutral, que mantenga la armonía con el color de las uñas de las manos, desde luego).

■ ¿Sus piernas...? ¡Considérelas como si fueran un accesorio más! Llévelas siempre muy bien rasuradas. Casi podemos afirmar que las piernas forman parte integral del vestuario, y esté consciente de que constituyen un punto focal ineludible para la mayoría de los hombres. Si considera que tal vez están algo descoloridas, y el contraste con el resto de su atuendo es muy marcado, ¡maquíllelas!

■ En cuanto a las joyas, existe una regla de oro infalible: es preferible la discreción al exceso. Siga esta recomendación. Y, por supuesto, es fundamental desarrollar un sentido objetivo del balance, del equilibrio de diseños, texturas y colores. Por ejemplo, un collar de piedras legítimas no debe ser opacado con una profusion de brazaletes, anillos y prendedores (aunque también sean legítimos), porque éstos le restarían su impacto.

■ La hora y la ocasión también imponen el estilo. Si recibe una invitación, no vacile en preguntar si la ocasión es formal o no... esto le permitirá elegir la ropa apropiada. Para una boda, cóctel, o recepción oficial, es obvio que la formalidad es el elemento clave. Para cenar en un restaurante, asistir a una función de teatro, una conferencia, el estilo es más informal, pero igualmente elegante.

■ En el trabajo, proyecte una imagen siempre atractiva... aunque conservadora. Rechace todos esos diseños que puedan llamar excesivamente la atención, aunque quizás sean los más apropiados para otras ocasiones. Evite las tonalidades estridentes, los escotes exagerados, las telas demasiado reveladoras, así como el exceso de joyas y accesorios. Recuerde que la mujer que trabaja debe preocuparse por mantener una imagen profesional –hasta cierto punto neutral– en todo momento… sin perder su feminidad, lógicamente.

■ La oficina, desde luego, no es el sitio para llevar *jeans,* zapatos de tenis, ni modelos muy deportivos e informales.

■ Una sugerencia final en este epígrafe: su espíritu puede ser muy joven y su dinamismo envidiable, pero su edad biológica no siempre puede ser ocultada. Vístase de acuerdo con su edad... y no exagere la nota en un sentido u otro. ¡Evite catástrofes!

■ De noche, para ocasiones especiales, acentúe los colores de su vestuario y de su maquillaje. Recuerde que las luces artificiales opacan la brillantez de los colores; ¡haga los ajustes correspondientes y luzca siempre glamorosa!

■ En la intimidad del hogar también es posible ser elegante y vestir con propiedad (vea el capítulo Etiqueta Intima, en la página xxx).

2
SU MAQUILLAJE... SU PEINADO

■ Mantenga su piel saludable... ¡cuídela constantemente!

■ Para ello, es elemental que la mantenga limpia (diseñe una rutina diaria que sea la más apropiada para usted, y sígala, religiosamente). Ingiera alimentos balanceados... Además, evite el exceso de maquillaje... ¡permita que su piel respire oxígeno puro!

■ Periódicamente, hágase una limpieza de cutis. Si su presupuesto lo permite, acuda a un profesional... los tratamientos son más efectivos.

■ ¡Cuidado con el Sol! Exponiéndose a él, quizás pueda proyectar una imagen saludable (siempre que utilice cremas protectoras y bronceadores especiales, con los filtros solares adecuados). No obstante, recuerde en todo momento que el Sol es un enemigo peligroso, gran responsable de muchas de las arrugas que mostramos, así como del desarrollo del cáncer de la piel.

■ Preste especial atención a su peinado y a su maquillaje. En este sentido, el concepto de la moda en los últimos años se inclina hacia la sencillez y la naturalidad... olvídese de todo lo que sea excesivamente elaborado, pero no deje de maquillarse. Apártese de las sombras de colores intensos, los ruborizadores llamativos, y los productos con tonalidades metálicas para el día. Es preferible lucir natural... maquillada, pero sin excesos de ningún tipo.

■ No sea fiel a una misma técnica de maquillaje, ni a un mismo color.

EL EQUIPO BASICO DE TODA MUJER IMPACTANTE

1
EN LA CASA

■ **PARA LA CARA:** Un buen espejo, con una magnífica iluminación. Además: máscaras revitalizantes (de varios tipos), cremas humectantes, cremas nutritivas, astringentes, pinceles, *blushers,* lápices, sombras, mascara, brillo, limpiador de maquillaje.

■ **PARA EL CABELLO:** Cepillos (varios), peines, champús, acondicionadores, tintes, enjuagues, secadores, laca atomizable (para fijar el cabello), rolos, un buen secador eléctrico.

■ **PARA LA BOCA:** Pasta de dientes, dos o tres cepillos de dientes, hilo dental, varios enjuagues bucales, creyón de labios, delineadores.

■ **PARA LAS UÑAS:** Limas, corta-uñas, base, pintura de uñas (de la mejor calidad posible), removedor de pintura, algodón, cremas nutritivas para las uñas.

■ **PARA TODO EL CUERPO:** Jabones (prefiera siempre los de mejor calidad), geles especiales para el baño, cepillos, esponjas, piedra pómez, colonias (de varias fragancias), talco, perfumes, cremas humectantes, rasuradora (o cera u

¡Experimente! Pídale a una especialista en maquillaje que le recomiende los colores que mejor armonicen con el color y la textura de su tez. Adquiera un libro sobre Colorología (la ciencia que estudia los colores y sus combinaciones), y defina cuál es su verdadero color. ¡Uselo!

■ De noche, tanto su maquillaje como su peinado pueden ser más otro producto especial para la depilación de los vellos de las piernas y de la cara).

2
EN LA OFICINA

Pasta de dientes, un cepillo de dientes, jabón, crema para las manos, limpiador de maquillaje, los elementos básicos para su maquillaje, peines (varios), cepillos para el cabello, fijador del cabello, lima de uñas, removedor de pintura de uñas, pintura de uñas, algodón, colonia (preferiblemente atomizable), perfumes.

MUY IMPORTANTE

Antes de salir a la calle, es esencial comprobar que todos los detalles de nuestro vestuario (así como el maquillaje y el peinado) se hallen en perfecto orden. Es de pésimo gusto terminar de vestirse y maquillarse delante de los demás, aunque se trate de familiares o amigos íntimos. Acepte cualquier elogio que reciba con sencillez moderada, pero mostrando su mejor sonrisa por el halago recibido. ¡Y jamás revele en público sus secretos de belleza, el nombre del diseñador que le confeccionó el vestido que lleva puesto, dónde lo compró... y mucho menos el precio! ¡Son secretos que deben guardarse tan celosamente como el nombre de su cirujano plástico, la fecha en que se sometió a la cirugía, y el costo de la operación!

definidos e impactantes. ¡Excédase en esas ocasiones!
■ Lave su cabello dos o tres veces a la semana. Elija el mejor champú y acondicionador en el mercado, y cerciórese siempre de enjuagarlo debidamente después de cada aplicación.
■ Cepíllese bien el cabello, todas las noches.
■ Un buen estilista puede ser su mejor amigo, y éste es un secreto que

LOS PERFUMES

Siempre he considerado que una mujer sin perfume es una mujer incompleta. Le falta un elemento de sensualidad que exclama secretamente: "Soy mujer, soy deseable". Y es evidente que no existe ningún hombre que sea indiferente a la magia del perfume sobre el cuerpo femenino.... aunque rara vez se dé cuenta de que sus reacciones se deben a esas fragancias misteriosas que sufren fascinantes transformaciones al contacto con el calor del cuerpo y adquieren un carácter estrictamente personal para cada mujer. Esté consciente de que:

■   Ningún perfume se percibe exactamente en la misma forma e intensidad cuando es aplicado a dos mujeres distintas... ¡y esta diferencia es preciso aprovecharla al máximo!

Aunque hay mujeres que insisten en usar un solo perfume (que les sirve como una especie de sello, inconfundible), pienso que ello es un error (excepto en casos muy especiales). ¿Por qué? Porque ninguna mujer es inalterable, porque todas cambiamos de estado de ánimo de acuerdo con el momento, y la compañía (desde luego). Un perfume básico es muy conveniente, pero todas necesitamos de una amplia variedad de fragancias que indiquen a los demás cuáles son nuestras emociones en determinadas ocasiones... sensuales, naturales, apasionadas, deportivas, o en perfecto control de nuestra vida. Recomendaciones:

■   No se apresure a seleccionar *su fragancia*. Tenga presente que ese aroma la acompañará y hablará de usted en una reunión de negocios, en una fiesta... hasta en los momentos de mayor intimidad. Déjese guiar por su intuición.

■   Comience por vaporizar fragancias en el aire para rechazar las menos adecuadas. Después tome el primero de los frascos elegidos, y aplíquelo en la parte interior de su muñeca. Espere de 5 a 10 minutos, y vuelva a aspirarlo. Si le complace, ésa es *su fragancia;* de lo contrario, continúe probando aromas.

saben las celebridades internacionales, quienes inclusive los invitan a viajar con ellas para evitar riesgos. Si ya lo ha encontrado, pídale que le recomiende el tipo de peinado que mejor le siente a su rostro, a su estatura, a su personalidad... Si está de acuerdo con su recomendación, lleve ese peinado por algún tiempo... pero tampoco caiga en la rutina. ¡Varíe! ¡Proyectar una nueva imagen, cada cierto tiempo, es una forma efectiva de causar el mejor impacto, de triunfar socialmente!

■ Al usar una laca fijadora para sus cabellos, evite abusar de la misma. Elija siempre productos de la mejor calidad (no siempre son los más caros).

3
PROYECTE SU ESTILO
EN UNA FRAGANCIA...

■ Pruebe diferentes fragancias, hasta que defina una que le agrade más que las otras, y que se identifique con su personalidad y estilo. En este punto, la fidelidad sí debe ser absoluta. Todos deben identificarla con determinada fragancia, la cual debe usted convertir en una especie de sello personal.

CAPITULO 2

¡EL HOMBRE ELEGANTE ES EL COMPLEMENTO DE TODA MUJER DE IMPACTO!

Una pareja elegante provoca siempre un impacto sensacional, en todas partes. Por lo tanto, la imagen de nuestro compañero –ya sea permanente u ocasional– debe armonizar con la nuestra, y aunque puedan existir diversos manuales sobre la etiqueta masculina, es conveniente que incluyamos en este **GRAN LIBRO DE ETIQUETA** una serie de reglas que podemos sugerir a nuestro hombre en un momento dado, para que su impacto social sea positivo, total, devastador.

Ante todo, es preciso que echemos abajo dos conceptos ya obsoletos que no tenemos por qué seguir manteniendo:

- El hombre no es vanidoso; sus prioridades no giran alrededor de su apariencia personal.
- La ropa masculina debe ser sobria; el hombre debe atraer por su personalidad, y no por la forma en que viste.

¡Falso! ¡Ambos conceptos siempre han sido falsos! En primer lugar, el hombre sí es vanidoso, sí está interesado en lucir lo mejor posible, y así

lo demuestran infinidad de estudios sicológicos y encuestas anónimas realizadas a nivel internacional. Posiblemente su primera prioridad sea gustarle al sexo opuesto, y está consciente de que –para ello– debe ofrecer su mejor imagen... física e intelectual. Aquella frase que asegura que "el hombre, mientras más feo, más atractivo..." es un mito que hemos arrastrado innecesariamente por siglos debido a una visión equivocada que hemos tenido de lo que es en verdad la masculinidad.

Hoy, la vanidad masculina ha sido finalmente detectada por las principales empresas internacionales dedicadas a la elaboración de cosméticos y fragancias, y el mercado actual de productos de belleza creados especialmente para los hombres asciende a varios miles de millones de dólares. En el mercado actual, el hombre que realmente esté interesado en lucir bien puede encontrar desde soluciones limpiadoras y cremas humectantes creadas especialmente para la textura del cutis masculino, hasta cremas bronceadoras y tintes para el cabello (en una amplia gama de colores). Por supuesto, la variedad en fragancias es igualmente extensísima, y cada día surgen perfumistas con nuevas fragancias que rápidamente se imponen en el mercado. En algunos países, los ingresos por la venta de fragancias masculinas superan a los obtenidos con los perfumes femeninos.

Con referencia al segundo punto anterior, la ropa masculina no tiene que ser aburrida, monocromática, y de diseños monótonos y tradicionales. De acuerdo... es posible que en determinada época ésa haya sido el concepto a seguir... impuesto muy arbitrariamente, debemos admitir. Pero hoy, afortunadamente, el hombre del nuevo milenio ha hecho saber cuáles son sus preferencias, y los diseñadores de mayor prestigio internacional periódicamente lanzan sus Colecciones de ropa-para-hombres y se esfuerzan en crear diseños novedosos que le permitan al hombre una selección más variada al vestirse. Así, la gama de diseños, texturas y colores es formidable, de manera que no hay justificación aceptable para la imagen deplorable que siempre ofrece un hombre descuidado y mal vestido. No sólo su falta de estilo puede perjudicarlo en el aspecto profesional y social, sino que su autoestimación puede ser seriamente dañada... o –cuando menos– limitada.

Al igual que en el caso de las mujeres, los diseñadores internacionales, así como las organizaciones relacionadas con la industria de la confección, constantemente se esfuerzan por divulgar nuevos conceptos y estilos en Moda masculina. Esto facilita la posibilidad de que el hombre actual se mantenga al tanto de lo que se usa, cómo, cuándo, dónde... para que proyecte en todo momento la imagen adecuada, ya sea en una reunión de ejecutivos, o en la intimidad de su hogar.

EL TRAJE

Aunque es una realidad ineludible que el traje masculino ha variado muy poco en los últimos cien años (a veces se lleva la solapa ancha, otras estrecha; el largo de la chaqueta y la anchura del pantalón posiblemente varíen de un año a otro... pero en su estructura básica, el concepto sigue siendo el mismo), las innovaciones más espectaculares que se han implementado en este sentido están relacionadas con las telas empleadas en la confección, y en una tendencia más audaz al experimentar con colores. La variedad es hoy realmente formidable... sobre todo en lo que se refiere a ropa deportiva.

Por supuesto, hay una serie de reglas que deben ser tomadas en cuenta por el hombre elegante de hoy:

- Para el hombre profesional, para el ejecutivo actual, el traje debe ser siempre formal, conservador, neutro. Prefiera diseños confeccionados por un buen sastre o que lleven la etiqueta de un diseñador de prestigio, aunque la inversión a hacer sea mayor. Esto garantiza la mejor calidad en cuanto al corte y al género seleccionado.
- Los colores clásicos (gris, tonalidades de azul oscuro, marrón y negro) sí siguen siendo los más apropiados para ciertas ocasiones formales. Los colores más vivos deben ser reservados para las camisas y las corbatas... son las que dan el toque de contraste, y en su combinación el hombre estará revelando mucho de su personalidad (básicamente su estilo y su sentido del buen gusto y del equilibrio).
- ¡No permita que su hombre adquiera un traje por impulso, o en un momento de prisa! Debe convencerse antes de que el modelo elegido se adapta perfectamente a su figura y que es compatible (o complementa) con su personalidad. Si este requisito no se cumple, jamás le quedará bien y nunca se verá elegante. También esté consciente de que en el caso de un ejecutivo, es preferible que tenga unos pocos trajes de excelente calidad, bien confeccionados, que un armario lleno de trajes mediocres, de confección dudosa.
- ¡Un buen sastre también puede ser el mejor amigo de un hombre elegante! En este sentido, es preferible no escatimar. El buen sastre puede orientarlo sobre los estilos que más se están usando, los tonos de moda, y el diseño que considere como el más apropiado para su figura en particular.
- La chaqueta deportiva y el *blazer* son –sin lugar a dudas– las piezas más versátiles del guardarropa masculino. El hombre elegante debe tener varias, de diferentes tonalidades, para combinar con distintos pantalones y darle así flexibilidad a su ropero. Si él se resistiera a incorporar estas piezas a su guardarropa, regáleselas en ocasiones especiales. ¡Se acostumbrará a ellas, rápidamente!

DETALLES A TOMAR EN CUENTA
CUANDO SE COMPRA UN TRAJE

- La chaqueta debe ser siempre lo suficientemente larga para que cubra completamente el asiento del pantalón.

■ El borde de la chaqueta debe quedar uniforme a todo alrededor, y no verse más corto o más largo (ni por delante ni por detrás).

■ El bajo (o ruedo) del pantalón debe caer ligeramente sobre el zapato; cerciórese de que lo ha ajustado previamente en la cintura (no en una cintura falsa, por debajo del ombligo).

AL LLEVAR UN TRAJE...

■ Evite que su hombre se rellene los bolsillos con documentos, billeteras, llaveros u otros objetos que forman bolsones. Es preferible que lleve una cartera-para-hombres (aunque su uso ya no es tan común, debemos admitir) o, simplemente, que limite el contenido de sus bolsillos a una billetera (con tarjetas de crédito y dinero).

■ Sugiera que mantenga el traje siempre bien cepillado, con sus formas y líneas debidamente marcadas. Si él no le presta atención a estos detalles, ocúpese usted de hacerle ver la importancia de los mismos.

■ Antes de ponerse el traje, compruebe que no le falten botones y que todas las costuras estén en perfectas condiciones.

CORBATAS, CAMISAS Y PAÑUELOS

Desde tiempos inmemoriales, los hombres se han estado anudando piezas de tela alrededor del cuello. La seda ha sido casi siempre el género preferido, pero la lana y el cachemir también han estado de moda. La realidad es que todos géneros son igualmente elegantes. Tenga presente que las corbatas tejidas, así como las de hilo, se consideran más casuales y por lo tanto no pueden ser llevadas en todas las ocasiones; las de seda, en cambio, son apropiadas para cualquier ocasión.

Por supuesto, hay una serie de elementos que caracterizan a una corbata elegante, ya sea hecha a mano (con un diseño exclusivo) o producida en un taller de confección (a un precio más accesible). Considere:

■ Una buena corbata siempre está cortada de acuerdo con el diseño de la tela empleada: si es de líneas o de algún diseño horizontal, éste debe formar un ángulo de 45 grados con el borde de la corbata.

■ El forro es esencial. No sólo le da cierta consistencia a la corbata, sino que impide que ésta se convierta en una tela sin forma al ser anudada.

■ El ancho y el largo de la corbata pueden variar, pero en general debe guardar una proporción que armonice con el ancho de las solapas de la chaqueta (mientras más ancha sea la solapa de la chaqueta, más ancha debe ser la corbata). Actualmente las corbatas tienen un ancho que oscila entre 7 centímetros y 9.5 centímetros; el largo debe ser de unos 140 centímetros (generalmente debe tocar la parte superior del cinturón), una vez anudada al cuello.

■ El color de la corbata debe armonizar igualmente con el de la camisa y el traje que se lleve. Hasta hace algunos años, era prácticamente un delito cometido en contra de la etiqueta el hecho de que se llevara una corbata con un diseño sobre una camisa de líneas; lo correcto –entonces– era usarla con una camisa de color entero. Este concepto se ha flexibilizado mucho. Hoy es más importante lograr el equilibrio en lo que se refiere a los colores, y es hasta recomendable un diseño en la corbata cuando ésta se lleva sobre una camisa de líneas verticales.

LA CAMISA DE VESTIR

También los conceptos en moda masculina han evolucionado en lo que se refiere a la camisa de vestir:

■ Para un traje formal, por ejemplo, ya no es esencial la clásica camisa blanca. El color y el diseño están permitidos, aunque éstos deben guardar discreción para no convertirse en el punto focal del vestuario. En estos casos, lo recomendable son los tonos pálidos que armonicen con el color del traje formal.

■ Desde luego, las camisas de hilo y de seda siguen siendo más elegantes, pero hay diseños en camisas de algodón que son muy aceptables.

■ El cuello con botones en la punta (o redondeado) es más informal que el cuello de punta larga. De cualquier forma, todos estos tipos de cuellos son apropiados con el traje del ejecutivo.

■ En cuanto a camisas deportivas, la variedad que ofrecen hoy los diseñadores son increíbles. En general, deben preferirse los modelos de colores armónicos, especialmente con diseños geométricos o rayas. Para la playa y el campo, específicamente, los colores pueden ser más vibrantes.

■ Tanto las camisas de vestir, como las deportivas, deben estar siempre bien planchadas. Nunca permita que su hombre se ponga una camisa sin planchar.

■ Los pulóveres son adecuados para situaciones muy informales... para practicar deportes, en la mañana.

■ La *guayabera* (una camisa-tipo-chaqueta) tropical puede ser usada únicamente en ocasiones informales. Considérela una camisa más, y evite las de colores y los diseños bordados; el modelo clásico es el blanco, con numerosas alforzas, y no hay duda de que es el más elegante.

LOS PAÑUELOS

■ Los pañuelos del hombre elegante deben ser blancos, y de la mejor tela posible (preferiblemente hilo). Pueden llevar un monograma bordado, pero esto no es esencial en la etiqueta actual.

■ Los pañuelos no se deben usar dos días consecutivos; cámbielos cuantas veces sea necesario.

LOS ZAPATOS
Y LAS MEDIAS

■ Considere que los zapatos de cordones, de un solo color (negro o marrón oscuro) son los más apropiados para llevar con la ropa de vestir. Los zapatos de color marrón deben combinarse siempre con trajes de tonalidades similares; con trajes de tonos azules, grises o negros, es preferible llevar zapatos negros. Las medias también deben ser negras, preferiblemente.

■ Los zapatos tipo mocasín son mucho más informales, y por ello no siempre son los más apropiados para la oficina.

¿COMO SE LLEVA EL PAÑUELO, EN LA CHAQUETA?

Es posible que el uso del pañuelo en el bolsillo de la chaqueta haya sido implementado a principios del siglo XIX por Beau Brummell, considerado como uno de los hombres más elegantes de la época, quien los usaba de encaje. Sin embargo, no fue hasta los años veinte de este siglo que el hombre occidental comenzó a usar el pañuelo en el bolsillo de la chaqueta como elemento decorativo. Inclusive, un manual de etiqueta de ese período –publicado en Francia– recomendaba que "el pañuelo debe armonizar en todo momento con la corbata, pero su textura y color serán siempre diferentes".

En los años treinta, el pañuelo en la chaqueta era ya casi una costumbre entre hombres elegantes, y en los años cuarenta su uso estaba tan generalizado a nivel mundial que en muchos países, por ejemplo, se vendían juegos ya combinados de camisas, corbatas... y pañuelos. Esto, desde luego, limitó notablemente la creatividad de los hombres elegantes, y prácticamente uniformó a infinidad de personas que se rindieron ante una producción masiva.

Después de la Segunda Guerra Mundial, el uso del pañuelo cedió notablemente, aunque el hombre elegante siempre se preocupó por llevar (y exhibir) este único elemento decorativo adicional a su atuendo básico (equivalente al broche en la mujer). La década de los años cincuenta mostró un resurgimiento en la costumbre, hasta hoy, en que el uso del pañuelo en la chaqueta se ha vuelto a imponer, definitivamente. Según los diseñadores de mayor prestigio internacional, "un bolsillo sin pañuelo equivale a desnudar la chaqueta"... y así lo han interpretado millones de hombres en el mundo entero, que han vuelto a adoptar esta elegante costumbre.

¿QUE TIPO DE PAÑUELO?

■ El hombre siempre debe imponer su estilo, y un pañuelo blanco en el bolsillo de su chaqueta (sobre todo si ésta es de una tonalidad oscura) sugiere inmediatamente elegancia, clase.

■ La etiqueta actual acepta pañuelos de otras tonalidades (con chaquetas más claras). Con chaquetas oscuras, no se debe apartar de la combinación clásica.

■ El género ideal para un pañuelo blanco es el hilo.

■ Evite que el género de su corbata y el de su pañuelo sean los mismos... rompa la monotonía, pero con elegancia.

¿COMO DOBLAR EL PAÑUELO PARA INSERTARLO EN EL BOLSILLO DE LA CHAQUETA?

Hay cuatro formas básicas:

■ La **forma triangular**, muestra una sola punta formada por las cuatro esquinas del pañuelo.

■ La **forma cuadrada** (muy popular en los años cincuenta y sesenta) sólo muestra una banda recta del pañuelo.

■ La **multi-forma** presenta las cuatro esquinas del pañuelo, una al lado de la otra.

■ La **forma suelta** (muchos atribuyen este estilo a Fred Astaire, el famoso bailarín del cine norteamericano) se logra sosteniendo el pañuelo por su centro, cerrándolo e insertándolo "casualmente" en el bolsillo de la chaqueta.

Además, considere:

■ Cualquiera que sea la forma que su hombre prefiera, el pañuelo sólo debe sobresalir unos 2.5 centímetros del bolsillo.

■ Al insertarlo en el bolsillo, debe lucir hasta cierto punto "casual"... no algo que se ha colocado en una forma muy estudiada (aun en el caso del pañuelo con forma cuadrada). Esto se logra insertándolo una sola vez, sin ajustes posteriores.

■ Si el pañuelo tiene un monogramas, o iniciales bordadas, éstas jamás deben mostrarse.

■ Mantenga los zapatos siempre limpios.

■ Compruebe que los cordones de los zapatos se mantengan en perfectas condiciones. No los ate, formando nudos, si en alguna ocasión se rompen.

■ Las medias negras o azul oscuro son apropiadas para todo tipo de trajes y zapatos; las medias de tonos marrón o beige son las indicadas para trajes de colores afines.

■ Las medias blancas deben ser usadas únicamente con ropa deportiva.

LA ROPA INFORMAL Y DEPORTIVA

■ La chaqueta deportiva, con un diseño clásico, debe cornbinarse con un pantalón de color entero. De nuevo, es imprescindible observar ciertos elementos básicos en la armonía de colores y evitar los contrastes que pueden resultar estridentes.

■ El *blazer* tradicional es de color azul marino, con botones de metal dorado o plateado (a veces llevan un monograma o insignia). No obstante, hoy en día los colores del *blazer* pueden variar... aunque el azul marino sigue siendo el preferido del hombre elegante, porque es el ideal para toda ocasión informal.

■ Tanto el *blazer* como la chaqueta deportiva pueden usarse en la oficina, siempre que sean aceptables por las normas establecidas implícitamente por ese centro de trabajo. Hay instituciones más conservadoras en cuanto a la imagen que proyectan sus empleados; en estos casos, es preferible vestir el traje formal.

■ El *blazer* sí puede llevarse a una cena informal o a un cóctel; también a un evento deportivo.

■ Para situaciones informales, la chaqueta deportiva –lo mismo que el *blazer*– puede llevarse con una camisa con el cuello abierto, y sin corbata. También se ve elegante (en climas fríos, sobre todo) con un pulóver de cuello-de-tortuga. Como es natural, debido a su aspecto informal estas piezas sólo pueden usarse en una oficina donde las reglas de formalidad no sean muy estrictas.

■ Pero es en la ropa deportiva donde más ha evolucionado el diseño en el vestir masculino. Actualmente, todos los colores están aceptados (tanto en camisas como en pulóveres, chaquetas y pantalones)... y todos pueden resultar elegantes si se combinan apropiadamente. En este sentido, la regla a seguir para mantener una imagen elegante es evitar la estridencia, en todo sentido.

■ ¡Cuidado con el *short!* Esta es una pieza sumamente cómoda (especialmente en los climas cálidos), de la cual se abusa con bastante frecuencia. La regla a seguir:

(1) Sí, en la playa y en el campo.

(2) Sí, en la intimidad de la casa; en reuniones al aire libre (una parrillada, por ejemplo).

(3) No, en la ciudad. Por intenso que sea el calor, no hay excusa que justifique presentarse en *shorts* por las calles de una ciudad.

PARA OCASIONES MUY FORMALES: ROPA DE ETIQUETA

EL SMOKING

Para una ocasión formal, el traje apropiado continúa siendo el clásico *smoking,* con chaqueta, pantalón y corbata negros; camisa blanca. En el verano se permite la chaqueta blanca... pero es preciso estar consciente de que la chaqueta negra es la correcta, en cualquier estación.

■ La corbata, por supuesto, es la clásica de lacito. El tamaño de ésta sí cambia con la moda, por lo que es importante estar al tanto del estilo que se está usando en un momento determinado, para no llevar una corbata pasada de moda.

■ Para una ocasión muy formal, la regla de oro fue dictada hace ya muchos años por el Duque de Windsor (un ex Rey de Inglaterra que por su elegancia natural y sentido del buen gusto sentó patrones en diferentes sentidos): "El hombre elegante debe vestir impecablemente, pero en una forma tan discreta que nadie pueda recordar después lo que llevaba puesto".

■ El complemento del *smoking* puede ser una banda de seda o de satín alrededor de la cintura, a la que muchos conocen por su nombre en inglés: *sash.*

■ Hay quienes prefieren usar un chaleco en vez de la banda clásica; éste puede ser también de seda, satín o brocado.

■ Si la chaqueta del *smoking* es cruzada, no es necesario llevar ni la banda ni el chaleco, ya que la cintura queda cubierta.

■ Con el traje de etiqueta no se usa cinturón; los pantalones se sujetan por medio de tirantes. Quizás no es lo más cómodo o práctico en esta época, pero en este sentido, la tradición se impone.

■ La camisa de etiqueta (siempre de hilo o de seda) es usualmente blanca o de una tonalidad marfil. Hay quienes prefieren camisas de colores pasteles, lo cual está aceptado por las reglas internacionales de la etiqueta; sin embargo, no es lo correcto.

■ El frente de la camisa puede ser liso o con pequeñas alforzas; deben evitarse las exageraciones de estilo que muchas veces vemos y que no tienen justificación alguna. Esas pecheras de vuelos (o de encajes) son, indudablemente, de muy mal gusto.

■ Recuerde que estas camisas llevan una botonadura especial.

■ Las medias deben ser negras, de un material fino.

■ Los zapatos: de charol. Pueden ser de cordones o de estilo enterizo, con un lazo de tafetán o falla.

■ El pañuelo: de hilo fino, siempre blanco.

EL FRAC

■ El *frac* –con su chaqueta corta por delante, y de larga cola por detrás– sólo se usa actualmente para ocasiones consideradas de alta formalidad, como pueden ser las cenas oficiales ofrecidas por dignatarios del gobierno, o para recepciones especiales del cuerpo diplomático.

■ En algunas bodas muy formales, el novio y el padrino llevan *frac.* También, en los llamados bailes de debutantes (de presentación en sociedad), lo llevan el padre y el compañero de la joven debutante.

■ Con el *frac* se usa la clásica corbata de lacito blanco.

■ Si se han recibido condecoraciones y medallas militates o de algún gobierno (y se trata de una ocasión oficial), éste es el momento de exhibirlas; serán colocadas sobre la chaqueta del *frac.* Si el evento tiene un carácter privado, las condecoraciones se llevan únicamente cuando la invitación así lo especifica.

EL CHAQUET

El *chaquet* se usa para las mismas ocasiones en que está indicado llevar el *frac*. La regla a seguir: llévelo únicamente en horas del día.

LAS MEJORES FRAGANCIAS... LOS MEJORES COSMETICOS

En el mercado de los cosméticos para hombre, existe en la actualidad una amplia variedad de productos especiales, creados por cosmetólogos internacionales de gran prestigio. Es casi una obligación de la etiqueta familiarizar a su hombre con estos productos maravillosos que pueden transformarlo de pies a cabeza, y resaltar su masculinidad.

- Las cremas para afeitar incluyen ingredientes emolientes especiales para el cutis masculino que evitan cualquier irritación que pueda ser provocada por la rasuradora o por la máquina de afeitar eléctrica (situaciones que se presentan con más frecuencia de lo que pudiéramos imaginar).
- Una loción para después de afeitar, generalmente con elementos astringentes, sellan el cutis del hombre y lo refrescan.
- Los humectantes para hombres evitan la resequedad natural de la piel masculina, en muchas ocasiones expuesta a los rayos ultravioletas del Sol y a los elementos (viento, temperaturas extremas, etc.). Acostúmbrelo a usarlos.
- Hay excelentes máscaras que son revitalizantes, especiales para el cutis de los hombres.
- Las cremas limpiadoras –con pequeños granos que contribuyen a eliminar las células muertas que se acumulan en el cutis masculino, y a devolverle su vida natural– son excelentes... y están al alcance de todos los presupuestos.
- También hay lociones tonificantes para el cutis; excelentes champús (algunos de ellos a base de malta) que contribuyen a darle más consistencia al cabello del hombre; acondicionadores; enjuagues; y tintes con tonos tan naturales que nadie sería capaz de detectar dónde había

una cana antes de su aplicación.

- Elija para su hombre los mejores cepillos para el cabello (el dermatólogo puede orientarla en este sentido).

- En el caso de hombres que luchan contra la caída del cabello, en la actualidad se han desarrollado medicamentos especiales que no sólo retardan este proceso, sino que permiten que brote nuevamente el cabello. También el dermatólogo puede ofrecerle la orientación necesaria.

- ¡El mundo de las fragancias para hombres es fascinante en la actualidad! Regálele diferentes marcas, sugiérale la fragancia que más le guste a usted... ¡acostúmbrelo a ella!

- Las uñas deben mantenerse siempre cortas y limpias; el brillo que algunos hombres se aplican en las uñas es de mal gusto.

CAPITULO 3

¡CUATRO SECRETOS PARA PROYECTAR UNA PERSONALIDAD FASCINANTE!

La personalidad de quienes ejercen esa inevitable y poderosa atracción sobre los demás, posee cuatro características básicas:

- Un tono de voz agradable.
- Ademanes y movimientos reposados.
- La virtud de saber escuchar a otros.
- Una postura correcta.

Hay personas que desarrollan estas cualidades en forma natural... nacen con una habilidad especial para moverse, para hablar, para elegir la palabra apropiada en cada ocasión; otras deben adquirirlas, conscientes de que es la manera de desarrollar un *estilo personal* que les permita provocar el mejor impacto posible en todas las personas a su alrededor. Es decir, todos podemos aprender a tener *estilo* y *clase*... todos somos capaces de desarrollar esa personalidad magnética que admiramos en quienes ya la tienen. Y todos podemos incrementar considerablemente nuestro *cociente de personalidad* (por llamarlo de algún modo), un paso decisivo para alcanzar la perfección en esos cuatro puntos básicos que mencionamos anteriormente.

EL EFECTO PODEROSO
DE SU VOZ...

Es evidente que una voz chillona no sólo puede resultar poco agradable, sino hasta repulsiva para quien la escucha. No obstante, si bajamos ese tono en una octava (quizás dos), lograremos una voz más melodiosa, más agradable al oído... hasta más intrigante y sugestiva. Y éste es un principio que se aplica lo mismo a hombres que a mujeres. ¿Qué puede hacer para dominar este punto? Entrenarse.

■ A solas, pruebe a hablar en un tono de voz más grave. Lea en voz alta (de un buen libro), evite los tonos nasales... practique a proyectar su voz desde el tórax. Después de varias semanas de esta práctica regular, comprobará que su tono se habrá ido transformando y que proyectará una naturalidad que la sorprenderá a usted misma. Este será su verdadero tono de voz, con el que nació... el cual es posible que usted haya adulterado inconscientemente (por cualquier ajuste sicológico o físico).

■ Si el proceso anterior lo puede hacer con la ayuda de una grabadora, mejor. Registre el tono de su voz antes de comenzar este entrenamiento; repítalo a las varias semanas de estar haciendo un esfuerzo consciente por mejorarlo. Cornpruebe la diferencia.

■ Vigile su postura y acostúmbrese a mantenerse siempre en una posición erecta. Los médicos han comprobado que muchas veces un tono de voz nasal se debe sólo al reflejo de una mala postura.

■ La pronunciación, desde luego, es igualmente un detalle de gran importancia mientras hablamos. Esfuércese a pronunciar correctamente cada palabra; continúe su proceso de leer en voz alta (siempre de un buen libro), y repita aquellos vocablos que le resulten más difíciles de pronunciar, hasta que pueda emitirlos con toda claridad.

■ Una advertencia: no espere milagros inmediatos. Su voz actual es el producto de varios años de lo que pudiéramos considerar como vicios de pronunciación y énfasis al hablar; los resultados positivos podrá comenzar a apreciarlos al cabo de varias semanas (quizás meses) de práctica constante. Sí le puedo garantizar que si usted ejercita sus cuerdas vocales en la forma debida –con paciencia y determinación– en corto tiempo los demás empezarán a notar que se está produciendo un cambio en usted... un cambio muy favorable. Evidentemente, su personalidad se está proyectando en una forma mucho más positiva, está logrando ese impacto que todas deseamos alcanzar.

■ Haga un esfuerzo por enriquecer su vocabulario, sin caer en la cursilería de rebuscar palabras para impresionar a los demás. Evite repetir palabras (o frases constantemente), aunque considere que de esa forma está siendo más enfática. Es preferible que elija la palabra apropiada para cada momento, y esto es algo que se logra únicamente cuando prestamos atención a lo que decimos (y cómo lo decimos), y nos esforzamos por expresarnos cada vez mejor. ¡Ensaye!

■ En una conversación, evite pedirle a su interlocutor que repita lo que le está diciendo. Preste atención a lo que le dicen desde el primer momento. Tampoco se valga del "¿qué?" como una muleta sicológica para ganar tiempo a su interlocutor y pensar la próxima frase que va a decir o la respuesta que va a dar.

■ Vacilar, al hablar, es de pésimo gusto. Acostúmbrese a decir lo que piensa, sin vacilaciones. Desde luego, controle sus pensamientos para evitar que su espontaneidad provoque catástrofes sociales.

CAMILLE LE CARRE

■ Procure no aburrir a los demás con conversaciones demasiado largas y llenas de miles de pormenores que en realidad no añaden ni ayudan a que su conversación sea más amena.

TEMAS SOBRE LOS CUALES
NO DEBE HABLARSE...

■ Evite hacerse eco de rumores... de cualquier tipo, pero mucho más de los rumores malintencionados, los cuales abundan mucho más de lo que desearíamos. Muchas veces, los rumores están basados en suposiciones y conclusiones a las que algunos individuos llegan sin fundamento alguno. Cuando usted los repite, les está otorgando su credibilidad y propiciando la oportunidad de que otros continúen divulgándolos. ¡Alto!

■ Si alguien le menciona un rumor, sea muy directa y detenga el comentario en ese mismo instante. "Eso que mencionas es un rumor, nada más que un rumor... y ya sabes que a los rumores no se les presta atención" es una forma amable –pero firme– de hacer saber a su interlocutor que usted no está interesada en el tema, ni va a participar en el mismo.

■ Los comentarios malintencionados –a los que muchas veces llamamos *chismes*– siempre encierran una intención solapada y maligna. También es una falta de etiqueta escucharlos, mucho más repetirlos. De nuevo, se impone la discreción y la firmeza. Una manera infalible de detener el comentario malintencionado es repetir la frase "pero no existe fundamento para ese comentario que me haces... ¿no crees que es preferible cambiar de tema?". Recuerde que los *chismes* generalmente circulan con gran rapidez, y son corregidos y aumentados en el proceso. Siempre existe una persona que no mostrará escrúpulos de ningún tipo en revelar la fuente de un comentario de esta naturaleza, y así puede verse usted involucrada en una situación desagradable en la cual no tiene por qué estar inmiscuida.

■ No hable de su salud... ni de la de ningún familiar o conocido. Aunque haya sido sometida recientemente a una operación quirúrgica, o su familiar más cercano esté enfermo, limítese a mencionar su estado ("ya estoy recuperada, gracias" o "está mucho mejor, gracias") sin abundar en el tema con otro tipo de comentario o explicación. Nada más detestable para otra persona que verse involucrada en una conversación depresiva cuyo tema central sean las calamidades de personas ajenas.

■ Jamás critique a nadie en público... ¡ni a su peor enemigo! Las críticas tienen el poder formidable de un *bumerang* y –más tarde o más temprano– actuarán en su contra. En cambio, el efecto de un comentario agradable, de un elogio, es siempre bien recibido y proyecta la imagen ante los demás de que usted siempre está movida por una actitud positiva. ¡Tenga piedad de su prójimo... muéstrela!

■ Las bromas –de cualquier tipo– siempre resultan desagradables. Pero además, tenga presente que la mujer elegante de hoy no hace chistes de doble sentido (con implicaciones sexuales) ni se refiere en una forma derrogatoria hacia ninguna nacionalidad o grupo étnico.

■ La edad... el eterno tema de la edad. No la pregunte, no la confiese... evada el tema. Pero si se viera acosada en una situación indiscreta en la que directamente le pregunten la edad, o le mencionen su edad aproximada, utilice la ironía y responda con una frase ambigua (por ejemplo, "he vivido, intensamente"), y cambie usted misma el tema de la conversación hacia otros tópicos menos escabrosos.

■ La politica nacional o internacional generalmente es motivo de conflictos cuando surge en una conversación... aun entre amigos íntimos. Evada este tema, inclusive si es mencionado por una persona que usted aprecia. "Prefiero no hablar de política... es un tema muy personal" es una forma directa y apropiada de poner fin a un tópico que, en definitiva, es sumamente subjetivo.

■ Tampoco hable de religión, ni trate de imponer sus creencias religiosas a otra persona. Estas son cuestiones sumamente personales sobre las que el individuo no debe compartir sus opiniones.

■ Entre personas de diferente nacionalidad, es preferible no referirse a cuestiones de carácter nacionalista; con frecuencia se hiere la sensibilidad de otros individuos y se pueden provocar reacciones desagradables en ellos.

■ Si habla de sus niños (o de sus nietos, o de sus sobrinos), evite los superlativos ("el mejor", "el más inteligente", "la más"...). Aun cuando las cualidades que usted desee destacar en ellos sean evidentes, no hay por qué estarlas imponiendo a los demás. En estos casos, la discreción es la medida más apropiada.

■ Pero si surge en su camino una mamá (abuelita, o tía... que tiene como único propósito en la vida hacer campaña para destacar las virtudes extraordinarias de sus hijos, nietecitos o sobrinos), su única alternativa correcta es poner un fin al tema sobre el cual se está hablando e iniciar otro. Hágalo discretamente, desde luego... pero no caiga en la tentación de entablar una batalla verbal para comprobar qué hijo (nietecito o sobrino) es mejor, ¿el de ella... o el suyo?

■ Los temas rebuscados deben ser evitados en toda conversación que no se lleve a cabo entre expertos en esa materia. Igualmente, absténgase de estar mencionando constantemente en su conversación el nombre de individuos que no son conocidos por todos los presentes.

■ Un detalle final: en su conversación, evite mostrar un aire de superioridad. La etiqueta sugiere la sencillez hasta en los momentos más complejos... la sencillez siempre es altamente apreciada por todos; la petulancia sólo provoca critica y rechazo.

EL DILEMA DE LAS PALABRAS VULGARES...

La mayoría de las llamadas *malas palabras* (o *palabras soeces*) están incluidas en todos los diccionarios, por supuesto. Sin embargo, no todas tenemos que emplearlas ni escucharlas pacientemente cuando alguien las repita en presencia nuestra y con la mayor impunidad. A pesar de que la tendencia actual sugiere cierta actitud más flexible en el lenguaje –el cual se va volviendo más y más coloquial, al extremo de que en ocasiones cae francamente en los límites de la vulgaridad– las obscenidades y los chistes pasados de tono son siempre de mal gusto, y constituyen una falta de etiqueta... dígalos quien los diga. ¿Qué reglas recomienda la etiqueta en este sentido?

■ Ante todo, no se alarme si escucha una palabra que considere ofensiva, o un chiste con implicaciones de doble sentido. La naturalidad, en situaciones de este tipo, es lo más recomendable.

■ Tampoco se levante impetuosamente y deje plantado a un grupo en el que se estén repitiendo obscenidades. Simplemente, encuentre el momento propicio para escapar de la situación que se ha presentado e integrarse a otro grupo.

■ No adopte una actitud dramática de virgen ofendida si son hombres los que, desconsideradamente, repiten las malas palabras en su presencia. Prosiga con su estrategia de integrarse a otro grupo... y olvide la situación.

■ Si es una amiga la que constantemente está lanzando vulgaridades, y sus límites de paciencia están ya agotados, pídale directamente que modere su lenguaje. Hágalo en una forma amable, pero firme. No tiene por qué ofrecer explicaciones en este sentido: tenga presente que lo natural es el lenguaje correcto... por lo tanto, es ella quien está violando este principio elemental de la buena educación y de la consideración hacia los demás.

■ En la intimidad del hogar, con su esposo, como norma general evite todo tipo de vulgaridades.

■ Lo mismo se aplica a los niños. Si éstos se acostumbran a escuchar malas palabras y frases obscenas en el hogar, las mismas llegarán a formar parte de su vocabulario en la adolescencia y en la madurez. No caiga en el hábito peligroso de enseñar malas palabras a un niño que comienza a hablar para luego celebrarle la gracia. Estimule siempre en el niño hábitos positivos... ¡nunca negativos!

■ Desde luego, si considera normal este tipo de situación (o si se encuentra atrapada en un grupo y no puede evitarlas), entonces acéptela, pero únicamente entre amigas muy íntimas y nunca en la presencia de hombres. Aunque éstos sean sus compañeros de trabajo o sus amigos más allegados, y la consideren de igual a igual, la realidad es muy diferente: usted es una mujer... ¡oblíguelos a que lo tengan presente!

¡CONTROLE EL LENGUAJE DE SU CUERPO!

Los gestos exagerados, los movimientos demasiado rápidos, y las contracciones constantes del rostro no siempre sirven para dar énfasis a lo que estamos expresando... muchas veces denotan poco control de nosotros mismos, manifiestan una personalidad primitiva, sugieren que no estamos convencidos de lo que estamos exponiendo, y revelan una pésima educación. En diferentes estudios realizados por sociólogos a nivel internacional, se ha comprobado que esta actitud de darle ritmo a nuestras palabras no sólo molesta profundamente a las personas alrededor de ese individuo demasiado expresivo, sino que las altera y provoca en ellas un deseo instintivo de alejarse de él.

■ Al conversar, evite los movimientos constantes. Muchas veces nos entregamos animadamente a una conversación y no prestamos la debida atención a ese lenguaje silente (pero muy visible) que está proyectando nuestro cuerpo. Estar consciente del mismo es sólo cuestión de entrenamiento. Cuando hable, obsérvese. ¿Mueve constantemente las manos? ¿Con frecuencia abre los ojos? ¿Cruza las piernas una y otra vez? Trate de evitar todo tipo de ademanes. Relájese. Hablar es la forma natural que hemos desarrollado los seres humanos para comunicarnos, y no requiere mayor esfuerzo; ¡téngalo presente!

■ Converse con usted misma... frente a un espejo. Practique a mantener sus manos sobre el regazo y a hablar sin hacer movimientos mayores. Ensaye diferentes posiciones, y determine cuál es la que más la favorece para proyectar su mejor imagen.

■ Mantenga siempre una postura correcta.

■ Sí, es verdad que los ojos hablan... ¡pero usted mantenga los suyos bajo control!

¿SABE USTED ESCUCHAR?

Vivien Leigh, la inolvidable Scarlett O'Hara en "Lo que el viento se llevó", en una ocasión dijo: "Saber escuchar es un arma de doble filo, sumamente efectiva... quien escucha siempre considera que uno es encantador, porque le está prestando atención a lo que tiene que decir e inconscientemente lo considera como un aliado. Pero, además, el que escucha siempre recibe información estratégica que puede emplear a su favor en el momento en que lo considere más oportuno". Y, en efecto, el silencio es casi un arma de guerra... ¡que pocas sabemos emplear con la efectividad debida!

¿Qué se requiere para "saber escuchar"? Sencillamente, la concentración necesaria, en primer lugar; además, el esfuerzo debido para prestar atención a lo que nuestro interlocutor nos tiene que decir (que tal vez no siempre nos interese). Al igual que podemos llegar a controlar el lenguaje del cuerpo, "saber escuchar" requiere cierto entrenamiento y –muy importante– gran disciplina:

■ Mientras converse con un amigo, haga un esfuerzo por guardar silencio en determinados momentos... y escuche lo que éste tenga que decirle. Si siente el impulso de interrumpirlo (para formular una pregunta o para hacer una aclaración), contrólese. Usted ha cedido la palabra a otra persona, y debe aguardar (pacientemente) a que nuevamente llegue su oportunidad de aportar otros elementos a la conversación.

■ Mire directamente a los ojos de su interlocutor. No sólo los sicólogos consideran que vagar la vista por los alrededores en vez de mirar directa y fijamente a la persona con la que se está hablando es una señal de falsedad en lo que se está diciendo y de hipocresía, sino que muchos consideran que es también una muestra de pésima educación.

■ Desde luego, preste atención genuina a lo que su interlocutor le esté diciendo. Guardar silencio y fingir atención para permitir que su mente divague hacia otros temas que le interesan más que lo que está escuchando no le permitirá llevar debidamente el hilo de la conversación... y en un momento dado ésta quedará inevitablemente interrumpida, ya que no hay un verdadero interés en lo que se está diciendo.

■ Por favor, no interrumpa constantemente a su interlocutor. Es posible que usted no comparta los mismos puntos de vista con los que él esté exponiendo, quizás quiera apoyar alguna de sus aseveraciones... pero usted debe reservar su opinión para el momento apropiado, una vez que él le ceda nuevamente la palabra.

■ ¿Discusiones? Jamás caiga en la tentación de imponer sus puntos de vista (aunque su convencimiento de que usted tiene la razón sea absoluto). Si una situación de este tipo surgiera durante una conversación, muestre usted tener la madurez necesaria para callar, y la habilidad para llevar la conversación hacia otro tema menos conflictivo que permita continuar la comunicación establecida inicialmente con esa persona, sin que este canal de doble vía quede interrumpido bruscamente.

■ No, no levante su voz para hacerse oír por encima de las conversaciones de los demás. Tampoco trate de sostener dos o más conversaciones a un mismo tiempo. Hay un principio elemental de Sicología que debe tener presente en esos momentos: "la atención no puede ser compartida". Si en un grupo usted está conversando con una persona determinada, continúe esa comunicación verbal con ella hasta que llegue a su punto final. Entonces (y sólo entonces) podrá entablar conversación con otra persona... aunque considere más amenos los temas que escucha a su alrededor.

¡LA POSTURA CORRECTA ES SIEMPRE MAS ELEGANTE!

¿Considera usted que se puede ser elegante... y adoptar una mala postura? ¡Imposible! Aunque algunos autores de *bestsellers* románticos insistan en inmortalizar el término "elegantemente desgarbada", la lógica nos demuestra que ambos vocablos son incompatibles. Es más, nuestra personalidad más secreta se refleja en la postura del cuerpo (los sicólogos así lo aseguran), y por ello es fundamental que ejerzamos un control absoluto sobre las posiciones que adoptamos al caminar, al pararnos, o inclusive al estar sentados y en una actitud relajada. Afortunadamente –lo mismo que sucede con el tono de la voz y con el lenguaje de nuestro cuerpo– podemos aprender a adoptar la postura correcta, aquélla que nos permita proyectar nuestra imagen en la forma más positiva posible.

■ Al caminar (y al sentarse) mantenga la espalda recta, la cabeza ligeramente levantada. No sólo es ésta la postura natural de nuestro cuerpo (la más relajada), sino que inconscientemente nos proporcionará un aire de seguridad en nosotros mismos que puede ser muy positivo al tomar decisiones en nuestro esfuerzo por alcanzar las metas que nos proponemos.

■ Al caminar, observe sus pasos... éstos pueden ser dictados por el tamaño de sus extremidades, pero en ningún momento deben ser cortos o largos. Cualquier desajuste en este sentido requiere un poco de práctica para corregirla.

■ Para una mujer, sentarse con las piernas cruzadas (aunque éstas sean fabulosas y su intención sea exhibirlas) es señal de mala educación. Además, es una postura pésima para la circulación de la sangre. Es preferible cruzar únicamente los tobillos, o mantener los pies juntos... uno al lado del otro. Mantenga las rodillas siempre unidas.

■ En el hombre, el cruzar las piernas se considera aceptable (aunque no elegante) siempre que no muestre la suela de sus zapatos, ni moleste a las personas a su alrededor.

■ También el hombre puede sentarse con ambos pies apoyados en el piso, manteniendo las rodillas separadas. Es más, sentarse con las rodillas y pies juntos es considerado como una postura poco masculina, denota nerviosismo, y muchos pueden interpretarla como señal de debilidad de carácter.

COMO SUBIR Y BAJAR DE UN AUTOMOVIL

No hay duda de que el *estilo* de una persona se pone de manifiesto al entrar y salir de un automóvil. Las grandes estrellas del cine internacional lo saben y ensayan una y otra vez esta rutina para evitar que alguien las sorprenda en un "momento difícil"... de descuido. Partamos de la base que, para una mujer, subir al automóvil no debe representar mayor complicación; bajar sí... sobre todo en los modernos autos compactos en los que el espacio de maniobra es mínimo. ¿Qué hacer?

■ Voltéese en el asiento hasta quedar de frente a la puerta.

■ Extienda primeramente el pie más próximo a la puerta; después el otro. No preste atención directa a cada uno de estos movimientos; hágalos con la mayor naturalidad.

■ Mantenga baja la cabeza hasta salir completamente del automóvil (¡mucho cuidado con el peinado!).

■ Nunca salga del automóvil de espaldas, aunque esté convencida de que es más fácil. Esta es una posición incómoda, peligrosa, y altamente ridícula.

■ En los automóviles de dos puertas, al subir al asiento trasero, es conveniente asomar primeramente la cabeza (ligeramente agachada). Después el pie derecho, y finalmente el resto del cuerpo (con un ligero impulso). Recuerde que la ayuda del hombre cortés al subir al automóvil debe limitarse a abrirle la portezuela y a echar el asiento delantero hacia delante. El resto del proceso depende únicamente de usted.

LA ETIQUETA ACTUAL... POR TELEFONO

- Elija el momento apropiado para hacer una llamada telefónica. Recuerde que cuando usted llama por teléfono, está imponiendo su presencia a una persona que no la esperaba (o que no la solicitó).

- En particular, no llame en horas de comidas... ni muy temprano en la mañana o tarde de la noche.

- Siempre cerciórese de que la persona a quien usted llame no esté ocupada en ese momento; asegúrele que si ése fuera el caso, usted puede repetir la llamada un poco más tarde.

- Sea directa al iniciar una conversación. No pregunte si la persona a quien llamó le reconoce su voz; identifíquese inmediatamente.

- No prolongue innecesariamente el tiempo de conversación telefónica; más de quince minutos es señal de que es necesario concertar una cita personal para decir todo lo que hay pendiente.

- Recuerde que el teléfono no es el vehículo para hacer confidencias... ¡otros pueden estar escuchando!

- Si fue usted quien hizo la llamada, es también usted quien debe poner fin a la conversación... no la persona a quien usted llamó.

- Ahora bien, si la llamada se prolonga indefinidamente, quien recibió la llamada está en el perfecto derecho de mencionar que tiene *algo* que hacer y que se ve obligada a despedirse.

- La tecnología moderna ha impuesto la posibilidad de cometer una descortesía que casi llega a ser ofensiva: los timbres que interrumpen una llamada para avisar que hay otra llamada pendiente que usted debe atender. Se trata de una situación compleja, no hay duda. Pero partamos de la base que si usted ha insistido en tener este servicio telefónico opcional se debe a la importancia que toda llamada puede tener para usted. Por lo tanto, es correcto que usted interrumpa momentáneamente la conversación que está sosteniendo para determinar quién la está llamando. A esta segunda persona debe informarle rápidamente que está momentáneamente ocupada atendiendo a una llamada previa, y que le devolverá la llamada tan pronto como le sea posible.

- Desde luego, si una misma conversación telefónica es interrumpida por una serie de llamadas, queda a su discreción si contestarlas todas (interrumpiendo varias veces la conversación inicial) o si no las atiende hasta concluir la conversación original que está sosteniendo. En todo caso, ya usted (y la persona al otro lado de la línea) sabe que otros la están llamando. Lo correcto –por ambas partes– es poner fin a la conversación sostenida a la brevedad posible. Recuerde que la iniciativa de terminar la llamada debe partir de la persona que llamó originalmente.

■ También es preciso considerar la situación que es creada por los llamados **teléfonos celulares**, divulgados en todo el mundo. Si bien resultan muy efectivos para las personas que requieren estar en contacto en todo momento con otras, hay una serie de reglas de etiqueta que deben ser observadas:

(1) No lleve estos teléfonos a lugares donde pueda interrumpir las actividades de los demás. Habrá comprobado, seguramente, cómo molesta que en una función de teatro suene el timbre de un teléfono celular, y que la persona responda (aunque se limite a decir que en ese momento no puede atender la llamada).

(2) Es preciso considerar que el teléfono celular no debe ser usado desde vehículos en movimiento. La atención no puede ser dividida (un principio sicológico), y las posibilidades de que se presente un accidente son muchas.

(3) Considere que el teléfono celular debe ser usado únicamente en situaciones de urgencia, o en el caso de que la comunicación inmediata con otra persona sea imprescindible. No utilice innecesariamente el teléfono celular (para contar anécdotas o entablar conversaciones triviales, por ejemplo).

(4) Colocar el teléfono celular sobre la mesa (en un restaurante, por ejemplo) es de pésimo mal gusto. Denota que la conversación que se entable puede ser interrumpida en cualquier momento por una llamada telefónica. En este sentido, lo correcto es apagar el teléfono celular hasta que la comida haya terminado.

(5) Evite usar el teléfono celular en la presencia de otros. No sólo los demás pueden escuchar lo que usted tenga que decir, sino que provoca una interrupción desagradable en la conversación que haya entablado con esas personas.

■ Antes de hacer su llamada, anote los temas que va a cubrir en la conversación. Es de pésimo gusto, una vez que le han contestado, confesar que no se recuerda para qué hizo la llamada. También los silencios prolongados denotan falta de cortesía.

- Sea moderada en el tono de su voz... ¡Jamás discuta!
- Tampoco adopte un tono de voz melosa, ni siquiera con el hombre de su vida (¡nunca por teléfono!).
- Colgar el teléfono en un estallido de ira durante una conversación denota una pésima educación... aunque usted no quiera prolongar la comunicación con la persona que está del otro lado de la línea; equivale a darle un portazo en la cara.
- Si la comunicación se interrumpiera por algún motivo técnico, corresponde a la persona que originalmente hizo la llamada el comunicarse de nuevo.
- Si llaman a otra persona presente y usted es quien ha contestado el teléfono, controle su curiosidad y no pregunte quién es... a menos que usted sea una secretaria y esté anotando los recados para su jefe. Lo correcto es pasarle el teléfono a la persona que han solicitado.
- Si ésta no desea hablar, siempre puede pedir que le repitan la llamada en otro momento. No participe usted en estos juegos de personalidades.
- Recuerde que las frases "Por favor" y "Gracias" deben ser empleadas repetidamente al comenzar y terminar una llamada telefónica. "Perdón" si ha cometido alguna equivocación al marcar.
- ¿Un número equivocado? Sencillamente hágalo saber, con la cortesía que usted esperaría si estuviera en la misma situación.
- Si al hacer su llamada es una grabadora la que contesta (para que usted deje un breve mensaje), no cuelgue... hoy en día debemos acostumbrarnos a la automatización inevitable de la época que nos ha tocado vivir. Sea muy directa en su recado, mencione su nombre y su teléfono (para que le devuelvan la llamada), o explique que llamará nuevamente. Es de pésimo gusto dejar mensajes misteriosos, aunque el propósito sea dar una broma.
- Si es usted quien recibe mensajes en su grabadora mientras esté ausente, devuelva las llamadas pendientes. No hacerlo es una falta mayor de cortesía.

CAPITULO 4

¡LA CORTESIA HALAGA!

Chabuca Granda, la inolvidable compositora peruana, en una ocasión me dijo que "la *cortesía* es el elemento que verdaderamente une a los seres humanos... si no hay cortesía, no puede existir comunicación". Y sí, a pesar de este mundo dimámico y en constante evolución en que vivimos, a pesar de las presiones morales y físicas a las que todos estamos sometidos, la *cortesía* sí sigue estando de moda... ¡y es muy fácil de cultivar!

Pero... ¿qué es la *cortesía?* Una definicion muy simple:

■ La demostración de nuestra consideración hacia los demás.

Y esa consideración podemos demostrarla de mil maneras diferentes. Siembre *cortesía* y recogerá *amabilidad* por parte de los demás, porque la *cortesía* es el halago más efectivo que usted pueda ofrecer.

■ Primer punto: no hay palabras que tengan un efecto más positivo en nuestro idioma que "Por favor" y "Gracias" (también "perdón", pero únicamente cuando no abusamos de ella. Sin embargo, a veces nos

olvidamos del efecto mágico que esas palabras logran en los demás, y debido a nuestra despreocupación por ser corteses, ofendemos a las personas que forman parte de nuestro mundo... aquéllas que están a nuestro alrededor. Sin darnos cuenta nos cerramos muchas puertas en nuestro camino que de otra forma pudieran estar abiertas... y tal vez hasta interrumpamos nuestro camino hacia el éxito.

■ Tenga presente que la persona que tiene bien definido el concepto de la *cortesía* y que muestra consideración hacia las demás personas a su alrededor, no interrumpe el paso de otros individuos al detenerse innecesariamente en pasillos, en escaleras, delante de puertas, en los elevadores…

■ Ceder el paso –tanto los hombres, como las mujeres– es una señal de cortesía elemental que revela una buena educación y sugiere que estamos conscientes de que compartimos con otros el espacio en el que nos desarrollamos.

■ ¡Sonría! La sonrisa es una señal infalible de *cortesía* que derrumba hasta los obstáculos mayores. Sonría con frecuencia!

UN HOMBRE ELEGANTE
ES SIEMPRE CORTÉS...

No hay duda de que con la evolución de la mujer en el campo profesional –y al competir directamente con el hombre en algunos planos– muchas de las *cortesías masculinas* tradicionales han llegado a desaparecer... cuando menos, han cedido en ciertos aspectos. No vamos a analizar en este capítulo si la pérdida de estas consideraciones se deben a resentimientos inconscientes de muchos hombres hacia la liberación indiscutible que la mujer ha logrado en las últimas décadas, o si son las propias mujeres quienes han dado origen a esta situación (tal vez con un concepto más desarrollado y quizás mal interpretado de lo que significa la palabra "independencia") en su afán de mostrar su auto-suficiencia en todo momento. Por ello, con frecuencia rechazan halagos elementales por parte del hombre, y hasta son rudas en determinados momentos para hacer valer su nuevo *status* de mujeres independientes. En todo caso, el gesto de consideración masculina hacia la mujer es siempre correcto, agradable, y merecedor de agradecimiento.

- Si un hombre y una mujer caminan por la calle, por ejemplo, él debe escoltarla; es decir, caminar al lado externo de la acera en señal de protección. Si ésta es una demostración elemental de *cortesía,* ¿por qué muchos hombres se olvidan de este detalle que tanto puede halagar a la mujer...?
- Al llegar ante una puerta, el hombre cortés debe abrirla y mantenerla abierta, mientras le cede el paso a ella.
- En un ómnibus o vehículo público en el que todos los asientos estén ocupados, si el hombre está sentado y la mujer de pie, lo cortés es que él le ceda el asiento a ella.
- Al subir o bajar de un automóvil, el hombre debe abrirle la portezuela del auto a la mujer, y simbólicamente ayudarle en el proceso. Cerrar la portezuela con suavidad es el complemento de esta rutina elegante.
- Si ella muestra la intención de encender un cigarrillo, y él puede ofrecerle una llama, así debe hacerlo.
- Durante una cena, él debe preocuparse por llenarle la copa de vino si ésta queda vacía.
- Cuando una mujer se incorpora a un grupo, o si llega a una habitación, el hombre debe ponerse inmediatamente de pie. Es una agradable muestra de respeto elemental.

EL ES CORTES CUANDO...

- Es puntual... no la hace esperar.
- Se descubre la cabeza al verla (si la llevara cubierta).
- Se ofrece a cargar cualquier objeto pesado que lleve la mujer que lo acompaña.
- Le enciende el cigarrillo si ella muestra intención de fumar (aunque él no fume).
- Le retira la silla al llegar a un restaurante para que ella se siente (a menos que el Maitre o el camarero previamente hayan prestado atención a este detalle).
- Le sirve la bebida (vino, café...) en su copa o taza.
- La toma ligeramente por el brazo al cruzar una intersección, o al entrar a un lugar.
- Toma la iniciativa de abandonar un lugar, pero le pregunta antes a ella si está de acuerdo en marcharse.
- Ella se pone de pie (en el restaurante, en la oficina) y él se pone igualmente de pie mientras ella se marcha.
- Si repite la misma operación una vez que ella regresa.
- Si cuando pide la cuenta en el restaurante, discretamente no permite que ella vea el importe total de la misma.
- Permite que ella pague la cuenta en un restaurante (sin protestar) si es ella quien ha hecho la invitación... sobre todo en el caso de mujeres ejecutivas o profesionales, que consideran estas situaciones de relaciones públicas como parte integral de su trabajo.
- Le dice una frase amable sobre su apariencia (el nuevo vestido que ha estrenado, la suavidad de la fragancia que lleva puesta) o la elogia por un logro alcanzado (la objetividad del informe que acaba de presentar, el éxito que ha tenido en una operación de ventas).
- La mira con aprobación.
- Le abre la puerta del automóvil, y la cierra una vez que ella ocupa su asiento... amablemente.

■ Recoge inmediatamente algo que ella distraídamente haya dejado caer... a menos que él se encuentre a alguna distancia de ella.

■ Le hace un pequeño obsequio con algún motivo determinado... sin que el mismo tenga implicaciones de conquista.

■ La llama por teléfono con algún motivo definido, y se cerciora de que no está interrumpiendo sus actividades (aunque se trate de un ama de casa).

■ La acompaña hasta la puerta de su casa, y espera a que entre.

ELLA ES CORTES CUANDO...

■ Siempre da las gracias por una atención recibida.

■ Es puntual.

■ Presta la debida atención a su compañero, y no lo considera como una pieza más de su vestuario.

■ Acompañada de un hombre, se abstiene de fijarse en otros.

■ Si al entrar a una habitación, toca primeramente a la puerta y pide permiso... aunque se trate de su propio esposo, o sus hijos.

■ Si mantiene sus rutinas de higiene y belleza íntima en privado.

■ Habla en voz baja, y evade conversaciones sobre temas escabrosos o comprometedores.

■ Consulta con él la posibilidad de aceptar o no una invitación en conjunto. No toma decisiones unilaterales que les conciernan a ambos.

■ Evita las demostraciones exageradas de amor en público, pero sí demuestra su interés en él.

■ Cuando es complaciente y no impone sus preferencias... al ver un programa de televisión, al seleccionar un restaurante, al elegir determinado tipo de música a escuchar, por ejemplo.

■ Es amable con los amigos de él, aunque tenga pocos intereses en común con ellos.

■ Cuando se muestra atenta con la familia de él.

Todos estos gestos de *cortesía masculina,* sin embargo, deben ser correspondidos con las "muchas gracias" tradicionales y la sonrisa a la cual ya nos hemos referido. Lamentablemente –y así debemos reconocerlo– muchas veces nos olvidarnos de valorizar la *cortesía masculina,* y aceptamos todo este proceso de halagos básicos como una obligación por parte del hombre. ¡No, no lo es! ¡Sigamos sembrando *cortesía* en nuestros hombres para continuar recibiendo halagos!

EN EL CASO DE DOS HOMBRES...

También deben existir una serie de reglas tácitas de etiqueta en las relaciones entre dos hombres:

- El de menor edad (o jerarquía, si se trata de una situación protagonizada por un jefe y empleado, por ejemplo) debe abrir la puerta y ofrecer el paso a la persona mayor (o de más alta jerarquía). Esto no debe ser considerado como una señal de servilismo o de adulación, sino como una *cortesía elemental* que la propia lógica sugiere. La mujer no está sujeta a observar esta regla, desde luego.
- Emplear el "usted" en vez del informal "tú" es una señal de respeto y consideración hacia una persona de más edad.

EN EL CASO DE DOS MUJERES...

- Aplique las mismas reglas anteriores; la consideración y el respeto no es discriminante en lo que al sexo se refiere.

EN TODA SITUACIÓN...

- La persona que haya abierto una puerta se debe cerciorar –antes de soltarla o cerrarla– que nadie más está detrás. Si hubiese una persona (cualquiera que ésta sea) en el proceso de entrar o salir por esa puerta, lo correcto es sujetarla hasta que esta persona la alcance y mantenga el control de la misma. De nuevo, las "muchas gracias" es la frase con que se debe corresponder a esta *cortesía.*
- Por supuesto, las puertas siempre se abren y se cierran en una forma

delicada, amable.

■ Las conversaciones, por regla general, no se interrumpen. Si se trata de una situación de emergencia, la palabra clave es "perdón", seguida de una explicación –muy breve– sobre el motivo que ha provocado la interrupción.

■ En un elevador o espacio muy limitado, evite todo tipo de conversación o comentario innecesario.

LA ETIQUETA PARA EL HOMBRE Y LA MUJER

■ Al caminar juntos, ¿quién va delante? La regla general es que la mujer preceda al hombre en el momento de entrar o salir de un lugar público. Después ambos caminarán uno al lado del otro.

■ Hay circunstancias específicas en las que el hombre debe adelantarse ligeramente a la mujer. Por ejemplo, al entregar los boletos en un cine o teatro, aunque después debe apartarse amablemente para cederle el paso a ella.

■ Otro caso específico es el clásico del elevador que se ha detenido en diferentes pisos, y las mujeres han quedado relegadas hacia la parte posterior. En esta situación, si hay hombres junto a la puerta, éstos deben salir primeramente para facilitar el paso al resto de los pasajeros. Al entrar en elevador, desde luego, el hombre debe ceder siempre el paso a la mujer.

■ También, al bajar de un autobús o automóvil, él debe anticiparse para ayudarla a ella en el proceso.

GESTOS Y ACTITUDES...

Por supuesto, el estilo, la cortesía y la etiqueta no pueden (ni deben) limitar nuestra condición de seres humanos. Sencillamente, hay formas aceptadas para cada situación social que se nos presente, por embarazosa que ésta pueda parecernos.

■ Si en un momento dado no puede evitar un bostezo (o no logra con-

¿SABE USTED PEDIR EXCUSAS?

- Una primera regla, fundamental: no se excuse por todo lo que considere que ha hecho mal, ni lo haga en todo momento. La excusa –si es sincera– tiene un valor extraordinario y debe ser reservada exclusivamente para momentos y situaciones en las que surtan el efecto apropiado. ¡Racione sus excusas!

- Al excusarse, sea sincera. Una excusa que no surge del corazón, expresada sólo por cumplir con un requisito social, puede satisfacer a la otra persona... ¡pero no a usted! Es más, en determinadas situaciones, si usted genuinamente considera que la razón está de su parte, y que no hay un verdadero motivo para excusarse, esa excusa forzada puede provocar un resentimiento en usted y una actitud negativa que en algún momento se manifestarán.

- Si se excusa sinceramente, no reincida y cometa la misma falta. La excusa genuina lleva implícito el arrepentimiento y el deseo de remediar una situación, de enmendar un error. Hágalo.

- No confunda los términos "excusarse" con "humillarse"... ¡son absolutamente diferentes! Admitir un error, reconocer que se ha cometido una falta, demuestra únicamente generosidad de espíritu.

- Toda excusa debe ser aceptada e interpretada como el punto final de una situación de conflicto, por leve que ésta sea. Pero aceptar la excusa y valerse de la generosidad de espíritu de la persona que se excusa para entonces recriminarla, va en contra de las reglas de la etiqueta. Además, desde el punto de vista sicológico, una actitud de este tipo sólo genera sentimientos de culpa y resentimiento en la otra persona, ambos muy negativos.

- Al excusarse, emplee un mínimo de palabras y sólo haga una referencia –muy leve– a la situación que la llevó a tener que excusarse. El viejo concepto de "aclarar situaciones" no es el más positivo para sanar un conflicto y comenzar una etapa nueva en la relación (sea ésta del tipo que sea).

trolar los deseos de rascarse, por ejemplo), hágalo... pero con la mayor discreción y naturalidad posible. No, no es necesario ofrecer disculpas ni explicaciones a las personas a su alrededor.

■ Tampoco pida disculpas por cualquier accidente que pueda producirse como consecuencia de sus procesos digestivos.

■ ¿Deseos de estornudar...? Son mecanismos involuntarios de nuestro cuerpo, y así deben ser aceptados. Estornude, cubriéndose siempre la boca con un pañuelo (o con la mano, si el estornudo se presenta de momento y no le da tiempo para sacar el pañuelo). Sin dirigirse a nadie en particular, después de estornudar, excúsese (un "perdón", sin aspavientos, es suficiente).

■ Si bien todavía es aceptable fumar en público (en algunos lugares determinados; no hay duda de que el hábito de fumar se encuentra en vías de desaparición en muchos países), es absolutamente incorrecto mascar goma. En la intimidad de su hogar puede hacerlo, desde luego, pero igualmente muestre su consideración hacia los demás masticando con la boca cerrada y deshaciéndose de la goma en una forma discreta (preferiblemente, envuélvala en su propio papel, y deposítela en un cenicero o cesto de basura; nunca la tire al piso ni la deje en un cenicero, expuesta a la vista de los demás).

■ Los ceniceros deben rnantenerse siempre limpios. Preste especial atención a este detalle.

CUANDO ESTAMOS EN PUBLICO...

En todo momento debemos tener presente que el planeta Tierra no nos pertenece exclusivamente, y que lo compartimos con millones de otros seres humanos que tienen nuestros mismos derechos y obligaciones. Así,

■ Es de pésimo gusto hablar en un tono demasiado alto, o reírse estrepitosamente, en un sitio donde otros se puedan molestar con nuestra espontaneidad.

■ En el cine y en el teatro, el derecho al silencio debe ser respetado. Absténgase de hacer comentarios innecesarios durante la función, por oportunos que los considere, hasta una vez terminada la presentación.

■ ¡Jamás lance papeles o desechos al piso! Busque siempre un lugar apropiado para deshacerse de lo que ya no quiere.

■ Los besos, los abrazos efusivos, y otras expresiones de amor entre los miembros de una pareja deben reservarse para los momentos íntimos; son situaciones privadas que no tienen por qué ser compartidas con el público. Esto no significa que debamos inhibir nuestras emociones más instintivas en aras de la etiqueta. Simplemente, es preciso observar las reglas del buen gusto y el decoro al manifestar nuestros sentimientos... ¡el público no tiene por qué compartirlos!

■ Sea cordial en todo momento, pero tampoco exagere. Los saludos con palmadas repetidas, las carcajadas sonoras para mostrar aprobación, y los comentarios fuera de tono, no sólo pueden avergonzar a quien los recibe, sino molestar a las personas a su alrededor. Sea efusiva, pero muestre moderación en todo momento. Recuerde que *discreción* y *frialdad* son dos palabras con significados muy distintos.

¿TOCAR... O NO TOCAR?

Sí, el tacto es uno de los cinco sentidos del ser humano, pero en público debemos imponernos ciertos límites sobre lo que podemos tocar y lo que sólo debemos observar. Es conveniente convencernos de que no siempre es imprescindible tocar para poder comunicarnos con las personas a nuestro alrededor:

■ Ya sea con amigos, con su propio cónyuge, evite tocar a su interlocutor para enfatizar una expresión determinada, o simplemente para llamar la atención sobre algo en especial.

■ Acostúmbrese a sustituir sus manos con la palabra, y así podrá evitar que se presenten situaciones embarazosas. Recuerde que hay individuos que, sencillamente, repelen el hecho de que otras personas las toquen... Estas personas han definido un espacio vital a su alrededor (que les sirve como una especie de protección sicológica), y no permiten que el mismo sea invadido por nadie. Es importante tener este factor en mente cuando vamos a tocar a alguien...

■ Pero... ¿qué puede hacer si es usted la víctima de un individuo con un sentido del tacto demasiado desarrollado? La mejor alternativa es esbozar una encantadora sonrisa (siempre un elemento infalible para escapar de cualquier situación embarazosa que se pueda presentar), y rápidamente poner espacio físico entre su interlocutor y usted. Tenga presente que todo tipo de aclaración sobre situaciones de esta naturaleza, sobran.

LA ETIQUETA DEL CIGARRILLO

A pesar de la información que se divulga constantemente en los medios de comunicación acerca de los peligros que el fumar cigarrillos representa para la salud del ser humano, a pesar de la campaña intensiva en contra del hábito de fumar que se lleva a cabo a nivel internacional, el fumar sigue estando de moda, lamentablemente... y hasta puede ser un hábito elegante, si se sabe cómo controlarlo. Lógicamente, ante el énfasis en la publicidad en contra de los cigarrillos, en la actualidad hay menos fumadores... pero éstos siguen siendo muchos, y deben observar reglas de cortesía elemental en este sentido. ¿Cuáles son las reglas a seguir?

■ Si un individuo fuma y el otro no, y ambos van a compartir algún tiempo en un mismo lugar, lo correcto es que el fumador pregunte al no-fumador si le importa que fume un cigarrillo. Si no hay oposición visible, un cigarrillo es suficiente; no se debe abusar de la buena voluntad del no-fumador.

■ Desde luego, las bocanadas de humo no deben ir dirigidas directamente hacia el no-fumador, sino hacia un lado neutral, donde no moleste a ninguna persona. Al terminar, cerciórese de que el cigarrillo que ha fumado quede completamente extinguido en un cenicero (jamás lo deje caer en el piso o lo apague en otro lugar que no sea un cenicero).

■ En un sitio marcado con el letrero de NO FUMAR (en un avión o restaurante, por ejemplo), sencillamente controle su inquietud de fumar y espere a llegar a un lugar donde no exista esa restricción para entonces encender su cigarrillo.

■ También es de pésimo gusto el que una persona que fuma, y que se encuentra en un área de no-fumadores, se excuse para salir al exterior del recinto y poder fumar a sus anchas. El deseo debe ser controlado en esos momentos… ¡es lo cortés!

■ Si al preguntarle al no-fumador si le importa que usted fume recibe una respuesta afirmativa, no fume. Recuerde que fumar es un hábito adquirido... lo natural es no fumar.

■ En lugares donde hay mucho público (un cine o teatro, por ejemplo), lo correcto es abstenerse de fumar para no ofender a los no-fumadores… a menos que haya secciones determinadas en el local que sean destinadas a las personas que fuman. Es importante aclarar que cada día es más generalizado el concepto de que no se debe fumar en el interior de edificios, mucho menos en los edificios públicos.

- Igualmente, la etiqueta más elemental sugiere que no se fume en un lugar cerrado, de espacio limitado... un elevador, un autornóvil, por ejemplo.

- Es absolutamente normal, y permitido, que la mujer fume en público (en los lugares donde ello sea permitido)... aunque su compañero sea un no-fumador. Sin embargo, debe observar exactamente las mismas reglas anteriores que denotan una *cortesía elemental* hacia sus semejantes. Al caminar por la calle, desde luego, debe abstenerse de fumar.

- Si él y ella fuman, y es ella quien toma un cigarrillo de su cajetilla, inmediatamente después (nunca antes) debe ofrecerle a él. Acéptelo o no, es él quien debe encender el cigarrillo de ella. Cuando él desea fumar, siempre debe ofrecerle un cigarrillo antes a ella.

- Si ella fuma, y se queda sin cigarrillos en un lugar público, lo correcto es que se lo informe a él y le pida que por favor obtenga una cajetilla. En ningún momento la mujer debe pedirle directamente al camarero que le traiga una nueva cajetilla si su compañero está delante (si está sola, o en compañía de otras mujeres, sí).

- Fumar en la intimidad depende de muchos aspectos... como todos las reglas de la etiqueta íntima. Si ambos cónyuges fuman, las posibilidades de conflicto son menores. Si solamente uno de los dos fuma, lo correcto es determinar en qué momentos es adecuado fumar, y en cuáles no. Absténgase de fumar en los momentos negativos.

- En todo momento, recuerde que el olor de la nicotina queda impregnado en la ropa, en el cuerpo, y en el ambiente. Igualmente, deja un sabor peculiar en la boca. ¿Es correcto exponer a otras personas a estos residuos de nicotina... sobre todo si esas personas no fuman? ¡No!

- ¿Fumar después del amor? Si ambos cónyuges están tácitamente de acuerdo (por costumbre, o porque la situación se ha considerado en un momento determinado), es aceptable.

- Fumar en la cama, cuando se tiene sueño, no sólo denota poco estilo, sino que es altamente peligroso. Muchos incendios –a nivel internacional– tienen este origen.

- Es preciso aceptar que el cigarrillo puede ser un arma elegante en sus manos. Esté consciente de que sus gestos en este sentido revelan secretos de su personalidad, por lo que es conveniente mantenerlos bajo control absoluto. Ensaye la manera de tomar el cigarrillo entre sus dedos (obsérvese en un espejo), la forma más efectiva de expulsar el humo (recuerde: nunca en dirección a la cara de otra persona, por mucho que el viejo Hollywood haya repetido escenas de este tipo en algunas de sus películas).

EL ARTE DE PRESENTAR Y DESPEDIR

La forma en que usted presenta a otra persona, su actitud cuando es presentado a alguien, o la rutina que sigue para despedirse en un momento social determinado, revelan el nivel de su roce social, su estilo, y su sentido de la etiqueta. Y aunque cualquier tipo de presentación o despedida es en realidad una rutina en extremo sencilla, muchos la complican de tal forma que puede convertirse hasta en una situación embarazosa. Sin embargo, una persona que domina estos pasos esenciales de la presentación puede desenvolverse con aplomo y seguridad en todo momento, y mostrar su mejor imagen en instantes en que causar la mejor primera impresión puede ser decisivo.

■ Lo más conveniente es analizar una situación práctica: supongamos que usted está conversando con alguien, y se aproxima un conocido suyo. Usted duda con respecto a si ambos se conocen o no, y se produce un instante de relativa tensión... ¿Debe presentarlo? ¡Por supuesto que sí! Si las dos personas ya se conocen, considere que una presentación nunca está de más, y ambas apreciarán el humor implícito en la situación. Si son desconocidos, una presentación a tiempo hará el encuentro más confortable para todos.

■ Una persona joven siempre es presentada a una persona mayor: "Señor Sánchez, permítame presentarle a Víctor Fernández", "María, le presento a mi novio, Víctor Fernández".

■ Cuando se trata de dos personas de distintas jerarquías (digamos un jefe y un empleado, un profesor y un alumno) lo correcto es que la persona de menor jerarquía (el empleado, el alumno) sea presentada a la que ocupa una posición superior. Por ejemplo: "Profesor Sánchez, me complace presentarle a mi amigo Víctor""; "Doctor Rodríquez, me complace presentarle a Sergio Sánchez, mi compañero de trabajo".

■ Por regla general, el hombre siempre es presentado a una mujer. Por

CINCO REGLAS FACILES PARA RECORDAR NOMBRES Y CARAS

- En primer lugar, al ser presentada, cerciórese de que ha escuchado el nombre correctamente. Repítalo al responder a la presentación: "Mucho gusto, Señor Vizcaíno...".

- Mentalmente (y si se trata de alguien que le interese, desde luego), repita el nombre varias veces... nombre y apellidos. Es un recurso efectivo para poder recordar nombres.

- Busque una asociación del nombre con algo que le sea familiar. En el caso del Señor Vizcaíno, por ejemplo, podría tratar de asociar ese apellido con el Golfo de Vizcaya (en el Norte de España); o con Villa Vizcaya, un museo de Miami (Florida, Estados Unidos) que quizás haya visitado en alguna oportunidad. De modo que Vizcaíno = Vizcaya.

- Fíjese bien en el rostro de la persona que le acaban de presentar, y trate de detectar inmediatamente cuáles son sus rasgos más sobresalientes: ojos azules, un bigote escaso, un cabello rubio sensacional... ¿Cómo es el tono de su voz...? ¿Le recuerda la de algún actor (o actriz) de cine...? Asócielo con él (o ella). Observe su postura: ¿es desgarbado... o mantiene una posición erguida? Todos estos detalles contribuirán a que usted fije la imagen del individuo en su mente… y pueda recordarlo en el futuro.

- Finalmente, con más calma, trate de reconstruir el momento en que fue presentada a este individuo; emplée el método de la visualización, el cual resulta altamente efectivo. Repita nuevamente su nombre... y evoque en su mente la imagen que se formó de esa persona. Este proceso puede parecer complicado, pero una vez que usted lo haga (paso a paso) varias veces, llegará a repetirlo automáticamente con cada nueva persona que realmente le interese no olvidar.

ejemplo: "Lourdes, le presento a Sergio Gutiérrez, un magnífico amigo", "Señor Gutiérrez... la Señora Ortiz".

- Por supuesto, hay excepciones. Si el hombre es una persona mayor, o su jerarquía es superior a la de la mujer, entonces es la mujer quien es presentada. Por ejemplo: "Señor Sánchez, tengo el gusto de presentarle a Lourdes Ramírez".

- Afortunadamente, las presentaciones en la actualidad son menos rígidas y artificiales que hace algunos años. En todo momento, la naturalidad y la espontaneidad controlada son los elementos que deben imperar en situaciones de este tipo. Sólo en instantes de estricto protocolo (una reunión diplomática, un banquete de alto nivel, una ceremonia oficial) se siguen las más estrictas reglas de la etiqueta. Pero en una situación informal la presentación deja de convertirse en un ritual ceremonioso para formar parte natural de la conversación que se está sosteniendo en ese momento. Por ejemplo: "Lourdes, te presento a Sergio Sánchez... el amigo del que tanto le he hablado. A propósito...".

- Los títulos deben usarse en toda presentación social, aunque la situación sea informaL Si Roberto es médico, al ser presentado debe mencionarse su título; si Margarita es una señora casada, se debe aludir a su estado civil. Por ejemplo: "Margarita, le presento al Doctor Roberto Guzmán... Roberto, la señora de Jorge Rodríguez".

- Si se trata de una presentación a un grupo de personas, sencillamente se menciona el nombre de la persona que se quiere presentar, sin dirigirse a nadie en particular: "Margarita, la señora de Jorge Rodríguez". Las personas a las que Margarita es presentada deben responder con un "Mucho gusto"; tal vez alguna le extienda la mano, y esto es lo más correcto.

- Es preciso mencionar que una buena memoria para recordar nombres y apellidos es un arma poderosa con la que podemos contar en nuestras relaciones sociales. Desde luego, siempre se pueden presentar momentos de crisis, en los que podemos olvidar un nombre, o confundirlo. Ante situaciones de este tipo, mantenga el aplomo y presente a la persona cuyo nombre recuerda a la que momentáneamente ha confundido (aunque tenga que alterar las reglas anteriores).

Por ejemplo: "Jorge, te presento a una magnífica amiga, a quien hace tiempo que no veía...". No concluya la frase, sea espontáneamente vacilante... la situación deberá resolverse por sí sola una vez que ella le extienda la mano y se vea obligada a responder "Mucho gusto, Margarita Sánchez". ¡Fije ese nombre en su mente para evitar que la situación se repita en un futuro!

COMO RESPONDER
A UNA PRESENTACION...

■ Cuando se es presentado (a una persona, o a un grupo), la amabilidad debe ser el elemento fundamental que prevalezca en la situación: "Mucho gusto", o "Encantado" son términos acuñados socialmente para situaciones de este tipo. Por supuesto, una sonrisa siempre permite lograr un impacto más efectivo en ese momento.

■ Junto con el saludo, usualmente se estrecha la mano de la persona que está siendo presentada. El clásico estrechón de manos debe ser firme, pero no excesivo. Tampoco débil y desganado (los sicólogos interpretan esto último como una muestra de debilidad de carácter y timidez, cualidades que pueden dañar el impacto de esa primera impresión).

■ No prolongue el estrechón de manos indefinidamente, aunque quiera ser efusivo; dos o tres segundos son suficientes. En el caso específico de la mujer, prolongarlo puede –inclusive– considerarse como una sugerencia más íntima. ¡Cuidado!

■ La mujer siempre es quien debe extender inicialmente la mano al saludar a la persona que le está siendo presentada.

■ El hombre generalmente espera que sea la mujer quien le extienda la mano, aunque la etiqueta también acepta que él tome la iniciativa y extienda su mano primeramente. En este caso, es prerrogativa de la mujer aceptar la mano extendida o no, pero... ¿se atrevería usted a rechazarla?

■ ¡Las manos de la mujer ya no se besan! Por lo tanto, no la extienda en una forma lánguida y en posición horizontal, como si estuviera esperando una reverencia y un beso. ¡Es de pésimo gusto!

■ En una fiesta o reunión, si el anfitrión no está presente y nos incorporamos a un grupo de personas, es perfectamente aceptable presentarse a sí mismo. Por ejemplo: "Buenas noches, soy Margarita Fernández...". Inmediatamente diríjase a la persona más próxima a usted en el grupo, e intégrese a la conversación.

■ Al llegar a un salón donde hay varias personas, ninguna de las cuales está prestando atención a su llegada, no es necesario (ni recomendable) anunciar su nombre en voz alta. Sencillamente, intégrese paulatinamente a la conversación que se sostiene.

COMO DESPEDIRSE...

Curiosamente, la rutina de la despedida puede complicarse embarazosamente y prolongarse sin necesidad (lo cual sucede con más frecuencia de la debida), provocando una situación difícil para todos los que se ven involucrados en este tipo de situación. De nuevo, la regla de oro incluye dos elementos: *naturalidad* y *brevedad*.

- Si el encuentro ha sido casual (dos amigas que se ven en una cafetería, por ejemplo), después de los saludos de rigor, un "Adiós" o "Nos vemos pronto" es suficiente. No prolongue la situación con promesas de un encuentro en el futuro o de llamadas telefónicas al día siguiente; tampoco es el momento de intercambiar teléfonos y direcciones. Si desea ser efusiva, puede agregar "Me ha dado mucho gusto el verte de nuevo".

- Si se trata de una visita en la casa de algún amigo, al llegar la hora de la despedida, tenga presente estos tres elementos:

  (1) No anuncie que piensa despedirse; sencillamente, levántese y despídase.

  (2) En ningún momento mencione el factor de la hora.

  (3) No mencione que se despide para que los anfitriones puedan descansar... ¡esto es prácticannente un insulto!

  (4) No haga comentarios sobre el rato pasado juntos.

- No reanude la conversación una vez que esté lista para retirarse. Exprese una frase amable de agradecimiento por el rato compartido, y haga la promesa de un encuentro próximo. Márchese... y acepte la amabilidad de los anfitriones si éstos insisten en acompañarla hasta su automóvil, a tomar un taxi, o hasta la estación del metro o parada del autobús.

- Una vez que los invitados salgan de la casa, los anfitriones no deberán permanecer de pie junto a la puerta en espera de que se ponga en marcha el automóvil o que el invitado se pierda de vista. Considere que la visita termina en la puerta de la casa, y ésta debe cerrarse suavemente a los varios segundos del momento en que la visita se haya marchado.

AL SALUDAR:
¿BESO... O NO BESO?

Uno de los males sociales que la tradición ha arrastrado hasta nuestros días –y el cual es hoy imposible de erradicar– es el beso social. Besamos socialmente porque estamos acondicionados a hacerlo, sintamos o no un afecto especial por la persona a la cual besamos. Muchas veces besamos hipócritamente... otras somos objeto de besos-en-el-aire que, evidentemente, no se quieren dar pero que tampoco se pueden evadir. Todo esto nos lleva a preguntar... ¿Cuándo besar....? ¿Cuándo no besar...?

- La etiqueta actual sugiere que se sea algo más discriminante con respecto al llamado *beso social*. En un encuentro, si realmente aprecia a las personas que tiene delante (y si el grado de amistad es grande), béselas en la mejilla. Si por el contrario se trata de personas que no son de su agrado (o con las que ha tenido un contacto social limitado), extienda la mano para ofrecerle su saludo. En estos casos, la mano sirve como una poderosa barrera física que evita el acercamiento más intimo del beso social.

- En casi todos los paises de Hispanoamérica, el beso social se limita a una sola mejilla (la derecha o la izquierda, indistintamente). Ofrezca este tipo de beso.

- En muchos países de Europa (en Francia y España, principalmente) el beso social es doble: en ambas mejillas... es cuestión de costumbre, no tiene ningún otro significado. Si está en Europa, o si su amiga es europea y aún no se ha adaptado a las costumbres hispanoamericanas, esté preparada para ofrecer el beso-a-la-europea.

- En los Estados Unidos, el beso social es raro.

- En todo caso, al ofrecer la mejilla, debe ser flexible para siempre poder ofrecer el beso-a-la-europea cuando su intención ha sido la de dar únicamente un beso hispanoamericano normal.

- ¿Debe besar socialmente a un hombre...? Sólo cuando el grado de amistad entre ambos es muy grande... Por ejemplo: un amigo de muchos años, un familiar, un muchacho al que tal vez vimos crecer...

- ¡Jamás bese a su ex! Aunque después del divorcio las relaciones con él hayan continuado siendo las mejores, la etiqueta sugiere evadir con él el beso social. ¡Mucho más si hay otro hombre en su vida actual, y éste se encuentra presente! Si él se aproxima a besarla, de nuevo un brazo extendido es una barrera infranqueable y una señal evidente de que su cordialidad tiene un límite. Tácitamente él comprenderá cuáles son sus sentimientos, y aceptará su sugerencia.

- Por supuesto, hay situaciones que una no puede controlar. Supongamos que la ex de su esposo coincide con ambos en una reunión, y ofrece cándidamente su mejilla a su ex para recibir el beso social. Es evidente que se trata de una situación compleja que usted no podrá controlar: su esposo no tendrá otra alternativa que cumplir una vez más con la tradición ¡Acéptelo!

- Los jefes y los compañeros de trabajo jamás se besan... por mucho compañerismo y espiritu-de-equipo que pueda existir en la oficina. Es una norma sana que puede evitar complejidades ulteriores (Vea el capítulo *Etiqueta en la oficina,* página 306).

- Como regla general, nunca bese a una persona que le acaban de presentar. Si detecta la intención del beso social en esa persona, tome la delantera y extienda amablemente su brazo.

- También evite besar a los bebés y a los niños pequeños. Muchos padres consideran que esta norma social es anti-higiénica, y la rechazan. Esté consciente de ello.

EL ARTE DE ENVIAR MENSAJES ESCRITOS

COMO ESCRIBIR CARTAS

- Elija un papel de excelente calidad, y en tonalidades muy claras. Considere que la papelería es una excelente inversión para una mujer elegante, la cual le permitirá atender a todos sus compromisos sociales y mantenerse en contacto con amistades a las que no siempre se tiene acceso.

- Recuerde que los sobres deben ser del mismo papel y tonalidad que el papel de escribir.

- Si prefiere que su papeleria muestre su sello personal, sea muy discreta e incluya únicamente –impreso o grabado a relieve– su nombre (preferiblemente sus iniciales). Es aceptable incluir también la dirección, pero esto le resta elegancia a su papelería, a menos que su correspondencia esté relacionada únicamente con cuestiones de negocios (los impresores pueden mostrarle diferentes modelos para ambos casos).

- Escriba siempre sus cartas personales a mano, y con tinta negra (exclusivamente). Las cartas comerciales sí pueden ser escritas a máquina o por medio de una ordenadora.

- Las tachaduras, manchas de tinta, o borrones son de pésimo gusto; una carta elegante debe ser impecable.

- A menos que su espontaneidad y facilidad al escribir sean extraordinarios, siempre es conveniente preparar primeramente un borrador de la carta, para hacer en él las correcciones y ajustes que se estimen convenientes. Ernest Hemingway, el famoso escritor norteamericano, escribía sus cartas hasta tres y cuatro veces antes de enviarlas... ¡Imítelo!

- Compruebe que su carta no presenta errores de ortografía... nada más deplorable que recibir una carta con palabras que han sido deletreadas incorrectamente o que no han sido usadas con la propiedad debida.

- ¡Cuidado... no escriba nunca lo que prefiere que otros no sepan! Las cartas circulan más de lo que imaginamos, y sus secretos más íntimos pueden quedar expuestos... y a la disposición de otros. ¡No se comprometa!

- Exprésese con sinceridad, empleando un vocabulario fácil; evite todo vestigio de rebuscamiento. Una magnífica idea es usar el mismo vocabulario que utilizaría si estuviera conversando con la persona a quien le está escribiendo.

- Incluya siempre la fecha en que está redactando la carta (junto al margen superior derecho), así como la dirección de la persona a la cual la dirige (en la parte superior izquierda).

- Comience con una frase de saludo apropiada ("Estimado amigo", "Querida Camille"...), seguida de una coma o de dos puntos.

- Si la persona tiene un título, incluya el mismo precediendo su nombre, y también en la frase de saludo: "Doctor Jorge Suárez", "Estimado Doctor Suárez".

- Apártese de expresiones vagas. Por ejemplo, "etc.", "y muchas más", "lo que todos sabíamos".

- La primera página de una carta nunca se numera; las demas sí.

- Firme siempre sus cartas con su nombre y apellidos, a menos que el destinatario sea una persona muy allegada. ¡Cuidado con esas firmas imposibles de descifrar... muestra falta de consideración hacia la persona que recibe la carta!

■ Todas las cartas recibidas deben ser contestadas a la brevedad posible; es una regla elemental de la etiqueta.

■ Compruebe que la dirección que ha escrito en el sobre es la correcta e incluya siempre la zona postal. Cerciórese igualmente de que ha incluido su nombre y dirección para que la carta le pueda ser devuelta si el destinatario no es hallado.

■ Coloque el sello en la posición apropiada (nunca invertido o inclinado), y en el extremo derecho del sobre.

■ La dirección del destinatario debe quedar debidamente centrada en el sobre; su propia dirección en la esquina superior izquierda (no en la parte posterior, como acostumbran muchas personas).

■ Aunque el sobre pueda mancharse o estrujarse durante el proceso postal, asegúrese de que usted lo ha enviado en perfectas condiciones.

LA IMPORTANCIA DE LAS TARJETAS DE PRESENTACION

El mundo de los ejecutivos y de los hombres de negocios está inundado con tarjetas de presentación... esas pequeñas cartulinas rectangulares –de diferentes tamaños y colores– que entregamos y recibimos en todas partes para dejar constancia de nuestra presencia en un lugar, en un momento dado. ¿Cómo elegir el diseño y texto más apropiados… ? ¿Cuáles son las reglas de etiqueta que rigen la entrega de estas tarjetas...?

■ Cuando una ejecutiva visita una empresa u oficina con motivos de negocios, lo correcto es que entregue su tarjeta de presentación a la recepcionista (o secretaria) de la firma en cuestión, a la vez que mencione el nombre de la persona a la cual desea ver, además de repetir el suyo propio en voz alta.

■ Si la persona está ausente, es correcto dejar la tarjeta de presentación como testimonio de su visita, y como sugerencia implícita de que desea establecer un contacto personal con ella.

■ En este caso, lo correcto es que la persona solicitada se comunique a la brevedad posible con la persona que le dejó la tarjeta, ya sea por teléfono o por carta.

■ Si este contacto personal no se produce en los días siquientes, es apropiado que la persona que dejó la tarjeta intente de nuevo hablar con el individuo en el cual está interesado. Siempre tiene la alternati-

CUANDO ESCRIBIR
UNA CARTA

■ Para contestar una invitación formal que haya recibido. ¡Sea igualmente formal!

■ Para dar las gracias por cualquier atención de la que haya sido objeto... alguien que se interese por su estado de salud mientras estuvo enferma, por unas flores que le hayan enviado, por una felicitación recibida...

■ Todas las expresiones de felicitación deben ser respondidas con una carta o nota breve (cumpleaños, aniversarios, promociones...).

■ Si alguien le hace un favor, agradézcalo personalmente... pero también envíe una breve nota confirmando sus sentimientos. Muestre tener clase y un alto sentido de la cortesía.

■ Esas tarjetas postales que se reciben cuando los amigos viajan, deben ser contestadas (una vez que la persona regresa a su lugar de origen) con una breve nota informando que las mismas fueron recibidas y dando las gracias por la atención.

■ Las tarjetas de felicitación por Navidad, Año Nuevo o cualquier otra festividad similar, deben ser recíprocadas inmediatamente con otra tarjeta similar, Siempre fírmelas, aunque lleven su nombre (o el nombre de su compañía) impreso.

■ Todos los regalos que se reciben deben ser agradecidos por escrito. Si quien los hace es una persona más íntima, también llámela por teléfono para agradecer su atención.

■ Las expresiones de pésame por la pérdida de un familiar querido deben ser agradecidas por una nota muy breve, preferiblemente en una tarjeta.

■ Después de una invitación a una fiesta, a una cena, o a una reunión, es muy apropiado enviar una nota dando las gracias por el rato pasado. En el caso de una invitación a una fiesta infantil, es la madre quien debe dar las gracias en nombre del niño.

va elegante de excusar de antemano la rudeza que representa el hecho de no haberle dado una respuesta a su visita personal, y atribuirla al hecho de que la tarjeta se haya podido extraviar ("... y pensé que quizás no le hubieran entregado mi tarjeta").

■ Las tarjetas de presentación no son privilegio exclusivo de los hombres. Es correcto que la mujer que trabaja en una oficina que requiere contacto con el público, tenga a su disposición tarjetas de presentación. La iniciativa de entregarla puede partir de ella, desde luego... pero en todo caso, cuando una persona (hombre o mujer) recibe una tarjeta de presentación, y dispone de las suyas propias, lo cortés es entregar también la suya en muestra de reciprocidad.

■ Es indudable que la tarjeta de presentación tiene el propósito de abreviar el encuentro rápido entre dos hombres y mujeres de negocios para los que el tiempo es sumamente valioso... simplemente con intercambiarlas, ambos tendrán la forma de comunicarse entre sí.

■ La tarjeta de presentación de un ejecutivo elegante –hombre o mujer– debe cumplir una serie de requisitos esenciales:

(1) El tamaño debe ser el apropiado (varía según las costumbres de los diferentes países; el impresor puede orientarla en este sentido).

(2) El texto debe ser breve y limitarse a mencionar el nombre de la persona, el nombre de la empresa a la cual representa, su posición en la misma, el logotipo de la compañía (si lo tuviese), y la dirección y números de teléfono, fax, y correo electrónico.

(3) Pueden ser impresas o grabadas a relieve (un proceso algo más caro, pero que sugiere distinción).

(4) El material de la cartulina debe ser de la mejor calidad posible, casi siempre en blanco (se aceptan también colores pálidos, pero no son

(5) Las tarjetas de presentación en colores intensos, impresas en diferentes colores, con formas que no sean las rectangulares tradicionales, y en materiales plásticos (o de otro tipo), son de pésimo gusto... y el efecto publicitario que se intenta lograr con ellas es muy debatible.

■ En la tarjeta de presentación debe imprimirse el nombre completo de la persona, precedido del título que pudiera tener: Por ejemplo, "Licenciado Jorge Beltrán Avilés", "Doctora Luz Marina Alzola Toraño", "General Marcelino Zurbarán", "Arquitecto José Luis Madero Jiménez".

■ Si padre e hijo tuvieren el mismo nombre, lo apropiado es que a con-

¿A QUIEN DEBE ENVIAR SUS TARJETAS DE NAVIDAD?

- A todas sus amistades, incluyendo aquéllas a quienes hace tiempo que no se ve o que no mantiene un contacto periódico con ellas.
- A todos los miembros de su familia, y los de la familia de su esposo.
- Es apropiado que en los dos casos anteriores no se limite usted a firmar fríamente la tarjeta; si lo prefiriere, puede agregar una nota personal, muy breve, como parte del mensaje de felicitación. Por ejemplo: "Hace tiempo que no nos vemos, pero siempre te recuerdo con igual cariño. Alicia Figueroa y familia".
- A aquellos compañeros de trabajo o personas que tengan algún tipo de contacto directo con usted; dirija sus tarjetas a sus domicilios personales (nunca al lugar donde trabajan), y haga la tarjeta extensiva a toda la familia. Por ejemplo: "Bernando Perreos y familia". Fírmela de igual forma: "Marta Susana Frías y familia".
- A los asociados de negocios de su esposo, con los cuales usted también haya tenido algún tipo de contacto social. Es su esposo quien debe firmar esta tarjeta: "Ricardo Paneus y familia".
- Otras personas relacionadas en el campo de los negocios con su esposo, pero a los cuales usted no conozca personalmente, deben ser felicitados directamente por su esposo (sin incluir la palabra "familia" en la firma).
- A todos sus asociados en cuestiones de negocios, y a sus clientes. Fírmelas usted solamente.
- Felicite a todos los maestros de sus hijos: firme usted la tarjeta: "Luisa María Echevarría y familia". Recuerde que el niño feli-

citará personalmente a sus maestros, y posiblemente les haga un pequeño regalo de Navidad, el cual debe ir acompañado siempre de la postal tradicional.

■ Los niños deben felicitar a sus amiguitos más allegados, y a sus familias. Son ellos quienes deben firmar estas tarjetas. "Nancy Losada y familia".

■ A los ex cónyuges no se felicitan en las Navidades, aunque se mantengan relaciones cordiales con ellos. Si hubieren niños de ese matrimonio, son éstos quienes deben firmar cualquier tarjeta de felicitación.

■ A los ex amantes tampoco se felicitan, a menos que la relación personal se haya transformado en una amistad sincera... que usted desee cultivar. Cuidado con hacer alusiones nostálgicas al pasado en estos casos... ¡Son de pésimo gusto!

■ Su jefe –aunque tenga contacto directo con usted a diario– puede recibir una tarjeta de Navidad dirigida a él y a su familia (aun cuando usted no la conozca personalmente). Fírmela usted y su familia.

■ Sus subalternos, todos, deben recibir una postal de felicitación en sus domicilios personales, firmada por usted (no incluya a su familia en este caso).

■ No olvide felicitar a su médico, ginecólogo, dentista, abogado, contador y otros profesionales que le ofrezcan sus servicios durante el año. Recuérdese también de su personal doméstico.

■ Los políticos y figuras del gobierno, en general, no se felicitan... a menos que usted mantenga contacto directo con ellos.

■ Todas las postales de Navidad que se reciban deben ser respondidas, inmediatamente... aunque su costumbre sea la de no felicitar en las fiestas de fin de año.

Además:

■ Los sobres de las tarjetas de Navidad, así como cualquier mensaje interior, deben ser escritos a mano. Incluya el remitente.

■ Sea cuidadosa al pegar el sello en el sobre (en la parte derecha superior), y evitar que el mismo se incline.

tinuación del nombre del hijo se agregue esa palabra: "Federico Martínez Feliú, hijo" (con minúsculas). El anglicismo Jr. (por Junior) –que está tan divulgado en muchos países hispanoamericanos– es absolutamente incorrecto.

- No existen tarjetas femeninas; el diseño de las tarjetas de presentación es el mismo para hombres y mujeres,
- En una tarjeta de presentación nunca se deben anteponer al nombre las palabras "Señora" o "Señorita". Sólo en el caso de las viudas es que el estado civil puede quedar mencionado, y esto únicamente porque llega a formar parte integral del nombre: "Violeta Masvidal, Viuda de Goicoechea".
- Es importante aclarar en este punto que la mujer divorciada vuelve a ser soltera y que –por lo tanto– debe omitir el nombre de su ex esposo en toda actividad social. Si al casarse su nombre era "Carmen Gutiérrez de O'Donell", al divorciarse será únicamente "Carmen Gutiérrez Mendieta"... y ése será el nombre que deberá aparecer en su tarjeta de presentación.
- En los Estados Unidos, donde la mujer pierde legalmente su apellido de soltera al casarse para adoptar el del esposo, una vez divorciada tiene la alternativa de seguir usando el mismo nombre de casada, o anteponer su apellido de soltera al de su ex esposo. En todo caso, legalmente debe incluir siempre el nombre de su ex esposo (a menos que cumpla una serie de trámites legales para cambiar oficialmente su nombre y apellidos). Veamos un ejemplo:

(1) Josefina Rivera Colón (nombre de soltera) se casa con Javier Mendicutía.

(2) Su nombre legal de casada será Josefina Mendicutía.

(3) Al divorciarse, puede mantener el mismo nombre (Josefina Mendicutía) o agregar al mismo su primer apellido de soltera: Josefina Rivera Mendicutía.

LAS TARJETAS DE VISITA

- Es importante aclarar que además de las tarjetas de presentación a las que nos hemos referido en los párrafos anteriores, existen también las llamadas tarjetas de visita. Generalmente pueden incluir la dirección y número de teléfono, pero no el número de fax o la dirección electrónica de la persona. Muchas veces su tamaño es ligeramente mayor

EL FORMIDABLE NEGOCIO DE LAS TARJETAS

Hasta principios del presente siglo, lo tradicional era desearles felicidades a nuestros familiares y amigos ausentes en los días de la Navidad; la costumbre surgió en Inglaterra, y rápidamente fue adoptada –en proporciones cada vez más comerciales– en los Estados Unidos, así como en muchos países de Europa y América Latina. No hay duda de que es muy agradable tener la oportunidad de enviar un mensaje de paz y amor a las personas que forman parte de nuestro mundo, y ninguna época más apropiada que las festividades de fin de año. Sin embargo, debemos reconocer que en la actualidad el negocio de las tarjetas de felicitación impresas se ha convertido en un negocio que representa miles de millones de dólares que invierten los consumidores para cumplir con lo que consideran son reglas de la etiqueta actual. Hay tarjetas para felicitar en el día del cumpleaños, día de las madres y de los padres, día de abuelas y abuelos, día del amor (San Valentín, en algunos lugares), día del Médico (y de otras profesiones), día de la independencia, día de gracias... sin contar las tarjetas que se encuentran permanentemente a la venta para dar gracias después de haber recibido una invitación, pésames, y hasta excusarnos por algún olvido (no felicitar en el día preciso del cumpleaños, por ejemplo).

¿Debemos enviar este tipo de tarjetas en cada una de estas fechas especiales? La etiqueta –de hoy y de siempre– no considera que ello sea necesario. Nadie tiene el derecho a saturar a un familiar o amigo con todo tipo de tarjetas que le lleguen por correos. Lo adecuado es enviar este tipo de tarjetas solamente en fechas muy especiales, y evitar que sean más de dos o tres durante todo el año (cumpleaños y Navidad, por ejemplo). En las demás ocasiones, si la situación es propicia, llame por teléfono a la persona que desee felicitar y mencione de pasada la fecha que se aproxima, sin hacer hincapié en los planes que pueda tener (usted y su amiga) para esos días. Es suficiente.

que el de las tarjetas de presentación, y son las más apropiadas para entregar en situaciones exclusivamente sociales, sin ninguna relación con cuestiones de negocios.

- Una persona puede tener tarjetas de presentación (para sus actividades profesionales o de negocios) y tarjetas de visita (para ocasiones sociales).

- Muchos matrimonios imprimen tarjetas de visita que incluyen los nombres de ambos cónyuges: "Manuel Cerviño Campíns y Señora de Cerviño Campíns", por ejemplo. Estas tarjetas pueden ser utilizadas por ambos miembros de la pareja, en situaciones de carácter social únicamente.

- Las tarjetas de visita son las más apropiadas para acompañar regalos, flores que se envían a una persona amiga, para escribir una nota muy breve... y deben formar parte de la papelería de toda persona que desee cumplir con las normas de la etiqueta actual.

CAPITULO 5

EL ARTE DE
INVITAR

Invitar es una de las manifestaciones más frecuentes de la hospitalidad hacia los demás y una de las situaciones en las que más debemos tomar en cuenta las reglas de la etiqueta. Invitamos a nuestros amigos más íntimos a que compartan con nosotros momentos especiales, invitamos a cenar, invitamos a una fiesta especial... a una boda, a celebrar una promoción o la formalización de un nuevo compromiso. Y, sin embargo, algunas personas equivocan el sentido y la intención que encierra una invitación, y con frecuencia rompen las normas más elementales de la etiqueta en el proceso.

▪ En primer lugar, considere que una invitación tiene siempre un carácter formal... aunque la ocasión para la cual usted esté invitando sea absolutamente informal. Usted está ofreciendo compartir algo suyo con otra persona y, por supuesto, este ofrecimiento debe estar investido de la mayor amabilidad posible (ya sea hecho directamente, por teléfono, o por medio de una tarjeta enviada por correos).

▪ En segundo lugar, la persona que ha recibido ese ofrecimiento suyo

deberá aceptarlo o declinarlo... pero siempre deberá dar una respuesta definida, nunca un "veremos", "quizás" o "es posible".

La decisión de aceptar o declinar una invitación debe ser tomada rápidamente; prolongar la decisión es muestra de pésimo gusto.

INVITACIONES FORMALES

- La etiqueta recomienda que todas las invitaciones formales sean impresas. Por lo general anuncian una boda, un bautizo, una graduación, una inauguración, o algún otro evento importante.
- Redacte la invitación formal siempre en tercera persona.
- Envíela exactamente dos semanas antes del evento anunciado.
- Si es un matrimonio quien hace la invitación formal, los nombres completos de ambos cónyuges deben aparecer en la tarjeta: Por ejemplo: "El Señor Luis Felipe Preis y la Señora Josefina González de

Preis tienen el honor de invitar a usted…".

■ Las abreviaturas no son correctas en una invitación formal. Apártese del "Sr.". "Sra." Y "Srta" por "Señor", "Señora" y "Señorita".

■ Si la invitación es enviada por una sola persona, debe mostrar el nombre completo de ésta. Por ejemplo: "La Señorita Teresita Zabala Martínez...", "El Señor Juan Gualberto Pasos...", "La Señora Artemisa Martínez, Viuda de Rondón...".

GALERIA DE ARTE LE CARRE

presenta la exposición de
pintura y escultura del artista mexicano

LUIS RODRIGUEZ COSTA

Del 12 de noviembre al 10 de diciembre de 2000
Inauguración: Noviembre 12 - 7:00 P.M.
Cocteles.

45 Valencia Avenue, Coral Gables, Florida 33134
R.S.V.P. (305) 446-7900

Ejemplo de invitación formal

■ Pero también es posible que la invitación sea extendida por una organización, un club, o una institución determinada. En ese caso, deberá aparecer el nombre completo de la organización que hace la invitación. Por ejemplo: "El Instituto Nacional Para la Promoción de las Artes...", o "El Club de Amigas de la Botánica...", o "La Organización Internacional para la Protección de los Derechos de los Animales".

■ El tamaño de la invitación formal sigue un patrón tradicional, y el impresor puede orientarla en este sentido. Sí es importante tener en cuenta que el papel y el color de la tarjeta debe ser el mismo del sobre, y que el tipo de letra elegido debe ser legible.

■ Las iniciales de R.S.V.P. (tomadas de la frase francesa *Repondez S'il Vous Plait*) indican a la persona que recibe la invitación que el anfitrión espera una respuesta para confirmar su asistencia (o declinación) al evento al que ha sido invitado.

- También puede escribirse en español: "Se ruega confirme su asistencia"; pero esto es poco usual.

INVITACIONES INFORMALES

Hay ocasiones en que la invitación formal no es necesaria, porque no se trata de un evento de mayor envergadura. En esos casos, puede hacerse una invitación informal:

- En persona.
- Por teléfono.
- Enviando una nota sencilla, escrita a mano.
- Por medio de una tarjeta especial para la ocasión, ya impresa (llene a mano todos los espacios en blanco, cerciorándose de incluir toda la información necesaria). Hay infinidad de tarjetas de este tipo, para todas las ocasiones, y pueden ser adquiridas en tiendas especiales.

Ejemplo de invitación informal

Motivo: _Luisito cumple 8 años_

Fecha: _Noviembre 11_

Hora: _5 P.M._

Dirección: _Avenida 19 No. 561_
Alturas de San José,
Buenos Aires

Teléfono: _24 - 26 - 66_

■ Ya sea por escrito, o por teléfono, cuando se hace una invitación es conveniente solicitar la confirmación de asistencia.

■ Si recibe una invitación –formal o informal– lo correcto es que la respuesta sea escrita a mano (con tinta negra o azul, nunca con bolígrafo o en máquina de escribir) sobre papel blanco o de un color pálido. El formato y la redacción deben guardar relación con el de la invitación recibida.

■ **Ejemplo de aceptación formal:** Estimados Señor y Señora Arredondo: Tenemos el gusto de confirmarle que sí asistiremos a la inauguración de su Galería de Arte. Aprovechamos la ocasión para desearle el mayor éxito de esta nueva empresa. Atentamente, Gilberto y Alina Tamargo.

■ **Ejemplo de aceptación informal:** Estimados Berta y Jorge: Gracias por la invitación al cóctel que ofrecerán el próximo jueves. Estaremos encantados de asistir. Saludos, Félix y Dinorah.

■ **Ejemplo de declinación formal:** Lamentamos informarle que Alberto Tuñón y Señora no podrán asistir al cóctel en honor a Jacqueline Green, señalado para el próximo jueves. Muy atentamente, Alberto Tuñón.

■ **Ejemplo de declinación informal:** Estimados Berta y Jorge: Gracias por invitarnos al cóctel para celebrar el cumpleaños de Felipe. Lamentablemente, debemos declinar la invitación en esta oportunidad ya que no vamos a estar en la ciudad. Saludos, Félix y Dinorah.

■ Si recibe una invitación en persona, o por teléfono, puede confirmar su aceptación (o declinación) de la misma forma.

REGLAS GENERALES QUE DEBE OBSERVAR CON RESPECTO A LAS INVITACIONES...

■ Una invitación formal debe responderse de manera formal; una nota formal es suficiente.

■ Si la invitación es informal, puede contestarla de la misma forma (por teléfono, o por medio de una notita breve).

■ Si la invitación que usted recibe requiere una respuesta (R.S.V.P.) solicitada por el anfitrión, no demore su confirmación (o excusa); ello significa que el anfitrión necesita saber de antemano el número de personas que asistirán al evento que está ofreciendo. Generalmente, muchas invitaciones con R.S.V.P. incluyen una pequeña tarjeta ya impresa, con su sobre, para facilitarle a usted la tarea de confirmar o declinar sus asistencia.

■ Jamás solicite ser invitado a una fiesta o reunión especial, ni ponga en el compromiso a algún amigo en común con el anfitrión para que "sugiera" que usted sea invitado. Esto coloca en una posición difícil a su amigo, al anfitrión... ¡y a usted, desde luego!

■ Tampoco abuse de una situación en la que usted ha sido invitado a una fiesta o reunión, e invite a otras personas (con o sin la aprobación del anfitrión). Lo más probable es que el anfitrión acceda a recibir a sus acompañantes, pero igualmente estará consciente de que su comportamiento ha sido incorrecto, y que usted ha abusado de su estimación o confianza.

■ Sólo cuando usted es soltera y recibe una invitación personal, y el anfitrión no sabe que usted se ha comprometido con alguien (o que mantiene un mismo compañero social), es cuando se justifica que usted le informe acerca de su nueva situación, y mencione que va a ir acompañada de su prometido (o amigo, si prefiere llamarlo de esta forma).

■ Si usted se ve ante la difícil situación de que un invitado suyo la llama para pedirle que invite a otras personas (sean sus amigas o no), responda a esa falta de etiqueta con una actitud firme, pero amable: "Lo lamento, pero ya tenemos completo el número de invitados para esta ocasión". No ofrezca más explicaciones.

MUY IMPORTANTE

Es absolutamente imprescindible que todas las invitaciones que se reciben sean respondidas con la mayor rapidez posible. No hacerlo no sólo es incorrecto, sino que puede interpretarse como un descuido social... e inclusive como una ofensa. Si no le es posible aceptar la invitación, siempre ofrezca una razón por la cual se ve precisada a declinarla; sea muy breve.

- Si usted está organizando una reunión, no peque de descortés al invitar a alguien en presencia de otras personas a las que usted no quiere incluir en el grupo. Recuerde que la consideración hacia los demás es la piedra angular de la etiqueta.

- Después de que una invitación formal es aceptada, y su asistencia a un evento ha sido confirmada, cualquier cancelación puede tomarse como una descortesía mayor (a menos de que se haya presentado un imprevisto sumamente importante... como una enfermedad grave o muerte en la familia. En esta situación de emergencia, lo indicado es cancelar la asistencia al evento por teléfono, explicando los detalles que la obligan a esa determinación. Si no es posible comunicarse telefónicamente con el anfitrión, envíe una nota por correos.

- Declinar una invitación informal, después de que ésta ha sido aceptada, es un problema menos serio... pero –igualmente– deben seguirse las reglas de la etiqueta. Ante todo, no cancele una invitación ya aceptada por motivos menores. Si no existe otra alternativa, de nuevo infórmeselo por teléfono al anfitrión, o envíele una nota explicativa por correos.

- Dar las gracias por la invitación, después del evento, es siempre agradable y una muestra de gran elegancia... sobre todo si se trata de una invitación formal. Una breve notita escrita a mano es suficiente, aunque también hay tarjetas impresas para estas ocasiones.

EN LAS FIESTAS PARA NIÑOS...

- Una reunión infantil es siempre una situación informal, y por lo tanto las invitaciones pueden ser hechas por teléfono, o mediante el envío de una tarjeta ya impresa. Esta debe incluir la fecha del cumpleaños del niño, el número de años que cumple, el lugar de la fiesta, la hora, y cualquier otra información pertinente (la mejor forma de llegar al lugar, por ejemplo).

- Dirija la tarjeta con la invitación al niño que está invitando... no a los padres.

- Una fiesta de cumpleaños para niños debe tener un límite de tres horas de duración. Si lo estima prudente, en la propia invitación especifique que la fiesta se prolongará por tres horas (a partir de la hora fijada).

- Los cumpleaños infantiles se celebran por la tarde, preferiblemente en sábados y domingos.
- La comida a servir debe ser fácil de comer... y sana.
- Puede presentarla en forma de buffet, aunque también es aceptable que los platos se sirvan directamente (una vez cortado el pastel) y que los mismos sean pasados a los diferentes invitados.
- Después de la fiesta, corresponde a usted enviar una nota para agradecer la invitación: "Jorgito lo pasó tan bien en la fiesta de Pedrito, que no cesa de hablar de ella", por ejemplo. También puede agradecer la invitación personalmente (delante del niño, para ir fomentando hábitos de cortesía positivos en él), por teléfono.

RESOLVIENDO SITUACIONES EMBARAZOSAS...

- Si usted es divorciada, no invite a su ex a ningún evento social en el que usted sea la anfitriona... se haya casado usted de nuevo, o permanezca aún soltera. Esta regla se aplica también en aquellos casos en que ambos ex cónyuges mantienen relaciones cordiales. No sólo es siempre una situación embarazosa, sino que puede ser comprometedora para amigos en común. La amabilidad y la cordialidad entre ex cónyuges es perfectamente aceptable; la familiaridad no.
- Si hay hijos de ese matrimonio anterior, si la ocasión social es muy importante y está relacionada directamente con ellos (una primera comunión, una graduación, una boda), entonces es aceptable que invite a su ex. Esta debe ser una invitación informal, y hecha directamente por usted (preferiblemente por teléfono, o mediante el envío de una nota breve)... no utilizando al hijo en cuestión como intermediario.
- ¿Debe presentar su ex a su actual esposo... o amigo? Si coinciden en un mismo lugar, y el encuentro es inevitable, sí (no hay otra alternativa). Presente su ex a su actual esposo, así le está otorgando jerarquía social a este último. Y limítese a mencionar nombres y apellidos... no es necesario explicar que se trata del hombre con el que una vez usted estuvo casada o un amante del pasado.
- Las reglas de la etiqueta con referencia a la ex de su actual esposo son las mismas que hemos mencionado anteriormente.
- En el caso de la boda de un hijo de su matrimonio anterior, la invi-

tación formal debe ser hecha por usted y su ex. Si usted está casada de nuevo, cerciórese de que el apellido de su actual esposo sea incluido en la invitación. Por ejemplo: "La Señora Marcela Ayala de Carpio y el Señor Fernando Gutiérrez Sánchez tienen el honor de invitar a usted a la boda de sus hijos...". Desde luego, la invitación también incluirá los nombres de los padres del otro miembro de la pareja.

■ Si la recepción después de la boda se ofrece en lo que pudiéramos considerar un territorio social neutro (un lugar público, la residencia de una amiga), ambos ex cónyuges pueden asistir a la misma. Sin embargo, si esta recepción tiene lugar en la residencia de uno de los ex cónyuges, el otro puede presentarse brevemente para la ceremonia relacionada con el pastel de bodas, y después marcharse, discretamente.

■ Los amantes solteros pueden ser considerados como una pareja de buenos amigos, y así deben ser presentados. No es necesario aclarar el tipo de relación que existe entre ambos.

■ Las parejas homosexuales deben ser igualmente presentadas como amigos, sin ninguna referencia a su relación.

■ Insistimos en que las normas de la discreción y el buen gusto deben regir toda situación social. Por lo tanto, sería de pésimo gusto que alguien la invitara a una reunión o cena a la que igualmente va a asistir la amante reconocida de su esposo. Pero estos accidentes sociales pueden producirse. ¿Qué se hace ante una situación de este tipo? Sencillamente evada cualquier encuentro directo con la persona en cuestión, niegue su saludo, y mantenga la calma y la compostura en todo momento. Bajo ninguna circunstancia debe usted abandonar el lugar del encuentro, ya que esto equivaldría a ceder el territorio social que le corresponde y reconocer la validez de una relación ilegal que usted no tiene por qué aceptar.

CUANDO EXISTEN HIJASTROS...

En estos casos, las reglas de la etiqueta deben ser observadas estrictamente para evitar conflictos familiares, siempre desagradables y a veces con consecuencias desastrosas:

■ Si los hijastros tienen la edad apropiada, invítelos a los eventos sociales que usted pueda ofrecer, pero siempre que considere que su presencia es compatible con la de otros invitados. Es decir, usted no tiene la obligación de invitar a los hijos de su esposo a toda reunión o cena que ofrezca, únicamente por "quedar bien" con ellos... una regla que también puede aplicarse a sus propios hijos.

- Al presentar sus hijastros a sus amistades, no se refiera a ellos como "mis hijos", "mis hijastros", o "los hijos de mi esposo". Sencillamente mencione sus nombres y apellidos, sin hacer otro tipo de aclaración.

- Si es usted quien debe presentar a la esposa de su padre, no la llame por el nombre de "mi madrastra", ya que el sonido de esta palabra resulta bastante despectivo, a pesar de que es absolutamente correcta en nuestro idioma.

- Desde luego, los hijastros deben observar igualmente ciertas reglas de la consideración hacia la esposa actual de su padre; el abuso de confianza (o la provocación sutil, si existe alguna animosidad en la situación), es siempre deplorable. Cuando son invitados por ella para una ocasión especial, éstos deberán abstenerse de presentarse con otros invitados. Igualmente la confirmación (o declinación) de la invitación es imprescindible.

CAPITULO 6

LA ETIQUETA EN LA MESA

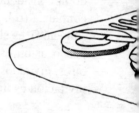

No hay duda de que la etiqueta es hoy mucho más flexible –digamos que menos rígida y más práctica– en cuanto a las reglas que gobiernan una mesa elegante. De cualquier forma, es en la mesa donde probablemente más revelamos nuestro cociente social, y donde mejor podemos causar en los demás ese impacto positivo que todas deseamos. Y es fácil dominar la etiqueta en la mesa si actuamos con esa naturalidad bajo control a la que ya me he referido en otros capítulos de este libro. Si ponemos en práctica el estilo que ya hemos desarrollado, y si seguimos unas normas básicas del buen gusto y de la propiedad (las cuales debemos ejercitar constantemente), la mesa puede ser el escenario más apropiado para graduarnos en etiqueta.

He definido tres reglas básicas que debemos observar al sentarnos a la mesa, y de ellas depende –en gran parte– la imagen que proyectemos a las personas a nuestro alrededor:

■ Primera regla, fundamental: al comer, es muy importante que mantengamos una actitud de consideración y respeto hacia los demás, en

todo momento. Recuerde la fórmula:

consideración + cortesía = ETIQUETA

■ Evite hacer sonidos desagradables al comer o beber; no hable mientras mastica los alimentos; no cruce sus manos y brazos por encima de los platos de los demás comensales; vístase apropiadamente; mantenga una postura correcta.

■ Una segunda norma básica de esa consideración elemental es mostrar mesura al comer. Una persona de apetito desmedido, incapaz de controlar su voracidad, se convierte en protagonista de una escena de gula deprimente, en la cual no sólo ofende a sus compañeros de mesa, sino que demuestra su flagrante mala educación.

■ La tercera regla se refiere a la conversación. Una conversación amena, sobre temas agradables, da vida a una mesa elegante. Tenga presente que la conversación no es siempre improvisada, y que aquellos individuos que consideramos como excelentes conversadores muchas veces seleccionan de antemano una lista de temas que dominan completamente para irlos planteando ante un grupo determinado en un momento dado en que el ritmo de la conversación decaiga... un sistema que comparten Tony Blair y Margaret Thatcher (Primer Ministro y ex Primera Ministra de la Gran Bretaña), el actor Roger Moore, Bianca Jagger, y la periodista televisiva Bárbara Walters... entre otros muchos).

Tenga siempre presente estas tres reglas sencillas al sentarse a la mesa. ¡Sígalas!

CUANDO USTED ES EL INVITADO...

- La puntualidad al ser invitado a una cena es un elemento de primer orden, y ésta es una regla de etiqueta que se aplica universalmente (no valen las falsas excusas de que en determinado lugar lo usual es llegar media hora o una hora después de la que se ha fijado para la cena). La puntualidad es una falta de consideración hacia su anfitrión, ¡en todas partes del mundo!

- Tampoco peque de observar una puntualidad excesiva. Es decir, no se presente en el lugar al que haya sido invitado antes de la hora indicada. Esto sugiere, igualmente, informalidad de su parte.

- Al sentarse a la mesa, espere a que su anfitriona (o anfitrión) le señale el lugar que usted deberá ocupar; para ello, quédese rezagada unos pasos hasta que la situación se defina. Una buena anfitriona ha tomado previamente en cuenta todos estos elementos antes de la llegada de sus invitados, y tendrá la habilidad necesaria para evadir un momento de confusión al sentarse a la mesa. Es más, habrá decidido el lugar que cada invitado ocupará para separar las parejas y provocar de esta manera un intercambio social más dinámico durante la cena.

- Si usted es mujer, el hombre que quede a su derecha deberá mover su silla para ayudarla a sentarse. Es una regla de cortesía elemental. Ahora bien, si su compañero no reacciona en la forma que usted espera, sencillamente actúe con absoluta independencia y determinación... ¡muévala usted!

- En cenas muy formales, generalmente los nombres de los comensales están colocados de antemano en los diferentes puestos de la mesa.

Pero, además, el anfitrión debe indicarlos, para evitar que todos los invitados caminen alrededor de la mesa haciendo el esfuerzo por buscar sus respectivos nombres.

- En cenas informales, el orden en que los comensales se sientan a la mesa no tiene mayor importancia... en todo caso, la anfitriona es quien tiene la última palabra. Aguarde por su decisión.

LA SERVILLETA

- Cuando la anfitriona despliega su servilleta, es la señal socialmente aceptada para que los invitados tomen las suyas, las abran, y las coloquen en su regazo.
- Si la servilleta es pequeña, se desdobla completamente; si es grande, se deja doblada a la mitad.
- ¡Nunca debe engancharse la servilleta en el cuello o el escote!
- Antes de beber, use la servilleta (para secarse los labios, no para limpiarlos restregándolos). De esta forma evitará dejar feas manchas de grasa en el borde de su copa o vaso.
- Después de beber, es imprescindible que se seque los labios.
- Las servilletas se mantienen en el regazo hasta el final de la cena. Una vez que todos hayan terminado de comer, colóquela (sin doblar) junto a su plato, no sobre él.

EN LA MESA

- Apoyar los codos sobre la mesa ya no es una de las grandes faltas a las reglas de la etiqueta al comer; las normas son más flexibles en la actualidad. No obstante, resulta evidente que se trata de una posición que es poco elegante, inclusive desagradable. De cualquier forma, considere que –mientras se está comiendo– es incorrecto apoyar los codos sobre la mesa... es señal de una rudeza total, ¡imperdonable!
- La comida, por caliente que esté, no se sopla.
- No coma con la cabeza inclinada sobre el plato, ni levante éste para acercarse la comida a la boca. La postura ideal al comer es recta, la espalda completamente apoyada en el respaldar de la silla; evite hacer movimientos con el cuerpo para facilitar la tarea de llevar la comida del plato a la boca por medio del cubierto.

LA REGLA ACERCA DE LOS ALIMENTOS DIFICILES DE TRAGAR ES ESTRICTA

■ Nunca –bajo ninguna circunstancia– escupa una vez que esté sentada a la mesa; tampoco lo haga en la servilleta. En el caso de que quiera retirar un alimento que por algún motivo le resulte imposible de tragar, retírelo –discretamente y con naturalidad– de la boca con los dedos y colóquelo sobre el borde del plato. Si es pequeño, puede valerse de la ayuda del cubierto que está utilizando en esos momentos. Devuélvalo al plato con discreción... ¡y no se excuse!

■ Antes de llevar un cubierto con alimentos a la boca, compruebe que tiene la temperatura adecuada. Si no toma esta precaución y se quema, beba rápidamente un sorbo de vino, preferiblemente de agua fría. Se trata de un momento de emergencia en que se permite beber con otros alimentos en la boca.

■ ¿Se le ha caído, accidentalmente, algún alimento sobre el mantel? Utilice el cubierto para recogerlo, discretamente, y colóque-

LOS CUBIERTOS

■ La ubicación de los cubiertos en la mesa se hace de acuerdo con el orden en que los mismos van a ser utilizados por los comensales (comenzando por el más alejado del plato, a cada lado del mismo).

■ Al terminar el primer plato, los cubiertos usados se dejan sobre el mismo para que sean retirados.

■ Para el siguiente plato, use el cubierto que ahora queda más alejado.

■ El cuchillo, si no está siendo utilizado, se sitúa sobre el borde superior del plato (sin que toque la mesa).

■ El tenedor, si se utiliza para pinchar un alimento, se debe mantener con los dientes hacia abajo.

■ La cuchara jamás debe dejarse dentro de la taza o bol. Colóquela en lo en el borde del plato. Tampoco se excuse por la situación que se ha presentado.

■ Si le cae comida o derrama un poco de líquido en su ropa, recoja lo que pueda con un cuchillo limpio. Trate de eliminar la mancha que pueda haber quedado, mojando la punta de la servilleta en su vaso de agua, y pasándola por el área afectada. Utilice la mayor discreción durante todo este proceso, y absténgase de hacer comentarios de ningún tipo. Es posible que alguien le ofrezca ayuda... No la acepte; limítese a repetir "Gracias... no es nada".

■ Si está invitada a cenar, y al servirse se le cae una porción de comida sobre el mantel, recójala con los mismos utensilios de servir que ahora están en sus manos... colóquela en el borde de su plato, no en la bandeja de servir. Esta porción deberá ser la suya.

■ Si accidentalmente se le cae una porción de alimentos al piso, recójala con la servilleta y colóquela en el borde de su plato.

■ ¡Olvídese de los palillos de dientes! La etiqueta no los acepta... y con razón. ¿Quiere usted una escena más deprimente, y de mayor falta de consideración hacia los demás, que ver a una persona hurgándose los dientes?

el platito sobre el cual fue colocado al servirse.

■ Por el contrario, la cuchara de sopa –servida en plato llano– sí se deja dentro del plato, con el mango hacia la derecha.

■ Al terminar el último plato, el cuchillo y el tenedor se dejan en el mismo (sin cruzar), con sus mangos hacia la derecha.

■ La cuchara o tenedor utilizado para el postre, se deja sobre el plato (o el tazón), con el mango hacia la derecha.

COMO COMER CON ELEGANCIA

■ Lleve sólo porciones moderadas a la boca.
■ Mastique con la boca cerrada, sin hacer sonidos innecesarios.

- Si prefiere percibir el sabor de dos alimentos diferentes a la vez, sencillamente tome una porción de cada uno a la vez.

- Beba silenciosamente... y al empinar la copa o vaso, mire hacia el fondo de éste (nunca a su alrededor).

- Es incorrecto cortar toda la carne en un mismo momento; corte una porción cada vez (y llévela a la boca... una vez cortada, no la deje sobre el plato). Existe una excepción: la carne servida a los niños sí puede ser cortada toda al mismo tiempo.

- Al tomar la sopa, ésta debe recogerse moviendo la cuchara hacia afuera, nunca hacia usted.

- La sopa debe ser vertida silenciosamente en la boca; evite los sorbos acompañados de sonidos comprometedores.

- Antes de beber un sorbo de vino o agua, asegúrese de haber tragado todos los alimentos.

- Es de pésimo gusto hablar con alimentos en la boca. Si alguien se dirige a usted mientras tiene alimentos en la boca, no se sienta obligada a contestarle inmediatamente: termine su proceso de masticar, trague, lleve la servilleta a la boca, y entonces responda.

- Mientras mastica, deje reposar los cubiertos sobre el plato; no los mantenga en las manos como si fueran armas que está esgrimiendo.

- Las semillas, espinas, huesos pequeños, y otros elementos no comestibles, pueden ser colocados en el borde del plato... pero sea discreta en esta operación, y siempre emplee la servilleta para secar las manos.

- En el caso de una uva, cereza, aceituna u otra fruta, la semilla se retira de la boca con la propia mano.

- Si es un alimento que se está comiendo con un tenedor o cuchara, utilice ese mismo cubierto para depositar el hueso, semilla, o espina... y deposítela en el borde del plato.

CUANDO HAY SIRVIENTES...

- Cuando el camarero se coloca a su izquierda y le presenta la bandeja o fuente para que usted se sirva, tome la cuchara de servir con la mano derecha, el tenedor de servir (si lo hubiere) con la mano izquierda, y recoja con la cuchara la porción que le quede más próxima a usted. Puede emplear el tenedor para apoyarse en esta operación.

RECOMENDACIONES ESPECIALES

■ La anfitriona perfecta es la encargada de iniciar una conversación que resulte amena y agradable para todos los comensales (seleccione el tema de antemano); los invitados deben prestar atención a ella, y aportar su entusiasmo para contribuir a que el grupo forme un conjunto integrado.

■ Evite las discusiones. La persona elegante no discute... ¡calla! El silencio es un arma poderosa de la etiqueta, téngalo siempre muy presente.

■ Sea cuidadosa con su vaso o copa de bebida. No lo deje sobre un mueble cuya superficie pueda dañar. Si la humedece, utilice su propia servilleta para secarla inmediatamente.

■ Evite derramar líquidos (o alimentos) sobre el piso o los muebles.

■ Si accidentalmente rompe una pieza de la vajilla (o cualquier otro objeto ajeno), discúlpese amablemente y lamente lo ocurrido. No prometa reparar la pieza en cuestión, ni proponga reponerla al día siguiente, ni pregunte cuál es el valor de la misma. Si su intención es realmente reponerla, hágalo sin sentirse en la obligación de mencionarlo.

■ Ahora bien, si se tratara de una pieza única, irreparable, acepte que la situación ha sido creada por un accidente involuntario. Al día siguiente, puede enviar unas flores a la anfitriona, con una nota excusándose.

■ Si fuma, preste especial atención a los cerillos, a las cenizas, y al cigarrillo en sí; evite quemar los muebles o las alfombras por un descuido innecesario. Evite fumar en interiores, pero si lo hace (porque la anfitriona le haya confirmado que no le importa), recuerde que el lugar indicado para las cenizas es el cenicero... no las esparza por todas partes.

■ ¡Tampoco abuse del alcohol! No hay nada más embarazoso para un anfitrión que uno de sus invitados pueda quedar afectado por la bebida.

■ Si sólo tiene una cuchara para servir, utilice ésta para recoger su porción de la fuente y llevarla a su plato. Devuelva la cuchara a la fuente.

■ Tan mala educación es buscar en la fuente la porción mayor de un alimento determinado, como tratar de servirse el más pequeño. Sírvase la porción más próxima a usted, y si le resulta muy grande, no se la coma en su totalidad.

■ Es muy importante tener presente que al camarero no se le pide nada; si necesita algo, diríjase a la anfitriona para que sea ella quien dé la orden.

■ No es necesario dar las gracias al camarero cada vez que le sirve un nuevo plato; sólo si le ofrece algo que usted no desea, puede decirle "No, gracias".

LA VASIJA PARA ENJUAGARSE LAS MANOS

■ Cuando se sirven alimentos que pueden ser llevados la boca con las manos, o que ofrecen alguna dificultad para comerlos (pollo, camarones enteros, langostas), generalmente se presentan a los comensales pequeñas vasijas con agua ligeramente perfumada una vez que estos platos engorrosos son retirados. Coloque sus dedos en el agua, enjuáguelos ligeramente, y séquelos con la servilleta.

■ Si se trata de un plato sumamente engorroso, lo usual es que la vasija sea colocada inicialmente a su izquierda; moje sus dedos cuantas veces lo considere necesario. Es posible que también le ofrezcan una servilleta húmeda y caliente para limpiar sus manos. Usela, y colóquela después a la izquierda de su plato.

¿FUMAR EN LA MESA?

En la mesa no se fuma, pero si usted tiene el hábito de hacerlo, pregunte al anfitrión o a la anfitriona si puede pasar a algún lugar al aire libre para fumar un cigarrillo. Esto sólo puede hacerlo una vez que el postre haya sido servido, antes del café.

■ Si hay alguna muestra de rechazo al hecho de que usted fume (aunque sea en una terraza, balcón o patio), la cortesía indica que usted debe cesar en su empeño, y no provocar una situación embarazosa y molesta para sus anfitriones, o para los demás comensales.

- Considere que fumar en la mesa es de muy mala educación, además de que denota una total desconsideración hacia los demás.

- Si otra persona lo hace, no la imite.

- En el caso de que sea usted el no-fumador, y se le presente la situación en la que otro comensal pide permiso para fumar un cigarrillo, sea sincera, y haga saber su opinión... amablemente, desde luego.

- Insistimos: fumar sólo está permitido al final de una cena, antes de que se sirvan el café y los licores... pero siempre en un espacio al aire libre, no en el interior de la casa o apartamento. La misma regla se aplica a la cena en un restaurante.

- Si al servir el café y los licores pasan una bandeja con cigarrillos, ello significa que el anfitrión está dando su aprobación a que los invitados que así lo deseen puedan fumar. Esta situación cada día es menos frecuente debido a la consciencia general con respecto a los daños que el cigarrillo puede ocasionar a la salud del ser humano. En este caso, siempre es elegante consultar con las personas a su alrededor sobre si puede o no fumar... Si usted no fuma, no muestre agresivamente su rechazo al cigarrillo... aunque siempre puede mencionar, amablemente, que preferiría que no fumaran a su lado. Tenga presente que no fumar es lo natural; fumar es una imposición sobre los no-fumadores.

- Si fuma puros y pipa, observe las mismas reglas anteriores antes de encenderlos en un recinto interior, con la presencia de otras personas. El fuerte olor de éstos resulta desagradable y molesto para muchos.

ESOS ACCIDENTES INEVITABLES EN LA MESA...

Lo más probable es que en algún momento de nuestras vidas, todos hayamos protagonizado en la mesa una situación que pudiera considerarse embarazosa, y que nos haya hecho sentir que estamos faltando a las normas establecidas de la etiqueta. ¿Qué hacer? Las normas de la etiqueta insisten en que debemos actuar con naturalidad en esos momentos de crisis transitoria, y sugieren que de esta manera es posible resolver la situación planteada en la forma más rápida y discreta posible. Así:

¿EN EL COMEDOR?
¡MUCHO AMBIENTE!

El comedor es una de las piezas de su hogar que más se prestan para que pueda mostrar su elegancia, su estilo. No permita que el peso de lo tradicional y convencional la fuerce a decorarlo de una forma determinada, porque entonces *su comedor* será un denominador común con el de muchas de sus amigas y conocidas. ¡Sea creativa! Por ejemplo:

■ Si su comedor es de puntal lo suficientemente alto, ¿por qué no agregarle una lámpara colgante, suspendida del techo sobre la mesa de comer, y que caiga lo suficiente como para iluminar la comida que sea servida. Prefiera las lámparas de cristal, porque siempre son las más elegantes; las hay al alcance de todos los presupuestos.

■ Sea discreta en la iluminación eléctrica del comedor al servir una cena, especialmente si va a encender velas. La luz eléctrica muy intensa neutraliza el efecto romántico e íntimo que proporcionan las velas.

■ No se limite a considerar la mesa rectangular tradicional para comer; considere una que sea hexagonal... hace que los comensales se sientan en un ambiente más íntimo, además de que estimula la conversación. En este caso, tal vez pueda adquirir una alfombra también hexagonal para encentrar la mesa sobre ella.

■ En la actualidad se fabrican bandejas especiales para mantener los alimentos calientes, de manera que no lleguen fríos a la mesa en el momento en que ésta sea servida. ¡Nunca muestre a sus invitados estas bandejas (aunque sean de plata), porque es una señal de mal gusto! Considere que la comida debe estar siempre caliente al ser servida, y ésta debe ser su preocupación... pero evitando que sus invitados se den cuenta de su esfuerzo.

■ ¡No se olvide de las flores! No sólo son decorativas (especialmente si se arreglan en conjuntos armoniosos en cuanto a colores y tamaños), sino que propician el ambiente que todas deseamos crear al servir la mesa a nuestros invitados.

■ Evite las excusas y explicaciones excesivas sobre un incidente casual, sobre el cual usted evidentemente no ha tenido control.

■ Si se le presenta un ataque de tos (o estornudos), por ejemplo, cúbrase la boca con un pañuelo... o con la servilleta si no tiene tiempo de conseguir el pañuelo. Tosa, estornude... Tan pronto pueda, murmure un perdón casi imperceptible (sin mirar a nadie) y continúe comiendo con la mayor naturalidad posible.

■ Las estadísticas muestran que infinidad de personas se atragantan mientras comen, y en algunos casos estos accidentes pueden resultar fatales. Lo correcto ante una situación así es levantarse (sin pedir excusas), y dirigirse al cuarto de baño para resolver el problema. Al regresar, sencillamente informe "Ya estoy bien" y continúe con el proceso de la comida. Si algún compañero de mesa insistiera en preguntarle qué pasó, responda "Un pequeño accidente"... y dirija su atención en otra dirección.

■ Hay personas que son alérgicas a determinados alimentos, y no siempre los anfitriones tienen la precaución de cerciorarse si uno (o más) de sus invitados confronta esta situación. En el caso de que le presenten un alimento que le provoque alergia, acéptelo, pero déjelo a un lado en el mismo plato en que le fue servido, sin tocarlo. Rechazarlo provocaría una situación embarazosa para el anfitrión, y causaría preguntas innecesarias entre los demás comensales. De esta manera, lo más probable es que nadie note el incidente.

■ En esta época en que vivimos, todos estamos conscientes de nuestra salud, nuestra figura... y la dieta es un tema inevitable en todas partes. Por supuesto, hablar de dietas en el momento de la comida es de pésimo gusto, y lo más probable es que la situación resultaría embarazosa para el anfitrión (quien se ha preocupado de servir platos especiales, los cuales no siempre son bajos en calorías).

■ La persona a dieta tiene dos alternativas al recibir la invitación a una cena: o declina previamente la invitación (con un pretexto), o come menos. Ser selectivo en los platos que le presentan (porque uno tiene más calorías que otro) es una descortesía flagrante. ¡Si es muy estricta en su dieta, ya podrá rebajar las calorías al día siguiente!

■ Hay casos en que la dieta responde a motivos de salud. En situaciones de ese tipo, si prefiere no declinar la invitación, puede confiarle al anfitrión –de antemano– cuáles son las limitaciones que confronta para que le prepare algún plato en especial, que sea aceptado por su médico.

CAPITULO 7

PARA CADA OCASION, UNA MESA Y UN SERVICIO DIFERENTES

EL BUFFET

El *buffet* es hoy una forma muy aceptada de presentar una cena, tanto en ocasiones formales como informales. No sólo propicia la posibilidad de tener un número mayor de invitados en un espacio más reducido, sino que promueve la comunicación entre todos los presentes y facilita enormemente el proceso de servir la comida.

Con frecuencia algunas personas se olvidan de toda regla de etiqueta al acercarse a la mesa del *buffet,* y no es raro que se produzca una especie de caos social que puede opacar todo el estilo en lo que pudo haber sido una comida glamorosa.

■ El elemento básico para ofrecer un *buffet* exitoso es que cada invitado cuente con un sitio cómodo para sentarse (no tiene que ser precisamente a la mesa), y un espacio para colocar su plato y su copa de

vino. Es obvio que para sentirnos bien en una reunión, todos necesitamos de un mínimo de comodidad, y no limitarnos en nuestros movimientos, preocupados ante la posibilidad de derramar la bebida si
sostenemos indebidamente el plato y los cubiertos. La anfitriona perfecta, por lo tanto, deberá asegurarse de proporcionar suficientes
superficies planas para que todos sus invitados tengan dónde apoyarse. Lo ideal es contratar un servicio de mesitas que se puedan presentar en la terraza o jardín; de lo contrario, disponer de pequeñas
mesitas individuales, plegables, que puedan ser retiradas una vez terminada la cena.

■ Igualmente, deben improvisarse espacios amplios, de manera que los
invitados puedan circular cómodamente, sin estar tropezando unos
con otros, o sorteando muebles y cualquier otro tipo de obstáculos. A
veces, esconder (o cambiar de sitio) determinado mueble, transito-
riamente, puede proporcionarnos esa amplitud que estamos buscando. Considere todas las posibilidades.

■ Los ceniceros (si la anfitriona acepta que se fume) y portavasos deben ser abundantes, y estar estratégicamente ubicados por todo el área en que van a permanecer los invitados. De esta forma se evitarán las marcas de cigarrillos olvidados, así como las de vasos húmedos sobre muebles de madera pulida. Si la anfitriona prefiere que no se fume, con un detalle amable puede hacérselo saber al fumador (quitarle el cigarrillo de la mano, por ejemplo). En este caso, los ceniceros sobran.

- La selección de los platos que van a ser presentados en el *buffet* es de primerísima importancia. Deben ser tentadores, estar bien preparados, y servidos en la forma más atractiva posible.

- Preste atención especial a la decoración de la mesa en la que va a presentar el *buffet*. El hecho de que los platos sean exquisitos no es una excusa para que la mesa no logre también el impacto estético debido. Si se trata de una ocasión de noche, unos candelabros (encendidos, por favor) y algunos arreglos florales pueden contribuir a convertir un ambiente agradable en una ocasión sensacional. Las flores frescas son igualmente ideales para las horas del almuerzo, así como para el desayuno.

- Por supuesto, la calidad y diseño de su mantel, vajilla, y copas serán el complemento definitivo para lograr el impacto que se desea con sus invitados.

- Coloque la superficie sobre la que va a presentar su *buffet* en un sitio accesible para todos; el *buffet* será el punto focal de su reunión, de modo que debe ser ubicado en un lugar destacado. Lo ideal es que –si no se han contratado camareros que ayuden a servir– los invitados puedan circular libremente alrededor de los alimentos exhibidos... de manera que unos no interrumpan el paso a los otros.

- Si la mesa (o mesas) en las que va a presentar su *buffet* deben ir contra la pared, es recomendable que al servir no repita fuentes o bandejas con el mismo plato. De esta manera, los invitados necesariamente tendrán que empezar a servirse por un mismo sitio (la izquierda de la mesa), y avanzar uno detrás del otro a lo largo de la mesa.

- Coloque los platos (de dos tamaños: uno para el plato principal ; otro para el postre), cubiertos y servilletas en una esquina de la mesa (en la esquina izquierda, al principio), de manera que todos los invitados tengan que obligadamente comenzar a servirse por esa esquina. Esta es una forma muy sutil de sugerir que debe existir cierto orden para servirse.

- Por supuesto, su *buffet* puede ser tan elaborado como su creatividad le sugiera, o como su presupuesto le permita. Pero lo usual es que se prepare un solo plato principal (recuerde: evite los alimentos con semillas, espinas, o huesos), una serie de platos complementarios (ensaladas, verduras calientes y frías), y el postre.

■ Los cubiertos: un tenedor y un cuchillo para cada invitado; cucharillas o tenedores de postre para los que deseen tomar café y comer postre.

■ Para facilitar todo el proceso del servicio, las bebidas (así como el hielo, los vasos y copas, y los ingredientes complementarios para preparar cócteles) pueden presentarse en otra mesa o aparador aparte.

■ También la comida presentada en un *buffet* se convierte en un punto focal en su decoración... ¡sírvala de la manera más creativa y atractiva posible!

CUANDO USTED ES LA INVITADA...

■ La mesa sobre la que se sirve el *buffet* generalmente está arreglada de una forma tal que permita a los invitados moverse ante los diferentes platos y servirse ordenadamente de los mismos. En ocasiones, varios camareros se ubican detrás de la mesa del *buffet* para ayudar a los comensales en todo el proceso de servirse de los diferentes platos presentados.

■ Espere a que el anfitrión invite a pasar a la mesa del *buffet*.

■ Tome un plato (no dos, aunque sea para su esposo o amigo), los cubiertos (inicialmente tenedor y cuchillo, solamente), y la servilleta.

■ Comience a servirse de las diversas fuentes presentadas en la mesa... y sea moderada en sus porciones (el plato no debe llenarse exageradamente; es preferible servirse varias veces). Al terminar, retírese con el plato hasta el lugar donde estaba sentada anteriormente, o hasta el área que el anfitrión haya dispuesto para sentarse a comer (a veces es la terraza o jardín, donde se pueden haber improvisado mesitas que faciliten el proceso de la comida).

■ Si desea repetir, tome un plato limpio; de nuevo muestre moderación en las porciones.

■ Es de pésimo gusto una costumbre muy generalizada en algunos de nuestros países hispanoamericanos: el caso de la mujer que sirve el plato del hombre y se lo lleva al lugar donde éste se encuentra sentado. Recordemos que el propósito de presentar el *buffet* es, precisamente, que los invitados circulen constantemente, y propiciar la posibilidad de comunicación entre unos y otros. Téngalo en cuenta.

■ Al terminar de comer, si no hay empleados que recojan los platos ya utilizados, lleve su plato (únicamente el suyo) al sitio que se ha destinado para ellos... ¡jamás a la cocina!

■ Por lo general, la anfitriona presenta los postres y el café en la mesa del *buffet* una vez que todos los invitados han terminado de servirse. Otras veces, si hay empleados, éstos sirven el café –en bandeja o directamente– a cada invitado. También pasan bandejas con el postre y vino dulce o cordial final. En todo caso, sírvase únicamente su café y postre (en los nuevos platos que se han presentado), y regrese al lugar donde estaba sentada.

CUANDO USTED ES
LA ANFITRIONA...

■ Siempre, cuando se van a tener invitados, la clave para lograr el éxito social es la organización, y la preparación. Preparar listas es un sistema práctico e infalible para evitar errores y olvidos. De esta manera, las posibilidades de accidentes-de-última-hora son mínimas.

■ Haga varias listas, y manténgalas en un lugar visible que le permita ir incorporando modificaciones a las mismas.

■ Una lista –la primera que debe confeccionar– incluirá los nombres de las personas que va a invitar. No seleccione a sus invitados tomando en cuenta únicamente sus compromisos sociales. La buena anfitriona sabe que debe emplear un poco de sicología en este proceso, y lograr entre sus invitados una combinación de temperamentos que armonicen... quizás incluyendo a alguien que pueda dar la nota de contraste, pero siempre dentro de las normas del buen gusto, desde luego.

■ La selección de platos que van a integrar el menú debe quedar lista varias semanas antes del evento. Pregúntese: ¿Es el menú ideal para los invitados que ha seleccionado? ¿Alguna alternativa que pueda convertir en espectacular mi cena ?

■ La lista de los ingredientes que necesita para preparar su *buffet* (o cualquier tipo de comida) debe ser preparada igualmente, con varias semanas de antelación. Los ingredientes deben ser adquiridos una semana antes de la ocasión, excepto los productos frescos (éstos, el

ANTE UN BUFFET, TIPS PARA TENER EXITO

- Evite servir platos que resulten complicados a la hora de comer, especialmente si tienen salsas (las posibilidades de accidente aumentan).

- Sólo cuando el *buffet* es servido para niños (en una fiesta infantil, por ejemplo) se permite emplear platos de cartón y servilletas de papel. Compruebe que tengan la consistencia adecuada, para evitar que con el peso de los alimentos se doblen y éstos caigan al piso. Igualmente, asegúrese de servir a los niños platos fáciles de llevar a la boca, que no requieran el uso del cuchillo.

- Para estos *buffets* infantiles, los cubiertos pueden ser de plástico, desechables.

- Para todo otro tipo de *buffet*, los platos deben pertenecer a una vajilla; los cubiertos serán formales. En este sentido, ninguna excusa es aceptable para recurrir a los platos de cartón... muy prácticos, ¡pero poco elegantes!

- Lo mismo se aplica a los cubiertos. ¿Plásticos...? ¡Jamás!

- Si no hay camareros que ayuden a servir el *buffet*, esta tarea recae sobre los anfitriones.

- No llene los tazones ni las fuentes en exceso; deje libres los bordes de manera que sean mínimas las posibilidades de derramarse cuando los invitados se estén sirviendo.

- Si entre los invitados hubiera una persona muy avanzada en años (o impedido, por cualquier motivo), la obligación de la anfitriona es servirle su plato y llevárselo hasta el lugar donde está sentada. Los demás invitados deben servirse por sí mismos... ¡tanto los hombres como las mujeres!

- Una vez usados, los platos deberán ser llevados por los invitados hasta el área designada para los mismos. ¡Jamás los invitados deben llegar hasta la cocina para devolver los platos que han sido utilizados!

■ Si uno o más invitados se ofrecen a ayudar con toda la labor de recoger los platos, niéguese a aceptar la ayuda... amablemente, pero con firmeza. No es apropiado.

■ La anfitriona perfecta anticipa situaciones de este tipo, y contrata a uno o más empleados (según su presupuesto) para que sean éstos quienes recojan los platos, copas y cubiertos ya usados y los retiren de la vista de los invitados.

■ La anfitriona debe mantenerse siempre atenta a que las copas de los invitados están llenas en todo momento. Si es posible recordar lo que cada uno está bebiendo, el impacto de una buena memoria es siempre muy agradable para el invitado. Si hubiesen empleados, serán éstos quienes se ocupen de la tarea.

MUY IMPORTANTE

Ser una buena anfitriona no se basa exclusivamente en elegir los mejores platos y presentarlos de la forma más atractiva posible. Llegar a ser una anfitriona perfecta depende también en la habilidad que se muestre para mantener un ambiente agradable e interesante durante toda la reunión. Si estima que alguien se siente aburrido, inmediatamente es preciso prestar especial atención a ese invitado... hasta que se integre nuevamente al flujo de la conversación. Cuando se cuenta con alguna amiga íntima y se presenta este tipo de situación, se puede abusar en algo de la confianza que proporciona la amistad, y pedirle que por favor se ocupe de "la crisis". De esta manera usted quedará libre para seguir atendiendo otros detalles vitales de los cuales depende el éxito de su reunión. Pero –por favor– rescate a su amiga de la situación en que la ha colocado si después de unos minutos comprueba que su invitado-aburrido no da muestras de recuperación.

día antes... aunque también pude encargarlos para que se los entreguen, frescos, el día de la reunión).

- Al seleccionar el menú que va a ser servido, elija platos que no incluyan huesos, espinas y semillas (hacen difícil el llevarlos a la boca cuando no se cuenta con el apoyo de una mesa de comer formal). También, trate de apartarse de salsas complicadas que puedan ser derramadas accidentalmente. Desde luego, no sacrifique la calidad o espectacularidad de su menú por estos elementos... sencillamente, téngalos en cuenta

- Si ha decidido utilizar los servicios de una empresa que se encarga de todos estos detalles, contrátela con varias semanas de anticipación. No corra el riesgo de que no sea posible contar con sus servicios en la fecha que usted ha elegido para el evento. Estas compañías ofrecen la ventaja de que proporcionan todos los elementos que son necesarios para el *buffet,* incluyendo la vajilla, la cristalería y los cubiertos, así como manteles, servilletas y paños de cocina. No está de más comprobar si está usted de acuerdo con la vajilla y los cubiertos que se van a presentar.

- Si prefiere utilizar su vajilla y sus cubiertos, asegúrese de que cuenta con el número suficiente de piezas. Asimismo, compruebe que tiene piezas de repuesto (en caso de accidentes).

- ¿Sobre qué mesa va a presentar el *buffet?* ¿Tiene las dimensiones adecuadas? ¿Dónde la va a ubicar? ¿Cuenta con un mantel apropiado para cubrirla? Todos éstos son detalles que debe tener resueltos varias semanas antes de la reunión. Los ajustes-de-última-hora son siempre peligrosos.

- ¿Están pulidos los objetos de plata que va a exhibir?

- Haga una lista de los vinos que va a servir, así como de las bebidas que necesita reemplazar en su bar. Adquiera todos estos elementos con tiempo (vea la página 144).

- Una vez más: recuerde que los ceniceros (si va a permitir que se fume en la reunión) y portavasos son imprescindibles Cuente con suficientes, y colóquelos en lugares estratégicos, de manera que puedan ser usados por todos.

- Unos días antes de la reunión, haga una revisión total de las listas preparadas. Compruebe que todos los elementos y posibilidades han sido contemplados, y que usted está en control absoluto de la situación. Es muy conveniente hacer una lista de última hora, en la que debe anotar esos detalles que no puede olvidar, a pesar de la tensión natural a la que pueda estar sometida antes de la llegada de sus invitados.

■ Los arreglos florales deben ser contratados la semana antes a la reunión; si se trata de una ocasión informal, entonces adquiera usted misma las flores (el día antes); elija colores contrastantes.

LAS INVITACIONES

■ Una vez que haya fijado la fecha para la reunión, y tenga confeccionada su lista definitiva de invitados, envíe las invitaciones con siete a diez días de antelación.

■ Si la invitación a su *buffet* va a ser hecha por teléfono, conceda el mismo margen de tiempo de una cena formal para que sea confirmada o declinada. Puede tener una lista alterna de invitados-de-última-hora a quien llamar en caso de una cancelación... y ésta es una artimaña social bastante socorrida. Por supuesto, en ningún momento mencione que sus nombres no fueron incluidos en la lista original.

■ Defina el área que va a destinar para que los invitados coman, y visualice mentalmente las situaciones de aglomeración de personas que puedan presentarse. Si el *buffet* va a ser presentado en el comedor, por ejemplo, ¿a dónde se dirigirán los invitados una vez que se hayan servido sus platos? Si es a la sala (o a la terraza), ¿tienen dónde sentarse... dónde apoyarse... dónde colocar las copas de vino...? Resuelva todos estos posibles detalles de conflicto.

LA CENA FORMAL

¿COMO SE UBICAN LOS INVITADOS AL SENTARSE A LA MESA?

Cada anfitriona tiene su propio concepto y sistema con respecto a la ubicación de los invitados al sentarse formalmente a la mesa, y la mayoría lo hace alternando hombres y mujeres. Jacqueline Onassis, por ejemplo, prefería tomar este elemento en consideración, pero se preocupaba más por la compatibilidad de carácter entre sus invitados. Gloria Vanderbilt siempre ha prestado especial atención a las edades... La actriz francesa Simone Signoret prefería combinar invitados con intereses diferentes ("¡Así todo el mundo aprende algo nuevo!", decía). Es decir, usted puede (y debe) diseñar su propio estilo. De cualquier forma, existen una serie de reglas generales que puede tomar en consideración al ofrecer una cena formal:

- ¡La planificación es esencial en todo evento social! Haga una lista de las personas que le gustaría invitar; incluya más nombres que puestos tenga su mesa. Tomando esta base, comience a eliminar nombres (con la objetividad debida), hasta que quede con el número exacto de personas que puede sentar cómodamente a su mesa. Considere 30.5 centímetros entre un puesto y otro.

- Un segundo paso: tome una hoja de papel, dibuje la forma y ubicación de su mesa, e incluya el número de puestos de que dispone.

- Lo ideal es que la mesa esté dispuesta de manera que en ningún momento parezca que está integrada por dos bandos diferentes: hombres y mujeres. Coloque su nombre y el de su esposo en las posiciones que se hallan en ambos extremos de la mesa... siempre, aunque tenga un invitado de honor. Si éste es hombre, ubíquelo a su derecha; si es mujer, a la derecha de su esposo.

- En el caso de que usted sea una mujer sola, ubique entonces a su invitado (o invitada) de honor en el otro extremo de la mesa.

- Los miembros de una misma pareja no deben ser sentados uno al lado del otro; el propósito de esta separación es ampliar las posibilidades de intercambio de opiniones variadas entre todos los miembros del grupo, y hacer más amena la ocasión.

- A partir de estas posiciones básicas, comience a ensayar ubicando los nombres de sus invitados en las posiciones que tiene disponibles.

- Supongamos que su mesa tiene capacidad para ocho personas, y dos posiciones ya están ocupadas (usted y su esposo). Quedan tres parejas, de manera que puede marcar en las posiciones aún disponibles, una H (para los hombres), y una M (para las mujeres). Esta distribución inicial ha tomado en cuenta el sexo de sus invitados...

- Una segunda selección puede basarse en la compatibilidad de intereses de sus invitados. Si uno de ellos es un pintor, por ejemplo, y otro es un coleccionista (o una persona interesada en las Artes), lo lógico es que usted trate de formar una unidad de compatibilidad o pequeño grupo con estos dos individuos, y otros que puedan ser afines... o bien sentando uno al lado del otro, o frente a frente (de esta última manera puede lograr mayor flexibilidad para mantener la selección inicial que hizo entre hombres y mujeres).

■ ¿Ya tiene todas las posiciones ocupadas? Es el momento de examinar su esquema con detenimiento y considerar si existe una distribución aún más armónica. Ensaye... tache, escriba de nuevo. Finalmente, es conveniente que muestre su distribución definitiva a su esposo (o a una amiga íntima que también vaya a estar presente en la cena). Es posible que exista algún detalle que usted haya podido pasar por alto, y que pueda representar el éxito o el fracaso de su cena formal.

■ Las reglas anteriores son esenciales al ofrecer una cena formal. Sin embargo, también se deben tomar en cuenta para ocasiones más informales. Una cena es siempre una cena, y su deseo es que todos los presentes disfruten de la ocasión. Por lo tanto, esta práctica elemental de agrupar a sus invitados según sus intereses –pero tomando en cuenta si son hombres o mujeres– siempre propicia una mayor armonía en el grupo.

■ No podemos olvidar que el hecho de sentarnos a la mesa –ya sea para un desayuno, almuerzo o cena– es un acto que debe ser considerado como una especie de ceremonia. Por consiguiente, aun cuando exista una familiaridad entre todos los invitados a la ocasión, deben observarse los principios y las reglas de etiqueta que gobiernan estos momentos.

LA MESA FORMAL

Observe detenidamente la ilustración en la página siguiente: la disposición de un puesto en una mesa servida formalmente.

■ La servilleta se coloca siempre sobre el plato.
■ Las copas se colocan a la derecha del plato, por encima del nivel de los cuchillos, y en el orden en que van a ser utilizadas.
■ Las copas pueden ser para cuatro tipos distintos de vinos. De derecha a izquierda:

1. Jerez para la sopa.
2. Blanco para el pescado.
3. Tinto para la carne.
4. Detrás, la copa de Champagne (en forma de tulipán).

■ La copa grande, para el agua, se coloca a la extrema izquierda (formando un ángulo de 45 grados con el plato).

■ A la izquierda del plato se ubican los tenedores; siempre de derecha a izquierda:

1. Tenedor para el plato principal.
2. Tenedor para la ensalada (más pequeño).
3. Tenedor para el entrante (pequeño).

■ Los cuchillos se colocan a la derecha del plato; de izquierda a derecha:

1. Cuchillo principal.
2. Cuchillo para pescado.

■ La cuchara para la sopa se coloca a la derecha de los cuchillos.

■ Las cucharillas y el tenedor para postre se presentan en la parte superior del plato, con los mangos en direcciones contrarias.

■ Los cubiertos se colocan en el orden en que van a ser utilizados, de manera que se comienzan a usar los que están más alejados del plato; los últimos son los que han sido dispuestos junto a éste.

■ Para disponer los cubiertos, existe una regla muy fácil (que yo llamo *regla de tres),* y que consiste en los dos pasos siguientes:

1. Nunca coloque más de tres tenedores, más de tres cucharas, o más de tres cuchillos.

2. De ser necesaria una cuarta pieza, ésta se presentará con su plato correspondiente. Por ejemplo: si hay tres tenedores presentados y hace falta un cuarto para la ensalada, éste se coloca junto a cada puesto en el momento en que la ensalada es servida. Desde luego, la ilustración anterior se aplica únicamente a cenas o comidas formales. Es posible que en un almuerzo –aunque sea formal– no se presenten tantas copas de vino (porque no se servirá una variedad tan importante de vinos). También, en el almuerzo se pueden presentar los puestos definidos por pequeños manteles individuales. Pero la etiqueta actual permite igualmente presentar los platos directamente sobre la superficie pulida (o cristal) de la mesa...

LA CENA... CON AYUDANTES

En este epígrafe vamos a referirnos a cenas o comidas de alta formalidad, para las cuales es imprescindible contar con la asistencia de varios empleados.

■ Para estas ocasiones de alta envergadura, es fundamental disponer de los siguientes empleados:

1. Un mayordomo. Será el encargado de llevar a los invitados a sus respectivos puestos, y mover la silla para facilitar el hecho de sentarse. También puede ayudar en el servicio.

SI LA INVITAN A CENAR (O A UNA FIESTA)... ¿DEBE LLEVAR ALGO?

■ Si la anfitriona ofrece la cena en su propia casa, es agradable para ella que sus invitados se presenten con un pequeño detalle en agradecimiento por la invitación recibida... pero no es obligatorio. Lo más apropiado puede ser una botella de vino (no de bebida), unos dulces, e inclusive unas flores frescas.

■ Muy importante: la anfitriona no tiene que presentar ese vino (o dulces) durante la cena, y el invitado no debe interpretar esta decisión como una descortesía de su parte. Es preciso tener en cuenta que la anfitriona ya ha elegido el menú para su cena (incluyendo vinos y postres), y no debe hacer variaciones en los platos y vinos que va a presentar.

■ El invitado debe considerar que su presente constituye un gesto amable y personal hacia la anfitriona por la invitación, quien lo aceptará y dará las gracias por él en el momento en que lo recibe.

■ Si así lo prefiere, limítese a dar las gracias a la anfitriona por la cena ofrecida, y envíele al día siguiente unas flores a su casa con una tarjeta personal. A este gesto, la anfitriona debe corresponder dando las gracias (preferiblemente por teléfono).

2. Varios camareros para servir; su número dependerá proporcionalmente del número de invitados;

3. Un cocinero profesional, capaz de preparar una cena de cuatro platos (usualmente una sopa, un plato a base de pescados o mariscos, un plato de carne o de aves, postres y quesos).

COMO SERVIR LA MESA FORMAL

■ El mayordomo se colocará siempre detrás de la anfitriona y se mantendrá atento a sus gestos (casi imperceptibles), que en realidad son órdenes muy discretas que él ya sabe interpretar.

- Siempre estará listo para servir el vino que se necesite.
- Solamente ayudará a servir la comida si observa que el número de camareros no es suficiente. Como excepción a esta regla, en casos de una cena para ocho personas (o menos), el mayordomo podrá encargarse de todo el servicio (siempre ayudado por una camarera).
- Se comienza a servir por la señora que se halle sentada a la derecha del anfitrión; nunca por la anfitriona.
- Si son varios camareros los que están sirviendo la comida, las señoras sentadas en los puestos próximos a la anfitriona serán servidas al mismo tiempo.
- Tanto el mayordomo como el camarero deben presentar las fuentes en su mano izquierda (con guantes o sin guantes, depende de la formalidad que los anfitriones deseen imprimir a la ocasión); la mano derecha siempre apoyada en la espalda.
- Se sirve por la izquierda del invitado, ¡invariablemente!
- El orden al servir debe ser contrario a la dirección de las manecillas del reloj.
- Los anfitriones son los últimos en ser servidos.
- En ningún momento puede quedar un puesto sin un plato. Es decir, al retirar un plato ya utilizado, el camarero debe reponerlo inmediatamente con un plato limpio.
- El plato para el pan (más pequeño) se coloca a la izquierda superior del plato principal, y el cuchillo de la mantequilla se ubica sobre el mismo (sin que toque la mesa), con el mango en dirección derecha.
- La ensalada casi siempre se presenta servida en un plato más pequeño; de lo contrario, el plato se ubica en la zona superior izquierda del plato básico.
- El salero y el pimentero se ubican a la derecha de las copas; generalmente son compartidos por dos comensales.
- Al terminar de comer, el Mayordomo es el encargado de dirigir a los camareros para recoger los platos ya utilizados (siempre por la izquierda, excepto las copas... éstas están ubicadas a la derecha del comensal).
- Si algún comensal aún no ha terminado de comer cuando el servicio ha comenzado a ser retirado, se deja discretamente para el final.
- Siempre se debe evitar cruzar el brazo por delante del comensal.
- Al terminar de comer, los cubiertos se dejan sobre el plato, con los mangos hacia la derecha; el filo del cuchillo mirando siempre hacia el comensal.

COMIDAS INFORMALES

LA CENA

Por muy informal que sea la cena que va a ofrecer (recuerde que en esos casos puede hacer las invitaciones por teléfono), la mesa debe ponerse siempre cuidando todos los detalles del buen gusto y de la etiqueta actual. La imagen que proyecte estará reflejando su personalidad y estilo, ¡téngalo siempre muy presente! Es importante que considere las siguientes reglas, que contribuirán a convertir en un éxito cada cena que ofrezca:

■ Cada puesto debe quedar equidistante de los demás (a los 30.5 centímetros que ya hemos mencionado); preste especial atención a este detalle fundamental de la armonía del espacio que puede decidir el éxito (o fracaso) de una cena.

■ La servilleta se coloca sobre el plato... a menos que el aperitivo (o la sopa) ya esté servido en el momento en que los invitados se sienten a la mesa. En este caso, la servilleta se coloca a la izquierda de los tenedores.

■ El servicio para una cena informal debe presentarse en la forma que mencionamos a continuación:

1
SI EL ENTRANTE CONSISTE
EN UN CÓCTEL DE MARISCOS...

■ El tenedor especial para mariscos se coloca siempre a la derecha de los cuchillos.

2
SI LA CENA COMIENZA
CON UNA SOPA...

■ La cuchara de la sopa se coloca a la derecha de los cuchillos; también

puede ser ubicada en la parte superior del plato (si sólo se va a presentar una cucharilla para el postre, omitiendo el tenedor).

3
OTROS DETALLES A TOMAR EN CONSIDERACION

- El plato para la mantequilla es opcional.
- Cada salero y pimentero es compartido por dos comensales.
- Si bien en la cena formal el mantel debe ser blanco (o de un tono muy pálido), para una ocasión informal puede emplear manteles de colores más brillantes, o pequeños manteles individuales... o colocar los puestos directamente sobre la superficie pulida de la mesa (o sobre el cristal).
- Al decorar la mesa, recuerde que es de muy mal gusto usar candelabros durante el día; resérvelos exclusivamente para ocasiones de noche, de manera que su impacto sea total.
- Absténgase de considerar las flores plásticas en la decoración; prefiera flores frescas. Es conveniente ordenar a la floristería un arreglo floral que sirva como centro de mesa, o disponer de los recipientes

apropiados para que el centro de mesa siempre incluya flores... un detalle delicado y de buen gusto. Ahora bien, tenga presente que este centro de mesa no debe tener gran altura, ya que interrumpiría el plano visual de los comensales.

EL ALMUERZO

■ Haga sus invitaciones por teléfono, o escriba una pequeña nota en una tarjeta. Recuerde siempre exigir, amablemente, la confirmación de la asistencia de la persona que está invitando. Si en un tiempo prudencial no recibe esta confirmación, es aceptable que haga una nueva llamada por teléfono (quizás la confirmación se perdió en el correos, o la persona no se ha podido comunicar telefónicamente con usted) para solicitar una respuesta.

■ Planifique la decoración de su mesa para el almuerzo tan cuidadosamente como pudiera hacerlo para la más formal de las cenas.

■ Si se trata de un almuerzo-de-amigas, presente un vermouth o jerez como aperitivo; después sirva vino blanco.

■ Si entre sus invitados hay hombres, ofrezca cócteles (además del vino) como aperitivos.

■ Los cubiertos se colocan de la misma manera que para una cena informal.

■ Si no va a comenzar el almuerzo con un entrante o una sopa, el cubierto correspondiente puede ser eliminado.

■ Aunque se trate de un almuerzo, no ofrezca sodas o jugos en sustitución del vino. ¡Es de pésimo gusto!

■ El menú para el almuerzo debe ser más sencillo que el que elegiría para la cena. Una sugerencia adecuada puede ser la siguiente:

Espárragos a la vinagreta
Pescado en salsa de almendras
Papas al gratín
Ensalada griega y tostadas
Panecillos individuales
Crema al caramelo, con galletitas de vainilla
Vino blanco y café

■ En un almuerzo, la sopa se acostumbra a servir en pequeños tazones (o bols). Sin embargo, si se tratara de una sopa con granos o pastas, lo indicado es usar platos hondos y presentar los granos en una sopera.

EL DESAYUNO

El desayuno se ha puesto de moda actualmente, tanto para ocasiones sociales como para reuniones de negocios. El práctico *brunch* –una combinación entre desayuno y almuerzo, implantado por los norteamericanos– ha alcanzado rápidamente categoría universal, ya que permite un intercambio social a un nivel muy informal. Desde luego, siempre están los desayunos tradicionales a los que estamos acostumbrados en nuestros países de Hispanoamérica y España... después de un bautizo, una primera comunión, o una boda que tenga lugar a una hora muy temprana.

Evidentemente, como la ocasión del *brunch* es la más informal de todas en las que se sirven alimentos (por la hora), lo correcto es ofrecer un menú sencillo, casi siempre en forma de *buffet* (vea las orientaciones en los párrafos anteriores, también aplicables al desayuno).

SI PREFIERE UN DESAYUNO SERVIDO EN LA MESA...

■ En el puesto de cada invitado, a la izquierda del plato, coloque un tenedor; a la derecha, un cuchillo. La servilleta, en estos casos, también se coloca sobre el plato.

■ A la derecha del cuchillo, presente la taza para servir el café, té, o café con crema (siempre boca arriba).

■ Si va a ofrecer jugos, coloque el vaso (servido o vacío) sobre el plato. En este caso, la servilleta se colocará a la izquierda del tenedor, ya que no puede presentarse sobre el plato.

■ Cuando van a servirse jugos, las jarras deberán ser presentadas sobre la mesa, llenas antes de que los invitados se sienten a la mesa.

■ Una copa de agua (o vaso, en esta versión tan informal del desayuno), así como un platito para el pan y la mantequilla, complementan el servicio individual.

■ Las azucareras, las vasijas para las mermeladas y compotas, se distribuyen por la mesa (generalmente en el centro, de manera que sean accesibles para todos los comensales).

LAS MERIENDAS

Generalmente se organizan por la tarde para celebrar despedidas de solteras, para festejar a una futura mamá *(Baby Shower),* para reuniones de sociedades e instituciones benéficas, y para organizar juegos (generalmente de cartas: canasta y bridge). En estas ocasiones, tanto el servicio como los platos que se ofrecen son sencillos.

- ¿Bebidas alcohólicas? Depende de las preferencias individuales de las personas que integran el grupo, pero sí es aceptable servir bebidas y licores. El vino blanco y el Champagne son ideales para esas horas de la tarde.
- En estas ocasiones informales, lo ideal es servir alguna torta o pastel, o dulces finos, o quesos... y abstenerse de todo plato formal.

LOS COCTELES

Los cócteles son cada día más populares, y probablemente la razón se deba a que son fáciles de organizar, y a que se prestan para celebrar cualquier tipo de acontecimiento. Lo mismo se puede ofrecer un cóctel e invitar a un gran número de personas, que organizar la ocasión para un número limitado de amigos con los que se quiere celebrar algún acontecimiento más o menos íntimo.

- Al confeccionar su lista de invitados, procure invitar un número proporcional de hombres y de mujeres. Si este balance no se logra, la experiencia demuestra que la situación pueda ser catastrófica.
- Si el grupo es pequeño, compruebe que dispone de suficientes asientos para acomodar a todos los invitados. Si se tratara de un grupo mayor, está sobrentendido que muchos van a estar de pie, y que sólo los que así lo deseen podrán sentarse en el número limitado de asientos disponibles. Es más, es conveniente limitar intencionalmente el número de asientos cuando son muchos los invitados a un cóctel. De esta forma, se estimula a los invitados a que circulen libremente por el recinto, y que el intercambio social sea más intenso.

■ Tenga suficiente bebida para preparar los cócteles más populares (vea la página 372); hielo, y los ingredientes complementarios.

■ En el cóctel, la costumbre es ofrecer a los invitados una variedad de canapés, fríos y calientes. Seleccione aquéllos que va a ofrecer con tiempo suficiente, y adquiera todos los ingredientes que se necesitan para su preparación (al menos con una semana de antelación a la fecha fijada para el cóctel). También hay empresas que ofrecen este tipo de servicio, lo cual representa una gran facilidad para la anfitriona... quien así puede ocuparse de otros detalles importantes.

■ Las invitaciones para un cóctel pueden hacerse por teléfono. También existen notitas ya impresas que se pueden comprar en algunas tiendas y boutiques, a las cuales sólo hay que incorporar la información pertinente.

■ Si así lo prefiere, puede proveer algún tipo de fondo musical. Debe mantenerse en un tono muy bajo, para que sea el agradable complemento de la conversación entre los invitados, y no una interrupción casi agresiva.

■ El área de invitados a un cóctel incluye el baño de la casa. Manténgalo muy limpio, con jabones nuevos, colonias, y toallas apropiadas.

■ Tenga en cuenta que no todas las personas que se invitan a un cóctel asisten (aunque le hayan confirmado su asistencia de antemano). Existe un concepto generalizado, sin base alguna, de que el cóctel es un evento informal en el que nadie presta atención a quien asiste o no. Por lo mismo, en su lista de invitados agregue un porcentaje adicional de nombres que compensen la descortesía de quienes la puedan dejar plantada, después de haber confirmado su asistencia. Lo recomendable es invitar un 5% adicional de personas al número que usted había concebido originalmente.

■ También tenga muy presente que debe tener la suficiente provisión de bebidas, licores, y canapés en el caso (poco usual) en que todos sus invitados se presenten.

■ Si su presupuesto lo permite, lo ideal es contratar los servicios de un cantinero que se ocupe de servir las bebidas y preparar los cócteles (la inversión vale la pena). De lo contrario, asigne esta tarea a su esposo, o a un amigo íntimo. Acepte el hecho de que, por más que quiera, usted misma no puede atender debidamente infinidad de otros detalles a su cargo, y prestar atención a estas cuestiones al mismo tiempo.

■ Sus prioridades: recibir a los invitados, hacer las presentaciones e iniciar conversaciones que ayuden a romper esos momentos de vacilación que siempre se presentan al comenzar una reunión. Además, mantenerse atenta a que el flujo de bandejas de canapés entre los invitados es el adecuado, y que todo está en orden.

■ Si ha contratado a un cantinero para atender el bar, entonces ambos anfitriones pueden compartir la tarea de recibir y atender a sus invitados. Es lo ideal.

■ La idea de ubicar varios centros-de-bebidas en diferentes lugares de la casa puede resultar práctica en el sentido de que usted no tendrá que estar tan atenta a que todo el mundo disponga de qué beber. Sin embargo, el concepto se presta a excesos por parte de algunos invitados desconsiderados, y siempre existe el peligro de que una persona embriagada, con sus excesos, eche a perder el éxito de una ocasión que pudo haber sido inolvidable.

■ Las encuestas realizadas a nivel internacional demuestran que las bebidas más solicitadas en un cóctel, son:

Martini
Manhattan
Old Fashioned
Whiskey Sours
Cuba Libre
Screw Driver
Tequila

■ El vino –especialmente el vino blanco– es también muy solicitado en estas ocasiones, particularmente por las mujeres jóvenes.

■ De acuerdo con esta preferencia mostrada por las estadísticas, es conveniente tener disponible una provisión adecuada de Whiskey, Ginebra, Vodka, Ron, Vermouth, Tequila, y vino blanco. Calcule que cada persona beberá un promedio de cuatro tragos (una cifra también obtenida de encuestas internacionales).

■ No se olvide de tener los ingredientes complementarios: limones, aceitunas, cerezas, zumos de naranja y de tomate, soda, Ginger Ale, y refrescos de cola.

■ El hielo es imprescindible... ¡asegúrese de que no le faltará!

■ Disponga de copas de vino, cóctel, vasos altos (para *Highballs),* y vasos cortos (para los *Old Fashioned* y los tragos en las rocas). Es imprescindible disponer de muchos más vasos y copas que el número de invitados que usted ha calculado que asistirán a su cóctel.

- Las pequeñas servilletas (de papel, desechables), especiales para cócteles, deben ser abundantes y estar ubicadas en lugares estratégicos de la casa, al alcance de todos. Un cálculo sensato, en cuanto a su número: cinco servilletitas por cada invitado.

- ¿Qué servir? Quesos, galletitas de diferentes tipos, cacahuetes, patatas fritas, canapés variados... y una variedad de salsas para mojar (los *dips* que generalmente se preparan a base de crema agria o queso de crema mezclado con algún otro ingrediente predominante).

- Los llamados *crudités* (verduras crudas... pedacitos de apio, zanahoria; trocitos de coliflor y brócoli; rodajas de pepino; champiñones) están muy de moda, son muy saludables, y todo el mundo los aprecia. Sírvalos en una fuente redonda, amplia, con el tazón de la salsa en que se mojan colocada en el centro.

- Los *crudités* se toman con la mano, y se mojan directamente en la salsa con la que son presentados. Las manos deben ser limpiadas con servilletitas ubicadas junto a la bandeja.

- Otros platos recomendables para un cóctel: rollitos de jamón, huevos rellenos, carnes frías, pequeñas albóndigas (al estilo sueco), empanadas pequeñas, mini-pizzas o mini-quiches, croquetitas de jamón o de pescado.

- Si va a permitir que sus invitados fumen en su reunión, provea abundantes ceniceros; asegúrese de que los mismos sean vaciados frecuentemente para evitar que el ambiente se contamine con el desagradable olor a nicotina.

- Cada cierto tiempo, es conveniente que el empleado contratado (o la anfitriona, en su defecto) recoja los vasos ya usados.

- ¡Ponga en práctica su intuición y su sentido de la precaución! Si le preocupa que un objeto especial pueda romperse accidentalmente durante el cóctel, retírelo. Lo mismo se aplica a todas las piezas frágiles.

- Al recibir a cada invitado, ofrézcale inmediatamente un trago.

- Quizás el elemento más importante al ofrecer un cóctel es saber cómo y cuándo terminarlo. El bar se debe cerrar unos treinta minutos después de la hora señalada en la invitación para terminar el cóctel. Esta es una señal sutil de que los invitados deben comenzar a retirarse.

- También pueden repartirse tazas de café, como una señal de que ya es el momento de despedirse.

■ Si alguno de sus invitados muestra señales de embriaguez, evite que se vaya solo a su casa. Consígale un taxi o permita que un amigo en común lo lleve, pero no ponga a uno de sus invitados en el compromiso de hacerse cargo de esta situación... desagradable y siempre peligrosa.

EL BARBECUE (O BARBACOA)

La barbacoa es una agradable forma de cocinar y comer al aire libre, y día a día ha ido adquiriendo mayor auge en nuestros países. La verdadera barbacoa, la tradicional, consiste en una trinchera de unos 30 centímetros de profundidad por aproximadamente 1 metro (ó 1.5 metros) de largo, en el cual se coloca leña para hacer fuego, y se cubre luego con una parrilla. Hoy en día existen parrillas portátiles (eléctricas, de gas, o de carbón), más prácticas, y que colocan el concepto del *barbecue* al alcance de todos... aun de los que viven en pequeños apartamentos con un mínimo de espacio al aire libre.

Por supuesto, preparar una barbacoa es el pretexto para el tipo de reunión más informal que puede existir. La ropa que se lleva en estas ocasiones es deportiva, el ambiente es totalmente relajado, se pueden usar platos y vasos de cartón y servilletas de papel para servir la comida (en cambio, los cubiertos deberán ser los tradicionales... ¡nunca use los cubiertos plásticos!).

AL PREPARAR SU BARBACOA...

■ Tenga presente que el carbón tarda de 30 a 40 minutos en encenderse debidamente, por lo que es preciso iniciar el fuego con suficiente antelación a la llegada de los invitados. En las barbacoas de gas, sólo tiene que encender la llama y controlar la intensidad de la misma. Cerciórese que no le va a faltar el gas.

■ Recuerde que antes de poner una pieza a asar, debe esperar a que la llama desaparezca por completo y queden sólo brasas; de lo contrario, se le quemaría.

■ Antes de iniciar el proceso, compruebe que todos los implementos necesarios (guantes protectores, tenedores grandes, tenazas, cuchillos y salsas) están al alcance del cocinero.

■ Desde temprano, rocíe el ambiente con productos químicos que son repelentes para insectos (los hay de larga duración); así evitará molestias una vez que lleguen los invitados.

■ Tenga lista lámparas de exterior, o antorchas especiales, para utilizarlas en el caso en que la reunión se prolongue después de la caída del Sol.

■ El menú apropiado para la barbacoa puede incluir carne de res, pollo, o pescado. Acompañe estos platos con maíz o papas asadas... y una buena ensalada con un aderezo delicioso.

■ Los *shish-kebabs* (carnes al pincho), que combinan porciones de carnes y verduras ensartadas en un pincho, son realmente sensacionales al ser preparadas a la barbacoa.

■ Como postre: elija frutas frescas de la estación, quesos, pasteles, y otros dulces fáciles de servir.

■ Las bebidas tradicionales para servir con una barbacoa son los vinos, la sangría, y las cervezas. También pueden ofrecerse refrescos de soda, y zumos de frutas (bien fríos).

LOS APERITIVOS, LOS VINOS Y LOS CORDIALES...

■ Para toda reunión –del tipo que sea– es de rigor ofrecer bebidas alcohólicas. El hecho de que usted pueda ser abstemia, no justifica que en una reunión que usted ofrezca sirva zumos de frutas exclusivamente.

■ Antes de la cena, ofrezca cócteles o vinos. Después, cordiales.

■ Hay cócteles que son más populares que otros. Así, por ejemplo, antes del almuerzo muchos prefieren el clásico Bloody Mary (zumo de tomate con vodka); por la tarde, es frecuente servir el Screwdriver (Destornillador, en algunos países), preparado con zumo de naranjas y vodka. De cualquier forma, la anfitriona debe orientar a sus invitados hacia las bebidas que puede servir.

■ Por ejemplo, es casi una señal de rudeza preguntar tajantemente "¿Qué le puedo servir?", ya que ello obliga al invitado a pensar en diferentes tipos de bebidas, y con frecuencia le asalta el temor de pedir una que su anfitrión no tenga. Lo correcto es hacer una sugerencia indirecta en la propia pregunta: "¿Quiere un Highball... o prefiere un Whiskey con soda? ¿Quizás un vino blanco...?".

■ Algunas personas no ingieren bebidas alcohólicas, ya sea por una

EL MINI-BAR DE LA ANFITRIONA PERFECTA

■ La anfitriona perfecta debe contar con un bar bien surtido, el cual debe incluir los licores básicos.

■ RON   ■ GINEBRA
■ VODKA   ■ VERMOUTH
■ WHISKEY ■ TEQUILA

■ Para mezclar y acompañar estas bebidas, es importante tener:

■ hielo   ■ aceitunas
■ agua mineral ■ cerezas
■ soda   ■ granadina
■ limones   ■ angostura
■ zumos de naranja y tomate

OTROS COMPLEMENTOS

■ 2 cuchillos (bien afilados)
■ 1 coctelera
■ 1 colador (fino)
■ revolvedores
■ 1 vasito de medida

■ Una buena selección de vinos (blancos y tintos), así como botellas de un buen champagne para ocasiones especiales.

MUY IMPORTANTE:

Vea el **APENDICE II** (página 382), con las recetas de los 30 cócteles más usuales. ¡Memorícelas!

¿QUE CANTIDAD DE VINO? ¿PARA CUANTAS PERSONAS?

- Para una cena de cuatro a seis personas, necesitará dos botellas de vino (aproximadamente).

- Para ocho o diez personas, lo apropiado es tener tres botellas de vino, con una o dos de reserva.

- Si va a servir dos clases de vino, abra una botella de vino tinto y una de vino blanco para cuatro o seis personas.

- Abra dos de vino tinto y dos de vino blanco para ocho o diez personas con una de cada una en reserva.

- Después de la cena –conjuntamente con el café– se pueden servir licores cordiales, o cognac. Los cordiales son bebidas relativamente dulces, de las que hay una gran variedad en el mercado internacional. Tanto éstas, como el cognac, se sirven en copas con forma y tamaños especiales.

cuestión de preferencia, fe religiosa, o por su salud. Asegúrese siempre de tener jugos, refrescos, y agua mineral para sus invitados abstemios.

- Con la comida, generalmente se sirven vinos (vea también la página 372). Un vino blanco (seco) es el complemento perfecto para acompañar platos de mariscos, pescados, pollo, o ternera. También el vino blanco puede servirse con frutas y otros alimentos de sabor ligero. Recuerde que el vino blanco se sirve frío, siempre.

- Para comidas de sabor fuerte (como carne de res, pastas, y quesos) lo más apropiado es el vino tinto. Se recomienda que este tipo de vino se sirva siempre a la temperatura ambiente, aunque debe estar fresco.

- Si la temperatura ambiente en su casa es alta, coloque la botella de vino blanco sobre hielo por unos minutos antes de servirlo... ¡pero nunca lo enfríe totalmente!

- Tenga presente que el vino de mayor prestigio social –y el más flexible (por las ocasiones en que se recomienda)– es el Champagne, que puede ser servido con todo tipo de platos. Además de esta conveniencia, no hay duda de que el Champagne es un vino de categoría, que se aprecia universalmente. Elija siempre una buena marca (vea *La Etiqueta del Champagne,* página 224), y sírvalo en copas apropiadas (en forma de tulipán).

- Los vinos rosados –no están considerado en la categoría de los llamados *grandes vinos*– han alcanzado cierta popularidad en los últimos años y resultan agradables con comidas de sabor ligero. Sírvalos fríos (como el vino blanco).

- Los vinos espumosos (como el Asti italiano y los rosados portugueses) también deben servirse helados... con los postres, o por sí solos (siempre después de la cena).

- Si va a servir pescado y carne en su cena, cuando los invitados se sienten a la mesa deberán encontrar en la misma la botella de vino blanco (para beber con el pescado). Las botellas de vino tinto que acompañarán la carne serán presentadas después (una vez que haya sido retirado el vino blanco).

- Para servir dos tipos de vinos durante una misma comida, es imprescindible presentar dos copas de vino para cada invitado. Al servir el segundo plato (carne), retire las copas que fueron utilizadas para el vino blanco.

- Recuerde que las botellas de vino deben mantenerse en posición horizontal y ligeramente inclinadas hacia el cuello de la botella, de manera que el corcho no se reseque. En la actualidad hay pequeños estantes diseñados especialmente para alojar las botellas de vino, los cuales están al alcance de todos los presupuestos.

- Naturalmente, lo ideal es tener una bodega surtida de vinos y licores. Pero como las limitaciones de espacio del estilo de vida actual no siempre permiten esta conveniencia, usted puede improvisar su bodega en cualquier lugar de la casa... un closet ventilado, por ejemplo. Tenga presente que sea un sitio fresco, y que las botellas no deban ser movidas constantemente.

- Si es aficionada a los vinos, es apropiado llevar un inventario de las marcas que compra y sirve, incluyendo sus comentarios personales junto a los nombres de cada uno. Sirva los mejores.

- ¡Jamás agregue hielo a un vino, bajo ninguna circunstancia! Enfríe la botella en el refrigerador, o en hielo (alrededor de ella).

- Al servir el vino, llene la copa hasta algo más de la mitad, nunca hasta el borde.

¡CONOZCA LOS DIFERENTES TIPOS DE VINOS!

VINOS APERITIVOS

Entre los mismos están el Vermouth (seco o dulce), el Campari, el Jerez (Sherry), seco o dulce; el Doubonnet, rojo o blanco. Sírvalos fríos o en la roca (con pequeños cubos de hielo).

VINOS DE MESA, BLANCOS

Incluye los vinos Chablis, un nombre genérico aplicado a todos los vinos que se producen en esa región de Francia. Deben ser servidos fríos, pero no tan helados que no se pueda apreciar su aroma y su sabor. En la actualidad son muy populares como cócteles, antes y después de las comidas.

VINOS DE MESA, ROJOS (TINTOS)

Entre los mismos podemos mencionar los vinos de Burdeos, de Borgoña, y el Chiantí italiano. Se sirven a temperatura ambiente.

VINOS PARA EL POSTRE

El Jerez dulce y el vino de Oporto se encuentran en esta categoría, así como vinos elaborados a base de frutas. Recuerde que el vino de Oporto, tradicionalmente se sirve a la temperatura ambiente; el Jerez se toma ligeramente frío.

LOS VINOS ESPUMANTES

Por su sabor dulce, se sirven generalmente con el postre.

EL CHAMPAGNE

Es un vino tan especial y exquisito que es el ideal y el más apreciado por todos para servir en una cena, formal o informal. Se elabora en la región de Champagne en Francia, y su flexibilidad permite que sea servido durante toda la comida, sin importar el tipo de plato presentado.

RECOMENDACIONES ESPECIALES

■ El antiguo concepto de que todo lo relacionado con los vinos y licores es responsabilidad del hombre de la casa (cuando se trata de una pareja) es obsoleto en la etiqueta actual. La buena anfitriona está al tanto de todos los pormenores relacionados con este tema, y puede ocuparse personalmente de ellos... aunque, desde luego, siempre es agradable compartir esta tarea con el esposo. Es importante aclarar que el bar ya no es territorio masculino... considéremoslo más bien un campo neutral, que ambos miembros de la pareja deben dominar.

■ Nunca lleve a la mesa una botella de vino muy grande; no es elegante. Es preferible servir el vino en botellas pequeñas, o en garrafas de cristal diseñadas especialmente con este propósito.

■ En caso de un accidente (una copa de vino tinto derramado sobre el nuevo mantel de hilo, por ejemplo), no finja que no ha sucedido nada, porque su actitud sería hipócrita. Pero tampoco haga sentirse mal a la persona que inconscientemente causó el accidente. Ante todo, mantenga la calma. Después, tome una toalla (o papel absorbente) y deslícela por debajo del mantel para secar la superficie afectada de la mesa. Una vez hecho esto, deslice una segunda toalla por debajo del mantel y déjela en esa posición. También debe limpiar el mantel con un paño húmedo, y echarle sal a la mancha. Finalmente, cúbrala con un paño (o servilleta) limpio... Todo el mundo comprenderá su decisión de proteger su mueble y su mantel, y nadie se atreverá a criticar su genuina preocupación.

■ Recuerde que actualmente, la copa de Champagne es alta y estrecha, en forma de tulipán. Este diseño permite conservar su aroma y su bouquet.

■ Jamás llene una copa hasta su borde; limítese a un poco más de la mitad.

COMO CONTROLAR A ESE "INVITADO DIFICIL"

No podemos pasar por alto en este **GRAN LIBRO DE ETIQUETA** el hecho innegable de que el alcoholismo es una enfermedad con proporciones de epidemia en todo el mundo. Y aunque hay alcohólicos que son capaces de controlar su comportamiento y mostrar una actitud serena por más tiempo que otros, siempre es desagradable (y motivo de conflicto, desde luego) la presencia de una persona embriagada en una reunión social, comida, o fiesta.

No es ésta la única situación embarazosa en que sus propios invitados pueden colocarla durante una reunión. Está también por ejemplo, el caso del individuo que considera que fumar marihuana (o emplear cualquier tipo de droga) es una actividad aceptada por todos, y a quien no le importa hacerlo en público... o el de la mujer que no tiene a menos coquetear con un hombre casado, delante de su propia esposa. ¿Qué puede hacer usted ante situaciones de este tipo?

- En primer lugar, tenga siempre presente que –como anfitriona– su deber es que sus invitados pasen un rato agradable. Si usted se da cuenta que este propósito va a ser interrumpido por el comportamiento de una sola persona, considere que debe tomar las medidas más apropiadas para proteger al resto de sus invitados. Muestre inicialmente una actitud de amable diplomacia que pueda solucionar la situación de conflicto planteada, pero si fuera preciso, tendrá que mostrar su firmeza y llegar a los extremos que la situación exija.

- Controle siempre la cantidad de bebida que consumen sus invitados, y muy especialmente la de aquéllos que muestren cierta tendencia a sobrepasarse en el número de tragos que beben.

- A la primera señal de embriaguez de un invitado, no le sirva más bebidas alcohólicas. Una fórmula que muchas veces surte efecto es preparar café y ofrecérselo al invitado embriagado. De cualquier forma, no le mencione el hecho de que no le va a servir más bebidas, pues esto puede ser considerado por él como una provocación (o reto), lo cual empeoraría una situación ya de por sí difícil.

- Si el invitado embriagado muestra una actitud agresiva hacia los demás invitados, o si su comportamiento no es el correcto, su única alternativa es pedirle (con amabilidad, pero también con firmeza) que abandone la reunión. En el caso de que se trate de un hombre, pida ayuda a su esposo o a otro hombre presente con el que tenga confianza. Si es una mujer, obtenga la ayuda moral de alguna amiga.

- No permita que un invitado suyo conduzca un automóvil en estado de embriaguez. Es preferible que usted misma (o su esposo, o alguien de confianza) lo lleve hasta su casa. Otra alternativa apropiada es llamar un taxi, ubicarlo en el mismo, y darle al taxista la dirección a dónde debe conducirlo. En este caso, es aconsejable que una o dos personas lo acompañen, porque es una falta de consideración hacia el taxista imponerle una situación de esta naturaleza.

- Es posible que su invitado embriagado adopte una actitud beligerante en algún momento... en ese caso, es recomendable que le quite las llaves de su automóvil para evitar la posibilidad de que se ausente en un momento en que usted no esté prestando atención.

- Si el estado de embriaguez es total, lo correcto es que usted improvise la forma de que su invitado pase la noche en su propia casa (si es usted casada y su esposo está presente). También puede hacer una reservación de urgencia en un hotel cercano, informándole siempre al empleado del hotel, anticipadamente, la situación de que se trata.

- Se puede presentar la situación en que uno de sus invitados decida fumar marihuana (o tomar cualquier otro tipo de droga), lo cual demuestra una falta de consideración absoluta hacia usted y hacia los demás invitados. En situaciones de este tipo es importante mostrarse firme, informarle privadamente a esa persona que la está colocando en una posición embarazosa, y que se va a ver obligada a sugerirle que se marche de la reunión si no deja de fumar (o usar drogas). De no prestar inmediata atención a su advertencia, pídale que abandone la reunión (solicite siempre la ayuda de su esposo u otro hombre de confianza para solucionar este tipo de complejo conflicto social).

- También puede usted verse involucrada en otro tipo de situación: si se halla en una reunión como invitada, otras personas a su alrededor comienzan a fumar marihuana (o a tomar otro tipo de drogas) y usted se siente ofendida, lo indicado por la etiqueta es que usted se lo informe directamente a la anfitriona (o anfitriones) para que sean éstos quienes tomen las medidas pertinentes.

- Si le ofrecieran directamente un cigarrillo de marihuana, no muestre sorpresa ni haga comentario alguno al respecto. Limítese a decir "No, gracias"... e informe acerca de la situación a sus anfitriones. También tiene la alternativa de marcharse, pero una actitud de este tipo sería injusta con sus anfitriones, quienes son los indicados para buscar una solución a este tipo de conflicto... siempre que conozcan del mismo.

- Si a pesar de que usted ha tomado todas las medidas recomendadas para que su grupo de invitados tengan personalidades y caracteres compatibles surgiera una confrontación de violencia entre dos o más de sus invitados, su habilidad diplomática debe ser desplegada en esos momentos para tratar de restablecer el equilibrio que se ha perdido momentáneamente. No se solidarice con una de las posiciones, ni se muestre partidaria de una de las dos partes. Sencillamente mantenga una actitud neutral, haga ver a ambos individuos que están adoptando una actitud equivocada, y dígales claramente que con la misma la están colocando en una posición sumamente comprometedora, en extremo desagradable.

▨ Otro tipo de invitado difícil es el Don Juan que insiste en conquistar a una de sus invitadas... o, viceversa, la mujer con alma de seductora que no tiene a menos coquetear con cuanto hombre tenga a su alrededor, a veces en forma vergonzosa. En las dos situaciones, como primera medida, es prudente llamar amablemente la atención a ambos invitados. Si la situación persiste, su obligación es pedirles que se marchen de la reunión.

MOTIVOS PARA OFRECER UNA FIESTA

▨ Para comenzar el año (enero 1º) invite a un buen astrólogo (o palmista) con el propósito de que éste pronostique el futuro de los invitados que así lo deseen. ¡Muy divertido!

▨ La Noche de Reyes (enero 5) ofrezca una cena de intercambio de regalos e invite a un buen grupo de sus amigos. Ocúpese usted de que nadie sepa de quién va a recibir un regalo.

▨ ¿Un baile el Día de Reyes (enero 6)...? ¡Por qué no! Organícelo en su propia casa, o entusiasme a un grupo de amigos para entre todos organizar un evento mayor y celebrarlo en algún club privado,

▨ En febrero: organice un baile de carnaval; ofrezca un premio al disfraz más original, y mencione quiénes van a ser los jueces (tres es un buen número... elíjalos entre sus amigas/os más íntimos y creativos).

▨ Festeje el Día de los Enamorados (o de los Novios, como lo llaman en algunos países), generalmente el 14 de febrero. Decore su casa con motivos alegóricos... sorprenda a todos preparando únicamente platos afrodisíacos, por ejemplo... ¡y haga saber el efecto de los mismos!

▨ En mayo: ofrezca una fiesta en honor a todas sus amigas que sean madres. Organícela para que tome lugar por la tarde... ¡y no invite hombres! Elija de antemano un tema central para ser tratado en su reunión, preferiblemente relacionado con los niños. Invite a una sicóloga especializada para contestar preguntas de sus invitadas. Hágalo saber a todas sus invitadas.

- ¿Algo extravagante... pero de mucho impacto? Celebre el Solsticio de Verano (21 ó 22 de junio). Pero si prefiere ofrecer sus fiestas hacia finales de año, entonces celebre el Solsticio de Invierno (21 ó 22 de diciembre). Es en ambas fechas cuando el Sol se halla más lejos del ecuador.

- Reúnase para celebrar el Equinoccio. O bien el 21 ó 22 de marzo, o el 22 ó 23 de septiembre. En esos días, los dos Polos de la Tierra se encuentran a igual distancia del Sol, y son los únicos momentos del año en que la luz del Sol cae por igual en ambos hemisferios; asimismo, la duración del día es igual a la de la noche.

- El Día Nacional de su país, organice una reunión folklórica... Sirva la comida tradicional, y ofrezca música típica. Una idea fabulosa es sugerir que todos vistan trajes regionales.

- Ofrezca una reunión, similar para sus hijos.

- Un cóctel para celebrar el nuevo trabajo (o la promoción) que ha logrado una amiga o amigo.

- Reciba a un matrimonio amigo que regresa de vacaciones con una fiesta-sorpresa. No se olvide de invitar a otros amigos de la pareja, aunque no sean muy allegados a usted.

- Celebre cumpleaños... el suyo, el de su esposo, el de sus amigos más especiales.

- Reúnase para esperar los cuarenta años de edad de una amiga a quien no le importe confesar cuántos años tiene.

- Cualquier momento es ideal para ofrecer el clásico *piscina-party* que tanto ha popularizado el cine internacional. Requisito indispensable: disponer de una alberca, naturalmente. Ofrezca un *buffet* al aire libre; si es de noche, ubique antorchas en los alrededores de la piscina, y manténgalas encendidas.

- La Noche de las Brujas (el tradicional *Halloween* de los norteamericanos), organice una fiesta-de-fantasmas para los niños... pero prolónguela hasta por la noche, de manera que también estimule a ese niño que todos los adultos llevamos dentro, e invite a sus amistades más entusiastas. Recuerde que lo tradicional en los Estados Unidos es servir platos a base de calabaza, maíz, y golosinas variadas.

- Si reside en los Estados Unidos, celebre Thanksgiving (el último jueves del mes de noviembre) organizando una reunión familiar. Aproveche la oportunidad para invitar a esos miembros de la familia que no vé con frecuencia, aunque residan en otro Estado.

- Las Navidades son fechas ideales para celebrar fiestas, desde las más íntimas hasta las más espectaculares.

- También en las Navidades, ofrezca una reunión-a-la-mexicana para celebrar las Posadas (una bonita costumbre tradicional mexicana).

- Invite a sus amigos a una reunión informal para decorar el árbol de Navidad y poner el pesebre... sirva una comida navideña apropiada.

- Organice una reunión para celebrar la Nochebuena en el campo (si el tiempo lo permite), y prepare únicamente platos tradicionales de su país.

- Sorprenda a sus hijos presentando un Papá Noel (Santa Claus) que les haga entrega de sus regalos. Un buen amigo siempre está dispuesto para disfrazarse...

- Presente un *brunch* el Día de Navidad para entregar los regalos a sus amigos más íntimos.

- Ofrezca una fiesta-de-Navidad en la casa para algunos de sus compañeros de oficina, y no se sienta obligada a invitar absolutamente a todos. Las posibilidades de reuniones para despedir el año son ilimitadas... desde la fiesta íntima en la casa, hasta el gran baile de gala de fin de año en algún club privado.

- Ofrezca un cóctel para celebrar el divorcio recién obtenido de una amiga íntima, siempre que ésta esté de acuerdo, por supuesto. No invite a su ex... pero incluya algunos hombres disponibles en su lista de invitados, además de las parejas amigas de siempre.

- Al regresar de sus vacaciones, ofrezca una cena a un grupo de buenos amigos... y sirva exclusivamente platos típicos de alguno de los países que visitó.

- Organice una cena-exhibición para un pintor amigo, de manera que pueda presentar su obra a un grupo de coleccionistas o de personas interesadas en el Arte.

- Celebre la publicación de un nuevo libro de un autor amigo con un cóctel en la tarde. Sugiera a su amigo que autografíe ejemplares.

- Haga lo mismo cuando algún cantante conocido grabe una canción, o lance un nuevo disco... Sugiérele que cante en la reunión.

- ¡Haga un brindis por una nueva promoción que haya recibido su esposo! Invite únicamente a un grupo de matrimonios amigos, incluyendo, a su jefe y a compañeros muy allegados a él, desde luego.

■ ¡Dele la bienvenida a un nuevo vecino!

DETALLES DE ULTIMA HORA...
EL DIA DE LA FIESTA

A.M.

■ Compruebe que todos los cubiertos, la cristalería, y la vajilla están limpios.

■ Los manteles deben estar planchados y listos para ser colocados en la mesa.

■ Coloque las flores en sus jarrones; ubique los arreglos florales que se hayan encargado para la ocasión.

■ Asegúrese de que haya suficientes ceniceros (si va a permitir que los invitados fumen), ubicados en diferentes áreas de la casa.

■ Retire cualquier pieza u objeto de valor que accidentalmente pueda ser estropeada.

■ Los baños... ¿están debidamente arreglados... con colonias, jabones y toallas?

■ Disponga de un área especial para mantener a sus mascotas durante la reunión, sobre todo si permanecen habitualmente en el interior de la casa.

■ Haga un inventario físico del número de botellas de bebida que tiene, y asegúrese igualmente que no le va a faltar el hielo.

■ Compruebe –con el cocinero– que cuenta con todos los ingredientes que hacen falta para la preparación de la comida.

■ Si los niños no van a participar de la reunión, verifique nuevamente de que pueden permanecer en otro lugar, o qué estarán bien atendidos en sus habitaciones.

■ Compruebe que su vestuario (incluyendo los accesorios) están en perfecto orden... ¡Téngalo listo... todo!

■ Confirme su cita para esta mañana con su peluquero y manicurista.

■ Compruebe que la ropa que va a llevar su esposo esté también en perfecto orden... ¡y que armonice con la suya!

■ Los zapatos que él va a usar... ¿están limpios? Si no le importa que los invitados fumen en su reunión, ¿tiene suficientes habanos para que el mayordomo los ofrezca a los comensales-hombres al terminar la cena...?

■ Si ha contratado los servicios de músicos, confirme con ellos que se presenten en el lugar de la reunión por lo menos con media hora de anticipación a la llegada de los invitados.

■ ¿Dispone de suficiente espacio para el estacionamiento de los automóviles de los invitados...? Si no es así, obtenga los servicios de dos personas que puedan estacionar los automóviles de sus invitados en un lugar cercano al llegar al lugar de la reunión.

P. M.

■ Compruebe que todos los canapés que va a servir al principio de la reunión están listos.

■ Verifique el vestuario de sus empleados; ¡manos impecables!

■ Almuerce (ligeramente) apenas regrese de la peluquería.

■ ¡Descanse... hasta una hora antes de la reunión!

■ El baño de inmersión y una máscara facial son altamente recomendables para aliviar la tensión.

■ Vístase y maquíllese con toda calma.

MUY IMPORTANTE

En primer lugar, trate de organizar su rutina del último día de manera que la tarde antes de la cena no tenga mayores detalles que atender. De cualquier forma, es imprescindible que una hora antes de que lleguen los invitados, se dé un baño (o ducha) con agua tibia, y se acueste por unos minutos, procurando lograr un nivel de relajación total. Maquíllese y vístase con toda calma... no permita que nadie interrumpa este proceso de recuperación de energía, porque de él también depende su éxito como anfitriona.

UNA CENA A LA LUZ DE LAS VELAS...

Si pretende que su reunión resulte exitosa, incluya velas. Observe las siguientes recomendaciones:

- Guarde las velas en el congelador unas horas antes de usarlas, así se quemarán más lentamente, y no gotearán la cera.
- Si cuando las va a utilizar se da cuenta de que están empolvadas, límpielas con un algodón empapado en alcohol antes de colocarlas en los candelabros.
- Si éstos están manchados con cera, manténgalos en el congelador por un rato, y comprobará qué fácil le será limpiarlos. También puede sumergirlos en agua muy caliente para que la cera se derrita.
- Si las velas han goteado en el mantel o en un mueble de madera, he aquí algunos secretos para limpiarlos. En caso de que tenga que retirar la cera del mantel u otra tela, coloque en el área donde han goteado las velas (en la parte inferior y superior) un papel absorbente... y pásele la plancha. Si las manchas aparecen en la madera, échele aire caliente (con un secador de cabello, por ejemplo), y cuando la cera esté suave, retírela con un papel absorbente. Luego, limpie la superficie con un paño humedecido en agua mezclada con un un chorro de vinagre.

CAPITULO 8

EL EQUIPO INDISPENSABLE PARA LA ANFITRIONA PERFECTA

Ya sea que usted viva en un pequeño apartamento de la ciudad, o en una espaciosa residencia de las afueras, cuando usted recibe invitados hace el esfuerzo máximo por comunicarles su espíritu de hospitalidad y por lograr que todos se sientan a gusto. Esto depende en gran parte de su personalidad y del estilo que haya desarrollado en sus relaciones con los demás. Pero también de otros factores... y no hay duda de que contar con el equipo necesario es, quizás, el estímulo que necesitamos para desarrollar un espíritu social más agudo y ofrecer con frecuencia reuniones para recibir a nuestros amigos.

- Invierta en una buena vajilla, en cubiertos, y en una cristalería fina. No considere que esto es un gasto... en realidad se trata de una inversión que además le va a proporcionar muchos momentos agradables. Si hace una elección acertada, su inversión inicial puede multiplicarse, ya que muchas de estas piezas incrementan su valor a medida que pasan los años.
- La mantelería es también muy importante. Elija la mejor que su pre-

supuesto le permita, y asegúrese de que el número de servilletas triplica al número de puestos de la mesa que va a cubrir el mantel (para cuando ofrezca un *buffet*).

LOS CUBIERTOS

- Haga un cálculo del número de personas que usted ha invitado a cenar (por ocasión) durante el último año. ¿Seis... ocho... tal vez diez? Esa cifra le sugiere el número de invitados con el que usted se siente confortable, el número de personas que puede atender y mantener bajo control, sin caer en estados extenuantes de lo que yo llamo *tensión social*. Procure tener suficientes cubiertos para servir a ese número de personas, y uno o dos juegos adicionales para cualquier situación imprevista.

- Cada juego de cubiertos debe consistir de cuatro piezas distintas, como mínimo:

> 1 tenedor
> 1 cuchillo
> 1 cuchara de sopa
> 1 cucharilla de postre

- Según su presupuesto lo permita, agregue a cada juego:

> 1 cuchillo especial para la mantequilla
> 1 tenedor para la ensalada (que también puede usar para el postre)
> 1 tenedor de tres dientes, especial para los mariscos

- También puede añadir cucharillas para presentar con el café (o té) y para el helado.
- Para servir, considere los siguientes cubiertos:

> 1 cucharón para la sopa
> 2 (o más) cucharas grandes
> 1 tenedor de trinchar
> 1 cuchillo para cortar.

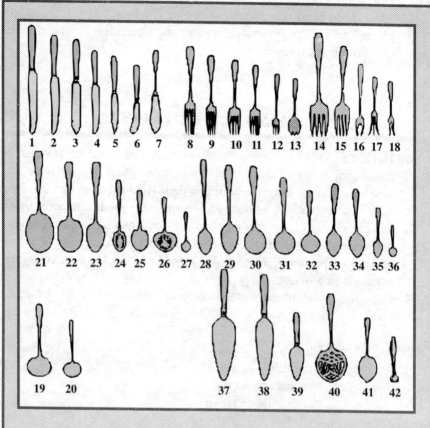

Para servir una mesa con la etiqueta debida necesitamos una serie de utensilios (llamados *cubiertos*), tales como tenedores, cuchillos y cucharas. Un *juego* completo en la actualidad estaría integrado por las siguientes piezas:

- 12 cuchillos de mesa
- 12 tenedores de mesa
- 12 tenedores de ensalada
- 24 cucharillas de té
- 12 cuchillos de mantequilla
- 12 cucharitas de postre
- 12 cuchillos de postre
- 12 cucharitas de café
- 12 cucharas de sopa
- 1 cucharón
- 1 tenedor para servir alimentos fríos
- 1 tenaza para servir el azúcar en cuadraditos

LA CUBERTERIA COMPLETA

CUCHILLOS

1. Carne
2. Postre
3. Pescado
4. Merienda a la hora del té
5. Frutas
6. Untar la mantequilla
7. Cortar la mantequilla

TENEDORES

8. Carne
9. Postre
10. Pescado
11. Ensalada
12. Abrir ostras
13. Helado
14. Servir la ensalada
15. Comidas frías
16. Aceitunas
17. Limones
18. Servir la mantequilla

CUCHARONES

19. Salsas
20. Cremas o mayonesa

CUCHARAS

21. Ensaladas o granos
22. Compotas u otros
    alimentos en conserva
23. Mesa
24. Aceitunas
25. Azúcar
26. Bombones y confituras
27. Sal
28. Té helado
29. Postre
30. Sopa
31. Cremas
32. Caldos
33. Té
34. Naranjas
35. Café
36. Sal (individual)

PALETAS

37. Pastel
38. Torta
39. Queso
40. Mermeladas
41. Espumadera para servir
    tomates
42. Pinza para azúcar (en
    cuadraditos)

■ La plata es el metal ideal para los cubiertos... el tradicional, el más impactante... ¡su mejor inversión! Desde luego, hay modelos que sólo tienen un baño de plata (y por ello son más económicos). También los diseños de cubiertos en acero inoxidable y otros metales son igualmente apropiados.

LA VAJILLA

■ Al invertir en su vajilla, procure que ésta pertenezca a lo que se conoce como "un diseño establecido", de una firma de prestigio. Esto garantiza que ese diseño se mantendrá en el mercado por largo tiempo, lo que le permitirá ir añadiendo piezas y sustituyendo otras.

■ Al igual que mencionamos en el caso de los cubiertos, es conveniente tener las piezas necesarias para servir al número de personas que habitualmente invitamos... más dos juegos de reserva. Considere que un juego básico, por persona (lo que se llama *un puesto*) incluye:

> 1 plato llano
> 1 plato hondo (o tazón para sopa)
> 1 plato para postre
> 1 taza de café (o té), con su plato.

■ A estas piezas básicas puede ir agregando:

> 1 platillo para la mantequilla
> 1 plato llano adicional, por comensal
> varios tazones para servir la ensalada

■ Si acostumbra a servir café espresso, debe tener suficientes tacitas y platos del tamaño apropiado. Estas –igual que los tazones de ensaladas– no tienen necesariamente que hacer un juego con el resto de la vajilla, pero es preferible.

■ Por supuesto, asegúrese de que su vajilla incluye las tazas para café tradicionales.

■ Para servir, necesitará:

> 1 fuente grande, para asado;
> 1 fuente más pequeña, para papas o arroz;
> 2 fuentes hondas, para las verduras

■ Después puede agregar:

> 1 sopera
> 1 fuente para pescado
> 1 azucarera
> 1 lechera
> 1 salero y pimentero.

■ Aunque la etiqueta actual permite que la vajilla esté integrada por piezas de diferente diseño –siempre que el conjunto resulte armonioso en cuanto a formas, tamaños y tonalidades– la realidad es que no es lo más aconsejable. Pocas veces se logra la armonía deseada, y a veces el resultado puede ser desastroso.

■ Con platos de loza o porcelana es aceptable (y hasta interesante) presentar la ensalada en tazones o en platos de cristal. Elíjalos de diseños sencillos para evitar que el contraste con su vajilla sea muy fuerte.

■ También pueden usar con su vajilla esas piezas antiguas que siempre han pertenecido a la familia, pero compruebe que el color armonice de alguna forma con el diseño que usted ha seleccionado.

LA CRISTALERIA

Con los años, las reglas de la etiqueta que gobiernan el uso de la cristalería se han flexibilizado. Hoy, las combinaciones de vasos y copas son prácticamente ilimitadas; los diseños increíblemente variados. De todas formas, tenga en cuenta una serie de detalles importantes al invertir en sus piezas de cristal.

■ Los artículos de cristalería pueden ser de dos tipos: los de cristal propiamente dicho; y los de vidrio.

■ El cristal es más fino, más brillante, y también más frágil que el vidrio. Es fácilmente reconocible, ya que al darle un ligero toque con la uña, su sonido parecería el de una campana. No hay duda de que el cristal añade elegancia y distinción a una mesa bien puesta, y que la mejor inversión que usted puede hacer es en piezas de este tipo.

■ Las copas para vinos y cordiales deben ser –preferiblemente– de cristal.

■ Los vasos para agua, refrescos, licores y cócteles, pueden ser de vidrio... aunque en la actualidad se diseñan bellísimos juegos en cristal.

- Usualmente, las piezas de cristal se destinan a las ocasiones más formales. Para el uso diario (y para las reuniones más íntimas), hay infinidad de diseños de alta elegancia, en vidrio.

- ¿De cuántas piezas debe estar integrada su cristalería...? De nuevo, depende del número de personas que habitualmente usted invite a cenar... más algunas piezas adicionales de repuesto.

- Si usted acostumbra a ofrecer reuniones con determinada frecuencia, es conveniente que tenga por lo menos cuatro o cinco piezas adicionales de cada tipo de copa o vaso, de manera que su juego no quede incompleto al producirse cualquier accidente imprevisto.

- Las piezas de cristalería usadas con mayor frecuencia son:

1. Vasos altos (para agua, leche, té frío, Highballs y refrescos)
2. Vasos pequeños (para jugos)
3. Vasos cortos y anchos (para cócteles del tipo Old Fashioned)
4. Copas para cócteles
5. Copas para agua
6. Copas para vino blanco
7. Copas para vino rojo (tinto)
8. Copas pequeñas para cordiales y Jérez
9. Copas para Champagne (en forma de tulipán)
10. Copas para cerveza
11. Copas para helados y postres
12. Garrafas para el vino, y jarras para jugos y ponches.

- La cristalería puede adquirirse en diversos estilos y colores. Ahora bien, si usted adquiere piezas en color, asegúrese de que éstas armonicen debidamente con el resto de su vajilla y con las demás piezas de su cristalería.

En cuanto a las copas para el vino...

- Las copas de cristal transparente permiten disfrutar de las tonalidades propias del vino... un placer sensorial en sí. Además, las copas transparentes son siempre de buen gusto y tienen la ventaja adicional de que armonizan con cualquier diseño o estilo de vajilla.

COCKTAIL   MARTINI   PARIS GOBLET

JUGOS   LOWBALL   HIGHBALL   WHISKEY   BRANDY   CERVEZA

HELADOS

AGUA   VINO   CHAMPAGNE   CORDIALES

■ Al igual que sucede con las piezas de la vajilla, las piezas de cristal pueden tener diseños diferentes, siempre que el conjunto resulte armónico. Es preferible que todas pertenezcan al mismo juego.

■ Las copas para el vino pueden ser todas iguales. Desde luego, hay infinidad de variedades en formas y tamaños para los distintos tipos de vinos. Quizás considere apropiado irlos adquiriendo paulatinamente.

Y PARA SU BAR...
¿QUE REQUIERE?

Lo ideal, desde luego, es tener en la casa un bar, inclusive con un pequeño fregadero (con agua fría y caliente). Sin embargo, estamos de acuerdo en que esto no siempre es posible. Es muy probable que deba recurrir al carrito móvil en el que colocar las botellas que más use y los implementos necesarios al momento.

¿Cuáles son éstos?

- 1 coctelera o una jarra de mezclar, con sus varillas.
- Para complementar la coctelera, consiga un filtro de bar (se coloca sobre la coctelera en el momento de servir e impide que el hielo pase a las copas).
- 1 vara larga (para revolver los cócteles).
- Para controlar con exactitud las proporciones de los distintos ingredientes que utilice en la preparación de sus cócteles, obtenga un juego de cucharas de medida (generalmente son tres).
- Es imprescindible tener: un sacacorchos, un abridor de latas, y un abridor de botellas.
- 1 cuchillo pequeño, para pelar y cortar frutas que se utilizan en la preparación de muchos tragos.
- 1 mortero de madera; será muy útil en la preparación de tragos que requieren hierbas aromáticas o frutas machacadas.
- 1 ó 2 cubetas para el hielo: una para conservar el frío y evitar que el hielo se derrita; la otra sin ningún material aislante (para enfriar las botellas de champagne y las de vinos que se sirvan fríos o frescos).
- 1 exprimidor para limones (jamás prepare los tragos que lleven limón con líquidos artificiales que imiten el limón)
- 1 licuadora eléctrica; es imprescindible para preparar tragos que requieran *hielo frappé* (como el Daiquirí, por ejemplo).

Si usted reúne todos elementos, su bar estará bastante completo. Tendrá una base a la que añadir, poco a poco, cuantos detalles se le antojen.

PARA VESTIR LA MESA: LA MANTELERIA

■ Aparte de los manteles o los individuales destinados al uso diario, debe tener uno (o más) juegos de manteles finos, muy elegantes (con suficientes servilletas) para cenas con invitados.

■ Para almuerzos y reuniones informales, tenga manteles y servilletas de tonalidades alegres, así como individuales con sus correspondientes servilletas.

■ Para un efecto diferente, la etiqueta acepta actualmente que coloque la vajilla directamente sobre la superficie pulida de su mesa de madera (o sobre el cristal). Recuerde que los platos y demás piezas integrantes de la vajilla tienen un diseño, éste debe quedar frente al comensal. Las servilletas, desde luego, sí son imprescindibles.

■ Invierta en un práctico y atractivo centro de mesa; coloque en él su arreglo floral preferido siempre que tenga invitados.

■ Para las cenas formales, las servilletas deberán ser blancas o de una tonalidad crema muy clara.

■ El mantel puede ser de hilo bordado, de damasco, o de encaje.

■ En la actualidad se acepta el uso de los individuales para la cena, aunque ésta sea formal. En estos casos, cerciórese de que sus individuales sean de fino hilo o de encaje, preferiblemente blanco (aunque también se aceptan las tonalidades pasteles).

■ Si usted acostumbra a ofrecer con frecuencia reuniones tipo *buffet,* es conveniente tener varios manteles iguales que le permitan cubrir las diferentes superficies sobre las que habitualmente presenta la comida y la bebida.

■ Los manteles deben cubrir ampliamente las mesas, con una caída mínima de 40 cms por cada lado.

CAPITULO 9

LA ETIQUETA EN EL RESTAURANTE

La vida moderna nos ha impuesto el restaurante, y ya todos estamos acostumbrados a comer fuera con frecuencia, algo que hasta hace pocas décadas se reservaba únicamente para esas ocasiones muy especiales. ¡Y es lógico que así sea! Hoy se dispone de menos empleados, las casas tienden a tener espacios más reducidos, y en muchas ocasiones la misma dinámica de nuestras actividades nos obliga a cenar fuera para evadir todas las complejidades de la reunión en casa. Así, el restaurante es la gran solución a nuestras necesidades sociales de comienzos del nuevo milenio. Pero... ¿está usted al tanto de las reglas de la etiqueta actual a seguir en un restaurante...?

LAS RESERVACIONES

■ Si invita a comer en un restaurante, está haciendo las funciones de anfitrión y –por lo tanto– es usted quien debe hacer las reservaciones.

■ Si se trata de una ocasión especial, para la cual ha invitado a determinado número de personas (con las recomendables dos semanas de anticipación), haga la reservación correspondiente con el restaurante una semana antes. A veces es apropiado visitar al Gerente del restaurante y elegir un menú común para todos los comensales, lo cual facilita todo el proceso de selección de platos (procure incluir la especialidad de la casa... es un detalle elegante).

■ Si el grupo es pequeño (seis u ocho personas), las reservaciones con el restaurante pueden ser hechas la misma mañana del almuerzo (o cena). Pero si se trata de un restaurante de moda, es preferible no correr riesgos innecesarios; haga su reservación con varios días de anticipación.

■ Al hacer su reservación, especifique bien su nombre y apellido, así como el número de personas que van a asistir al evento, la hora en que se estima que llegarán al restaurante, y la hora que usted prefiere para sentarse a la mesa (si es que antes van a pasar al bar para tomar un aperitivo).

LA LLEGADA DE LOS INVITADOS...

- Es una norma elemental de cortesía que los anfitriones ya estén en el restaurante cuando los invitados comiencen a llegar. Entre quince minutos y media hora antes de la asignada para la cena es lo recomendable en estos casos.

- Al llegar el primer invitado (o invitados), los anfitriones lo recibirán y acompañarán a la mesa (o al bar), donde deben permanecer con él... aunque siempre atentos a la llegada de los demás invitados.

- El siguiente grupo de invitados será recibido por el Maitre del restaurante, quien los llevará hasta la mesa reservada (o al bar).

- Cada vez que llegue un nuevo invitado a la mesa, el anfitrión (hombre) se pondrá de pie, lo saludará, hará las presentaciones de rigor, y le indicará su asiento (elegido previamente). La anfitriona puede permanecer sentada en todo momento, pero sí debe extender su mano en señal de bienvenida y saludo al nuevo invitado.

- Si es una mujer sola quien ha hecho la invitación, ésta debe ponerse de pie a la llegada de cada invitado, y amablemente indicarle el puesto que debe ocupar.

¿QUE SE HACE CUANDO EL INVITADO LLEGA PRIMERO?

- Si el invitado llegara antes que el anfitrión (por cualquier motivo), o bien puede esperarlo en el bar del restaurante (tomando un aperitivo), o puede solicitar al Maitre que lo conduzca directamente a la mesa reservada (mencione el nombre y apellido del anfitrión).

- Es posible que cuando el anfitrión finalmente se incorpore a la mesa, le sugiera amablemente que ocupe otro puesto diferente al que usted ha elegido. Por lo tanto, no es recomendable que usted utilice la servilleta ni el servicio inmediatamente.

- Desde luego, un anfitrión considerado, respetará la elección de su invitado (fue él quien llegó tarde, ¿no?)

- No es correcto ordenar un trago hasta después de llevar unos diez minutos en el restaurante. El camarero que esté al tanto de las normas de la etiqueta actual será incapaz de presentarle la carta u ofrecerle un cóctel hasta pasado este tiempo prudencial de adaptación al nuevo ambiente.

- Sin embargo, si el anfitrión demorara más de quince minutos en presentarse en el restaurante, entonces es aceptable que el invitado pida un trago, si así lo desea.
- Si el anfitrión ha preferido que el grupo se reúna primeramente en el bar, para tomar una copa antes del almuerzo (o cena), es él quien tiene la palabra en cuanto al momento en que todos deberán pasar a ocupar la mesa reservada.
- El anfitrión tampoco debe esperar (y hacer que los demás invitados esperen) por un miembro del grupo que se ha retrasado por más de media hora. En esos casos, le informará al Maitre el nombre de su invitado-ausente, de modo que éste se mantenga al tanto de su llegada y lo dirija a la mesa correspondiente.
- Si la copa de vino (o el cóctel) que fue servido en el bar aún no ha sido terminado, y ha llegado el momento de pasar a la mesa, usted puede tomar la copa y llevarla hasta la mesa (en sus propias manos). En algunos restaurantes, sin embargo, el camarero estará atento a esta situación y discretamente le sugerirá que deje la copa sobre el bar (él se la alcanzará).

COMO SENTARSE A LA MESA DEL RESTAURANTE

- En un restaurante, no siempre es fácil ubicar a los invitados con el mismo orden en que se puede hacer cuando se ofrece una cena en la casa, donde se puede ejercer un control absoluto de la situación. Lo más recomendable es que cada cual se siente en el sitio que prefiera. Eso sí, la anfitriona (o el anfitrión) debe sentarse de manera que pueda observar en todo momento la entrada al restaurante (así podrá vigilar la llegada de cualquier invitado retrasado).
- El Maitre es el encargado de dirigir al grupo (o a la persona) hasta la mesa reservada. Usualmente moverá la silla en la cual se sentará la mujer que se halla más próxima a él; el resto de los invitados se sentarán por sí mismos.
- Existen dos reglas tácitas de la etiqueta que tanto los anfitriones como los invitados pueden observar, aunque nadie se las mencione: al sentarse a la mesa, las parejas deberán quedar separadas. Asimismo, es preferible que los hombres y las mujeres se sienten alternadamente.

EL MENU

- Para un grupo grande (de diez personas o más), insistimos en que es preferible que el menú sea ordenado con anterioridad. Esto facilita la presentación de los platos y el desarrollo de la cena en general.

- Pero cuando se trata de grupos menores, es preferible actuar en una forma más informal y sugerir que cada invitado elija del menú los platos que prefiera.

- Si el anfitrión conoce bien el restaurante, es elegante recomendar a sus invitados la especialidad de la casa. De lo contrario, puede preguntar al Maitre por su recomendación.

- Después, los invitados irán dando su orden al Maitre; el anfitrión será el último en elegir.

- Hasta hace algunos años, era absolutamente inaceptable que la mujer se dirigiera directamente al camarero; ella elegía del menú, repetía su elección a su acompañante, y era éste quien daba la orden al Maitre. La etiqueta actual ha variado, y sí es aceptable que una mujer ordene directamente.

EL VINO

- El anfitrión es quien se encarga de ordenar el vino que acompañará la cena, pero hará esto una vez que estén dadas las órdenes para la cena, y sólo cuando le sea presentada la Carta de Vinos. De esta manera podrá ordenar el vino más apropiado para la mayoría de los platos elegidos.

- Si algunos invitados ordenaron platos a base de carne, y otros prefirieron pescados, lo correcto es ordenar una botella de vino blanco (para el pescado) y una botella de vino tinto (para las carnes). Recuerde que hay un vino común, exquisito, y de gran prestigio: el Champagne. ¡Su elección dejará complacidos a todos!

- Hay casos en que el anfitrión no tiene mucha experiencia en ordenar vinos; entonces es perfectamente aceptable pedir una sugerencia al *Sommelier* (encargado de los vinos), o al camarero (si fuera éste el responsable de los vinos). También, si alguno de los invitados es conocedor de vinos, y el anfitrión está consciente de ello, le puede ceder la Carta de Vinos para que sea él quien elija. Es una cortesía que debe ser apreciada.

■ Una vez que el vino vaya a ser servido, el camarero deberá entregar el corcho de la botella a la persona que lo eligió. Se debe oler ligeramente este corcho y comprobar que el mismo ha estado almacenado en la posición horizontal recomendada.

■ Después, el camarero servirá un poco del vino en la copa de la persona que lo ordenó. Esta deberá percibir su aroma, probarlo... y si encuentra que el sabor es de su agrado, dará su conformidad para que sea servido a los demás comensales (un leve gesto de asentimiento es suficiente).

■ En los buenos restaurantes, pocas veces hay motivos para que un vino sea rechazado. De cualquier forma, si el vino estuviera agrio (por cualquier causa), o si su aroma se hubiera debilitado y no fuera del agrado de la persona que lo probó, sencillamente le hará una señal de desaprobación al *Sommelier,* y éste deberá retirarlo inmediatamente (sin cargarlo en la cuenta, desde luego). En instantes deberá presentar una nueva botella de vino, y repetir todo el proceso ya descrito.

EL PERSONAL DEL RESTAURANTE

En todo buen restaurante existe un buen número de empleados que están al servicio de sus clientes:

■ El Maitre: recibe al cliente y le indica su mesa.

■ El Capitán: toma su orden y supervisa el servicio de su mesa.

■ El *Sommelier:* es el encargado de los vinos, pero esta posición muestra una tendencia a desaparecer y sus funciones están siendo asimiladas por el Capitán, y hasta por el mismo Camarero.

■ El Camarero: es quien sirve la comida.

■ El Ayudante del Camarero: se encarga de servir el agua y el pan, y asiste al Camarero para recoger los platos usados.

■ Si existen motivos para presentar alguna queja, ésta debe dirigirse (en voz baja, y en la forma menos dramática posible) al Camarero, al Capitán, o al Maitre (si llegara a ser necesario). Es conveniente tener presente que la función de todos estos empleados es la de ofrecer un servicio excelente, por el cual se les está remunerando con un precio determinado.

DETALLES ESENCIALES
CON RESPECTO
A LA COMIDA SERVIDA...

- Un plato caliente, debe estar caliente, no tibio... ¡mucho menos frío!
- El pollo asado debe estar bien asado, no parcialmente crudo; lo mismo se aplica a las carnes. Si usted pidió su carne "bien cocinada", es así como ésta debe ser presentada.
- Si no está de acuerdo con el sabor o la forma en que determinado plato le ha sido servido, devuélvalo amablemente, pero con firmeza. Usted está en todo su derecho o exigir lo mejor (es una regla tácita aceptada por la Gerencia de todo buen restaurante).
- No obstante, hay maneras de quejarse que son aceptables; otras, lamentablemente, caen en los límites de la vulgaridad y no obedecen a regla de etiqueta alguna. La moderación en el tono de voz, la exigencia amable, y la firmeza son armas sumamente poderosas al exigir sus derechos.

LA CUENTA

- También existen normas de etiqueta para pedir la cuenta. Si se trata de una cena para un grupo de invitados numeroso, el anfitrión debe haber convenido de antemano (con el Maitre o el Capitán) que le tenga lista la cuenta una vez que la cena haya terminado. Lo más correcto es que –una vez que el café sea servido– se levante discretamente de la mesa y salde su cuenta, lejos de la vista de sus invitados. Una vez concluida esta operación, debe regresar a su puesto.
- Si la cena es para un grupo realmente numeroso (digamos que veinte invitados o más), es preferible hacer los arreglos de pago con anticipación, o pedirle a la Gerencia del restaurante que le envíe la cuenta a su oficina o casa.
- Cuando se trata de dos personas solamente, o si el grupo de invitados es pequeño, entonces el anfitrión simplemente llamará al Camarero al final de la cena y le pedirá la cuenta.
- Si observa un error en la suma, o un cargo indebido, llame discretamente la atención al Camarero. Acepte la explicación que éste le ofrezca, y evite hacer comentarios innecesarios. Si la situación persiste, hable posteriormente con la Gerencia del restaurante.

LA PROPINA

■ Al recibir la cuenta, el anfitrión debe calcular un 20% del total como propina. Esta cifra incluye al Capitán, al Camarero, y a su Ayudante.

■ Si en el restaurante hay un *Sommelier*, y éste le ha servido vino, usted también debe remunerarlo. Calcule el 1% del importe total de la cena, y entrégueselo directamente a él (en el momento de marcharse del restaurante).

■ Una suma similar (1%) puede dársele al Maitre, especialmente si éste le ha brindado una atención especial... digamos que lo ha ubicado en una mesa preferente que usted ha sugerido, le ha solucionado cualquier dificultad con respecto al menú, la cuenta, etc.

■ Pero –como regla general– usted puede calcular el 20% del importe total de la cuenta como propina (es una cifra aprobada universalmente). De todas formas, si usted ha recibido un servicio especialmente eficiente, puede dejar una suma mayor como premio. Por el contrario, si el servicio ha sido deficiente, asigne como propina una suma que considere de acuerdo a la atención recibida.

■ En algunos países, el porciento por el llamado *Servicio* es automáticamente incluido a la cuenta (entre un 15% y un 20% del consumo total). En estos casos, no es imprescindible que usted ofrezca una propina adicional (los empleados no la esperan), pero puede hacerlo si estima que el servicio ha sido excelente.

■ Algunos restaurantes de lujo presentan músicos que tocan de mesa en mesa. El hecho de que se aproximen a su mesa no significa que usted (o sus invitados) deban interrumpir la conversación o la comida para prestarles atención. Una sonrisa amable es suficiente; tampoco es imprescindible remunerarlos, pero lo usual es compensarlos con una suma equivalente a entre cinco y diez dólares (sobre todo si se detuvieron especialmente ante su mesa, y le dedicaron varias piezas). Esta propina se entrega en el momento, una vez que el grupo termine de tocar.

EL BUFFET EN EL RESTAURANTE...

Muchos restaurantes han establecido el servicio de *buffet* para determinadas horas, o para presentar sus entrantes. Si usted y sus invitados prefieren este tipo de servicio para un desayuno, brunch, almuerzo o cena, tenga presente las siguientes reglas:

- No llene el plato completamente; es preferible servirse en dos o más oportunidades en el caso en que desee repetir.
- Una vez que termine un plato, si desea servirse de nuevo, deje el anterior en la mesa (el Camarero lo recogerá), y sírvase en un nuevo plato. Recuerde que el plato del postre es más pequeño (generalmente es colocado junto a los platos principales, pero en algunos restaurantes los ubican en la sección de los postres y el café).
- Es importante tener presente que la etiqueta indica que cada persona debe servirse su propio plato en un servicio de *buffet*. No es correcto que la mujer sirva al hombre, o viceversa. Sólo se acepta servir a otra persona si se trata de un niño o de alguien físicamente impedido.
- Aun cuando se haya elegido un servicio de *buffet*, las bebidas son servidas y llevadas directamente a la mesa por el Camarero.

OTROS DETALLES A TOMAR EN CONSIDERACION

- Insistimos en que la consideración es un elemento integral de toda regla de etiqueta. Por lo tanto, si está invitada a cenar en un restaurante, no elija platos de precios muy altos; tampoco de los más económicos, a menos que sean los que usted realmente prefiera. Lo recomendable es que seleccione platos de precio moderado.
- Su consideración también se muestra eligiendo platos que no tomen mucho tiempo en su preparación. Esto, lógicamente, demoraría el servicio de la mesa en general, ya que un buen Camarero no sirve a ningún otro comensal hasta que todos los platos estén listos.
- Cuando una o más mujeres (solas o acompañadas) se dirigen a una mesa, todos los hombres que se hallen sentados a la misma se deben poner de pie, colocando sus servilletas al lado de su plato. Los hombres se mantendrán de pie hasta que las mujeres tomen asiento a la mesa, o se alejen de la misma.
- Igualmente, siempre que una o más mujeres que le acompañan a la mesa se levanten, todos los hombres que se encuentran sentados deberán ponerse de pie y esperar a que ellas se alejen, antes de tomar ellos asiento de nuevo.

- Si un grupo de mujeres llegara a un restaurante antes que los hombres que van a acompañaralas, es absolutamente normal (y aceptado) que éstas se dirijan al bar del establecimiento, y pidan algún tipo de bebida mientras aguardan por sus compañeros. También le pueden pedir al Maitre que las lleve hasta la mesa reservada, para esperar allí.

- No es elegante que una mujer sola espere en el vestíbulo de un restaurante; el sitio adecuado es el bar o la mesa reservada.

- En ningún momento ayude a los empleados del restaurante, aunque estime que al alcanzarle un plato está facilitando la labor del mismo. Los empleados de un restaurante están conscientes de cuáles son sus tareas, y saben la mejor forma de llevarlas a cabo.

- Si inconscientemente ha ensuciado la mesa, no trate de limpiarla como si hubiera cometido un delito y tratara de ocultarlo. La responsabilidad de los empleados del restaurante es mantenerse atentos a este tipo de situación, y ser ellos quienes limpien cualquier residuo de pan o comida que pueda haber caído fuera del plato.

- En el caso improbable que le presenten un cubierto que no está totalmente limpio, llame discretamente al Camarero (o a su Asistente), y pídale que se lo cambie. No dé explicaciones.

- Jamás utilice su servilleta para limpiar los cubiertos.

- Igualmente, si un cubierto se le cae al piso, déjelo en el piso y pídale al Camarero que le alcance uno limpio.

- Si inconscientemente derramara algún líquido o salsa en el piso, deje caer su servilleta encima y pida la asistencia del Camarero. Este le entregará una servilleta limpia, y resolverá la situación con la discreción debida.

- La mesa no es el lugar apropiado para peinarse, maquillarse, o retocarse el maquillaje. En general, no es elegante que una mujer se maquille en público; para ello están los tocadores.

- No fume. Si fuma, no lo haga mientras come.

- Si desea fumar mientras bebe un aperitivo, infórmese si en el restaurante es permitido que se fume. Asimismo, pregunte antes a sus acompañantes si no les molesta el humo del cigarrillo. Eso sí, asegúrese de apagar el cigarrillo tan pronto como el Camarero presente el primer plato.

- No se debe volver a fumar hasta después que todos hayan terminado los postres. Si ya tuvo una aprobación inicial de sus acompañantes en este sentido, no vuelva a preguntar.

- Fumar cigarros puros o pipas en un restaurante es una grave falta de consideración. Recuerde que el fuerte olor de los mismos llega hasta las mesas vecinas y puede impedir que los demás disfruten de su comida. Muchos restaurantes evitan esta situación prohibiendo que se fume en el recinto donde se sirven los alimentos.

■ Si por algún motivo importante necesitara levantarse de la mesa mientras los demás comen, simplemente murmure "con permiso"... y no ofrezca más explicaciones. Aléjese discretamente.

■ Tampoco ofrezca una explicación del motivo por el que se levantó una vez que se reincorpore a la mesa.

¿Con las manos?

Considere: hay alimentos que pueden llevarse a la boca con las manos, sin romper las reglas de la etiqueta:

■ Los *crudités* (porciones muy pequeñas de verduras crudas) pueden tomarse con las manos; mójelos directamente en la salsa con los que son presentados.

■ Las muelas de cangrejo también pueden sujetarse con las manos, mientras que con un tenedor se les extrae la masa.

■ Los canapés y bocaditos pequeños se toman con la mano, así como las galletitas o tostadas que se sirven con el paté y el caviar.

■ El pollo –en contra de lo que muchos opinan– no debe tomarse con las manos, excepto en ocasiones muy informales (una barbacoa, un *picnic*... ¡exclusivamente!). Si le resultara muy difícil eliminarle los huesos a la porción que le han servido, es preferible dejarla que poner en tela de juicio su sentido de la etiqueta y su estilo.

■ La pizza italiana acostumbra a servirse cortada en cuñas. Estas pueden tomarse con la mano, aunque es preferible usar un cuchillo y un tenedor para comerlas.

■ Los sandwiches se toman con las manos, lo mismo que las hamburguesas y hot-dogs estilo norteamericano.

■ Las frutas (manzanas, peras, ciruelas...) a menudo se comen con las manos, recogiendo las semillas que pudieren tener con la mano o con el tenedor. Deposítelas en el plato en el que fueron servidas.

■ Las fresas (frutillas) se comen con cuchara, a menos que sean servidas con sus tallos. En ese caso, se toman por el tallo, se mojan en la crema con la que son presentadas, o se espolvorean con azúcar en polvo. El tallo se deja en el plato.

- Las aceitunas se pinchan; las semillas se colocan –con la mano– en un plato sobre la mesa.
- Las uvas y las cerezas deben comerse con los dedos; no es elegante pelarlas.
- Los plátanos (bananas) se comen con la mano, sosteniéndolos por la cáscara.
- Las frutas muy jugosas –como el melón, la toronja (pomelo), la papaya, el mamey– se comen con cuchara. Para el mango existe un cubierto especial que permite trincharlo en su semilla, y sujetarlo firmemente, lo cual facilita todo el proceso de obtener su porción carnosa, con la ayuda del cuchillo y el tenedor.
- La piña (ananás) y la sandía es preferible comerlas con cuchillo y tenedor.
- El aguacate (palta) se come generalmente con aceite y sal, valiéndose del tenedor.
- Por supuesto, toda fruta servida con sirope o salsa, se come con cuchara. Lo mismo se aplica a los dulces preparados con frutas (en mermelada, compota o en porciones en almíbar).

CAPITULO 10

LA ETIQUETA EN ESAS OCASIONES ESPECIALES...

Desde tiempos inmemoriales, los acontecimientos más importantes de nuestras vidas son objeto de tratamientos y ceremonias especiales: nacimientos, graduaciones, inauguraciones, estrenos, tomas de posesión, matrimonios y bodas. En este sentido, las reglas tradicionales de la etiqueta –así como determinados ritos– siguen prevaleciendo hoy, aunque en muchos aspectos son más flexibles para adaptarse a las necesidades de la dinámica vida actual.

Es importante saber cómo desenvolverse en una ceremonia, tanto si uno es el protagonista de ella, o simplemente uno de los participantes. Si conocemos las reglas de la etiqueta, es evidente que podremos actuar con mayor seguridad, evitando errores que pueden ser embarazosos e interpretados como falta de estilo o muestra de un cociente social limitado.

EL NACIMIENTO DEL BEBE

En algunos países, cuando un niño está por nacer, un grupo de amigas

íntimas de la futura mamá-por-primera-vez, ofrece una reunión informal para celebrar la ocasión. Hoy, el concepto del llamado *Baby Shower* ha ido ganando adeptos en todas partes del mundo, incorporándose en muchas formas a nuestras costumbres.

En este tipo de reunión, se ofrecen refrescos, canapés, algunos platos sencillos, bocaditos y dulces variados. Los participantes presentan regalos (a la futura-mamá y al niño que va a nacer), se toman fotografías... y en realidad la ocasión sirve para celebrar la nueva etapa y la nueva responsabilidad que adquiere la homenajeada con el nacimiento de su bebé.

Si usted se encuentra en el caso de organizar una de estas reuniones:

▨ Organice la reunión para que se lleve a efecto en el último mes del embarazo (o el anterior)... nunca antes.

▨ Haga una lista de todas las amigas de la futura-mamá, si es que son amigas comunes. De cualquier forma, presente la lista a la homenajeada para que ésta haga las adiciones que estime apropiadas.

- Decida qué platos y qué tipo de bebidas se van a servir. Determine un presupuesto del costo total del evento, y divídalo entre el número de invitados para fijar la suma que cada uno debe aportar.

- Al hacer las invitaciones (es apropiado enviar una pequeña tarjeta, pero también las invitaciones pueden ser hechas por teléfono), indique a cada invitada la suma con la que debe contribuir para la ocasión, y dónde puede entregarla.

- Si el regalo que usted hace a la futura-mamá en el *Baby Shower* tiene una importancia especial, no es necesario que presente otro regalo una vez que nazca el bebé. En muchas ocasiones, la aportación individual de cada invitada incluye un regalo común de todas las participantes para la homenajeada.

COMO ANUNCIAR QUE EL BEBE HA NACIDO

A la familia, y a las amistades más allegadas al matrimonio, se les avisa que el bebé ha nacido... en persona o por teléfono. A las demás amistades y familiares más lejanos, lo correcto es enviar una tarjeta por correos informándoles la feliz nueva.

Este tipo de tarjeta puede ser formal...

- La tarjeta formal es mandada a imprimir especialmente para la ocasión. Suele llevar un texto sencillo:

El Señor Juan Martínez
y Señora Lolita de Martínez

Anuncian con alegría el nacimiento de su hijo
Juan Rodolfo Martínez

el 30 de julio de...

También están las tarjetas informales...

Ya están impresas y presentan espacios en blanco para indicar el nombre del bebé, su fecha de nacimiento, y hasta su peso y sus medidas al nacer. Son las más usuales y cumplen adecuadamente su propósito social.

- El recibir una de estas tarjetas no la obliga a hacer un regalo al bebé. Una nota o llamada telefónica para felicitar a los padres es suficiente.
- Aunque el nuevo bebé no sea el primero para una pareja, su nacimiento siempre debe ser dado a conocer –a familiares y amigos– por medio de una tarjeta.
- Si es usted quien da a luz, no olvide guardar una de estas tarjetas como recuerdo; muéstresela al niño cuando sea mayor.

EL BAUTIZO

- En las familias católicas, los niños son bautizados algunos días después de haber nacido (la tradición sugiere que esta ceremonia tome lugar dentro de los primeros treinta días de nacido el bebé).
- Tradicionalmente, cada niño tiene un Padrino y una Madrina, los cuales casi siempre son elegidos antes del nacimiento del bebé, entre los familiares y mejores amigos de los padres.
- Tanto el Padrino como la Madrina están en la obligación de hacerle un regalo al niño (por separado, o en conjunto... si se tratara de un matrimonio).
- Si algún motivo impidiera a uno de los padrinos asistir a la ceremonia bautismal, ésta aún puede celebrarse por poder, siendo el padrino ausente representado por algún amigo o miembro de la familia.
- Es importante que tanto el Padrino como la Madrina pertenezcan a la misma fé religiosa que la de los padres del niño, pero esto no es fundamental en las normas de la etiqueta actual.
- Las religiones evangélicas, protestantes, usualmente bautizan a los niños una vez que éstos ya han cumplido entre dos y seis meses de edad. No obstante, en algunas religiones protestantes se espera a que el niño cumpla por lo menos ocho o nueve años, para que tenga plena consciencia del valor simbólico del bautizo.
- Es apropiado imprimir tarjetas para invitar a un bautizo (los impresores pueden mostrarles diferentes modelos). Al igual que debe ha-

cerse con toda invitación, invite a un grupo no muy numeroso de sus amistades más íntimas y familiares a la ceremonia religiosa. Esta debe ser siempre un acontecimiento privado.

■ Los invitados no están obligados a hacer un regalo al niño, pero muchos lo hacen. Dé las gracias por cualquier obsequio recibido personalmente, a menos que alguien que no pudo asistir a la ocasión le haya enviado el regalo. En ese caso, una llamada por teléfono, o una nota de agradecimiento, es lo sugerido.

■ También es apropiado que los padres del niño impriman unas estampitas religiosas con la información sobre la ocasión en el reverso de las mismas. Estas estampitas se reparten a la salida de la iglesia, y su propósito es servir como recuerdo de la ceremonia.

■ Los bautizos son, usualmente, motivo de celebraciones. Dependiendo de la hora en que tome lugar la ceremonia, la misma puede ser seguida de un desayuno, almuerzo (si se efectúa en la mañana), o merienda (por la tarde).

■ Si el bautizo toma lugar en la tarde, es apropiado servir un *buffet* ligero. Incluya refrescos y ponche (además de las bebidas) para servirlos a los niños de las personas que usted haya invitado.

■ A la reunión después del bautizo se pueden invitar a otras personas que no se invitaron a la ceremonia religiosa. Sí, tenga presente que todos los que asistieron a la iglesia deben ser invitados a la recepción.

LA PRIMERA COMUNION

La Primera Comunión representa uno de los momentos más importantes en la vida de un niño católico, y por lo general se toma a los siete años... una edad en la que casi todas las religiones coinciden que el niño ya tiene el debido uso de razón y es capaz de comprender y aceptar sus responsabilidades dentro de la religión que profesa.

■ Tanto los familiares más allegados del niño, como sus padrinos de bautismo, deben asistir a la misa en la que tomará la comunión por primera vez.

■ Si los padrinos no pudieran asistir a la ceremonia, lo correcto es que le envíen al niño un regalo y una tarjeta en la que expliquen el motivo por el cual no les es posible estar presentes.

■ Durante la ceremonia, en el momento de tomar la comunión, tenga presente que los niños deberán aproximarse primeramente al altar, seguidos –unos instantes después– por los adultos que igualmente deseen comulgar.

■ Las personas que no profesen la religión católica, pero que asistan a una ceremonia de primera comunión, pueden permanecer en la iglesia exclusivamente como espectadores. No tienen que participar en el ritual de la misa, sino permanecer sentados.

■ Las niñas tradicionalmente llevan un traje blanco, largo, y con velo. Deben evitarse los modelos muy elaborados.

■ Los niños pueden llevar un traje blanco o negro, según el clima y la estación.

■ Después de la ceremonia religiosa, se puede ofrecer un desayuno en la casa, o un almuerzo (de acuerdo con la hora).

■ Los regalos que los familiares e íntimos hagan al niño que toma la comunión por primera vez deben ser de índole religiosa (un misal, un rosario, una escultura religiosa...).

■ Al terminar la ceremonia religiosa, se acostumbra a repartir entre los familiares y amistades que asistieron a la misma estampitas religiosas que llevan impreso el nombre del niño, la fecha y la iglesia en la que hizo su Primera Comunión. ¡Un bonito recuerdo!

LA CONFIRMACION

■ Esta ceremonia marca el día en que el niño es confirmado en su fé y se hace oficialmente miembro de la congregación religiosa. La Confirmación –tanto en la religión católica como en la mayoría de las protestantes– tiene lugar una vez que el niño ha cumplido entre siete y doce años, una edad en que se supone que tenga el suficiente uso de la razón como para comprender sus obligaciones como miembro de la Iglesia.

■ La Confirmación es un evento religioso más que social, y por este motivo es que sólo acostumbran a estar presentes los familiares más allegados del niño, así como los llamados Padrino y Madrina de Confirmación.

■ Si se recibieran regalos, los mismos deben ser aceptados; envíe después una nota de agradecimiento. Pero si es a usted a quien invitan a una ceremonia de Confirmación, no es necesario que presente un regalo.

EL BAR MITZVAH

Es la ceremonia que siguen los judíos ortodoxos y tradicionales para confirmar a un varón al cumplir los 13 años, en sus responsabilidades y obligaciones dentro de la congregación a la cual pertenecen. La importancia del evento es trascendental, tanto en su aspecto religioso como social, y por lo general se celebra en una forma muy especial.

- Antes de la ceremonia, el joven ha debido completar un curso en estudios religiosos, casi siempre bajo la dirección de un rabino.

- Se envían invitaciones a mano (o por correos) para la ceremonia, mencionando la fecha, lugar y dirección donde se va a celebrar el evento. Los impresores tienen, generalmente, modelos de estas invitaciones, las cuales se cursan como cualquier otra invitación (con dos semanas de anticipación).

- La asistencia a la ceremonia (y a la recepción que generalmente sigue a ésta), debe ser confirmada o declinada por la persona invitada.

- Los invitados pueden vestir con el mismo tipo de ropa que llevarían a cualquier ceremonia normal del templo al que habitualmente asisten.

- Para la recepción –si ésta toma lugar en horas del día, y después de la ceremonia– es adecuado llevar el mismo tipo de ropa que a la ceremonia religiosa. Si se trata de una recepción de noche, más formal, entonces deben vestir de acuerdo con la hora y tipo de reunión (cóctel o cena).

- Lo usual es que todas las personas que asisten a un Bar Mitzvah presenten un regalo al joven que se está confirmando, generalmente un regalo de valor. En general, muchos invitados envían sus regalos con antelación a la ceremonia, y las reglas de la etiqueta en este sentido son las mismas que se siguen para una boda (vea la página 180). Es apropiado enviar regalos en efectivo.

LA GRADUACION

La Graduación es el primer evento realmente importante en la vida de todo adolescente, y lo usual es que los familiares más allegados del joven graduado (así como sus amigos íntimos) acudan a la ceremonia para acompañarlo en este primer momento de triunfo en la vida.

■ Durante los días de organización de la Graduación, el estudiante debe verificar con la administración de su escuela, el número máximo de personas que se le permitirá invitar al evento; generalmente se celebra en un teatro o salón con una capacidad determinada, y las invitaciones son limitadas.

■ Las invitaciones son impresas por la escuela y cada estudiante recibe un número limitado de las mismas.

■ Casi siempre la graduación es seguida de una fiesta formal y un baile, generalmente ofrecido por la propia escuela. Lo usual es que el graduado invite a sus padres y a un acompañante del sexo opuesto.

■ El grado de formalidad de este evento será indicado a los estudiantes por la administración de la escuela. Es común que los hombres vistan de etiqueta; las mujeres de traje largo.

■ Todas las amistades del graduado (aunque no sean invitadas a la ceremonia), deben felicitarlo, personalmente o por medio de una tarjeta; hacerle un regalo no es de rigor.

■ Los padres y otros familiares cercanos del graduado sí acostumbran a hacerle algún tipo de regalo para conmemorar la ocasión. Los invitados a la ceremonia de graduación tampoco tienen que hacerle un regalo.

■ Si un hombre es invitado por una joven que se gradúa para que sea su compañero en el baile de graduación, debe enviarle unas flores el día del evento.

■ La joven siempre debe dar las gracias por esta atención, personalmente, cuando ambos se encuentren para asistir al baile.

LA PRESENTACION EN SOCIEDAD

Tradicionalmente, toda joven que llega a la edad apropiada para incorporarse como adulto en su grupo social, y para empezar a hacer planes matrimoniales, es presentada oficialmente a la sociedad mediante una fiesta formal. En algunos países hispanoamericanos, esta fiesta-de-debutantes recibe el nombre de *fiesta de quince;* en otros se le llama *baile de debutantes* o *presentación en sociedad,* y su organización impone ciertas reglas de etiqueta:

■ Si la fiesta va a ser formal, debe ser precedida por invitaciones formales (impresas especialmente para la ocasión). A las fiestas menos formales puede invitarse por medio de llamadas telefónicas, o con tarjetas ya impresas que se compran para esa ocasión.

- Es posible que el detalle fundamental al que deberá prestar especial atención la debutante es a la selección de su compañero para la fiesta. Si ya tiene novio formal, la situación está resuelta: él. De lo contrario, deberá hacer una lista con los nombres de cinco de sus amigos preferidos, y finalmente elegir uno entre ellos, siempre consciente de las implicaciones que la selección pueda significar en el ambiente social en el que se desenvuelve la joven (ésta ha mostrado su preferencia por un amigo determinado).

- Este joven deberá ser invitado al evento en una forma muy personal. El deberá corresponder a la invitación enviando unas flores a la joven, al día siguiente de haber recibido la invitación.

- El resto de las invitaciones se harán telefónicamente (para las amistades más allegadas), y confirmadas más tarde por medio de tarjetas impresas especialmente para la ocasión. Tenga presente que cada tarjeta deberá ser para dos personas (una pareja)... de manera que cada invitado pueda llevar a su acompañante.

- Otras amistades más formales, sólo deberán recibir la tarjeta de la invitación formal al evento.

- Todas las invitaciones deberán ser enviadas con dos semanas de anticipación, e incluir el R.S.V.P. de rigor. Igualmente las tarjetas con la confirmación deberán ser devueltas inmediatamente; también es correcto confirmar la asistencia por teléfono.

- Entre sus amigas y amigos más íntimos, la debutante escogerá un grupo que bailará conjuntamente con ella la primera pieza de la noche (en muchos países, es tradicional el vals). Este grupo allegado a la debutante deberá ser informado del baile por lo menos con un mes de anticipación, de manera que se puedan cumplir todos los requisitos de preparativos para el evento, principalmente en lo concerniente a los vestidos de las jóvenes.

- Los hombres irán vestidos de etiqueta, pero lo usual es que todas las amigas se reúnan con la debutante y se pongan de acuerdo sobre el diseño y color de sus vestidos, de manera que el conjunto mantenga una armonía en todos estos aspectos.

- Igualmente, este grupo deberá ensayar varias veces toda la rutina de la presentación de la debutante, y del baile de la primera pieza, de manera que la noche de la fiesta no se presenten situaciones de confusión o incidentes embarazosos.

■ La debutante también deberá decidir quién la presentará en sociedad: un miembro importante de su familia –generalmente el padre o un hermano mayor– es lo indicado. Con él comenzará a bailar la primera pieza, y antes de concluir la misma, continuará bailando con el joven que haya elegido como compañero para la ocasión.

■ El *corsage* es un detalle tradicional en toda presentación de una joven en sociedad, y por lo general es el acompañante de la joven quien debe enviárselo (la misma tarde de la fiesta). Como en algunos países el uso del *corsage* está desapareciendo, es apropiado que el joven que la debutante haya elegido como su acompañante le pregunte a ésta si prefiere llevarlo o no. En caso negativo, entonces es apropiado que le envíe un ramo de flores la tarde antes de la fiesta, con una tarjeta firmada.

■ Es de rigor hacerle regalos a la joven que es presentada en sociedad. Tanto los padres, como los padrinos y otros familiares allegados acostumbran a obsequiarle joyas y otros objetos de valor en este evento que es tan especial, y que tiene tanta trascendencia para la joven que lo protagoniza.

COMO DOMINAR
EL ARTE DE REGALAR

Hacer regalos es un concepto social que nos acompaña durante toda la vida. Nos regalan cuando nacemos, en nuestros cumpleaños y ocasiones especiales... Regalamos para demostrar nuestra amistad, nuestro agradecimiento y nuestro interés... Y cuando morimos, nos envían flores como un tributo de despedida. Sin embargo, existen una serie de reglas muy importantes de la etiqueta que deben ser observadas al hacer un regalo para que éste alcance el impacto que realmente deseamos.

■ Sea creativa, y no se conforme con seguir los patrones establecidos. Considere la personalidad e intereses del individuo a quien va a hacer su regalo, y refleje estos elementos en su elección. Si se trata de un chef-de-fin-de-semana que presume de su cocina gourmet, por ejemplo, elija algo relacionado con la cocina: un buen libro de recetas, una sartén especial, una selección de especias exóticas, una caja de vinos propios para utilizar en la cocina...

- Presente su regalo de la forma más atractiva que le sea posible. Existe el papel de regalo tradicional, pero... ¿por qué no crea un papel original usted misma, quizás imprimiendo algún diseño en colores variados con un bloque de madera que usted misma haya cortado? Requiere algún esfuerzo, de acuerdo. Pero es un detalle que sin duda se apreciará más que el elegante paquete de regalo que es preparado en la tienda... el mismo para todos los clientes.

- Desde luego, la creatividad no se improvisa de un momento a otro. Es preciso pensar durante varios días qué tipo de regalo se le puede hacer a una persona determinada, hasta que surja la idea precisa.

- Adquiera sus regalos con tiempo. El impulso de última hora casi siempre nos obliga a decidirnos por objetos que pueden ser muy apropiados, pero no los que más van a complacer a la persona a la que deseamos hacer un regalo.

- Antes de decidir lo que va a regalar, siempre responda estas dos preguntas: **(1)** ¿Lo necesita?; y **(2)** ¿Puede usarlo? Si la respuesta es negativa a cualquiera de las dos preguntas, elija otro objeto.

- La etiqueta actual acepta que se regale dinero... pero estemos conscientes de que no se trata del regalo más creativo que podamos elegir. Demuestra –en cierto modo– falta de imaginación e inclusive puede revelar nuestro apuro de última hora. Siempre que pueda, invierta el dinero en algo más interesante y regálelo así, ¡transformado en un elemento más creativo!

- Si ha decidido regalar dinero, entonces prefiera un billete recién acuñado, de una sola denominación, e insértelo en el interior de una tarjeta de felicitación. Es de muy mal gusto sacar billetes directamente de una billetera para entregar a la persona a la que deseamos hacer el obsequio.

- Una forma amable de hacer un regalo en efectivo es comprar un certificado de regalo en una tienda de prestigio, y entregarlo en vez del dinero en efectivo. Esto permite a la persona que lo recibe ir a esa tienda y cambiar su certificado por el objeto que prefiera en el momento que mejor le convenga.

- Un regalo puede ser personal o impersonal, dependiendo del grado de intimidad que exista entre la persona que hace el regalo y la que lo recibe. Si la intimidad es relativa, el regalo debe ser impersonal, siempre. Por ejemplo, no es apropiado que un compañero de trabajo nos entregue una bata de casa como regalo de Navidad; como tampoco es adecuado que le regalemos a nuestro jefe (un hombre casado) un par de pantalones, ni que él nos ofrezca un abrigo de pieles, aunque con el mismo insista en retribuirnos por nuestra eficiencia y productividad demostrada en la empresa.

- Las flores, las plantas, los vinos, los chocolates, y las colonias son siempre regalos bien recibidos, tanto por hombres como por mujeres. Son presentes neutros, apropiados para cualquier ocasión.

- Las flores, muy en especial, son apropiadas para enviar con una tarjeta al agradecer una cena, como felicitación por un aniversario u ocasión importante, como muestra de anticipación a una situación muy especial que se va a disfrutar en conjunto... inclusive como disculpa por alguna falta social cometida ...

- En general, los regalos entre personas no muy allegadas no deben ser muy caros, ya que esto coloca en un compromiso a la persona que lo recibe de retribuir la atención en una forma similar. Tampoco deben tener dimensiones exageradas... a menos que su propósito sea mostrárselo e informarle que el mismo le será enviado directamente a su hogar.

- Invierta en regalos especiales, aunque ello signifique asignar un presupuesto mayor, para felicitar por ocasiones realmente importantes a personas con las que mantiene una relación constante... bodas, aniversarios, graduaciones.

- Las joyas sólo deben ser regaladas por personas que mantienen una relación muy íntima. De lo contrario, pueden prestarse a diferentes interpretaciones y sugerencias de intimidad. Si un hombre en el que usted no tenga mayor interés comete el error de regalarle cualquier tipo de joya, agradézcale la atención, pero devuélvasela en el momento con una sonrisa amable, explicándole que usted no puede aceptarlo. Elija bien la frase: "Yo no puedo aceptar este tipo de regalo, pero te lo agradezco inmensamente… es lo correcto". Si utiliza una frase ambigua –como "No sé si deba aceptar este regalo que me haces..."– está sugiriendo que si él insiste, quizás usted sí lo acepte. ¡Sea firme!

- Jamás regale animales, aunque la persona sea fanática de ellos. El animal implica una responsabilidad, y es la persona que desea tenerlo quien debe adquirirla al comprarlo (u obtenerlo) por sí misma, en el momento que considere el más apropiado.

- No regale objetos que le hayan sido regalados anteriormente. Más de una crisis social ha surgido cuando un determinado objeto que fue regalado a alguien en particular es descubierto en posesión de otra persona.

EL GRAN LIBRO DE ETIQUETA

¿COMO PRESENTAR LOS REGALOS PARA QUE SURTAN EL MAYOR IMPACTO?

No sólo es importante elegir los regalos de acuerdo con la personalidad, estilo, y los intereses de la persona a la que deseamos agasajar, sino que la presentación de los mismos es igualmente fundamental. Observe las siguientes recomendaciones en este sentido:

■ Elija el envase ideal para su regalo, a menos que considere que el mismo sólo requiere ser envuelto. Por ejemplo, si una amiga tiene una colección de antigüedades, y usted encuentra una pieza que considera que la satisfacería, adquiérala... y busque una caja apropiada para colocarla (protegiéndola con papel blanco fino).

■ Elija igualmente el papel de regalos que va a utilizar. Hay cientos de diseños actualmente en el mercado (para las distintas ocasiones), pero lo más probable es que usted desee que el suyo cause un impacto especial. En este sentido, lo ideal son los colores enteros, neutros, los cuales se pueden acentuar con el uso de alguna cinta (alrededor de la caja) o etiqueta de color.

■ Nunca entregue sus regalos en bolsas; tampoco utilice segundas envolturas para proteger el papel de regalos que ha utilizado.

■ Asegúrese de que el regalo no incluya el precio.

■ Al entregarlo, no mencione el trabajo que pasó para obtenerlo. Mucho menos haga referencia al precio, ni al esfuerzo que debió hacer para identificar aquello que considera que más le agradaría (el "no sabía qué regalarte, pero finalmente..." es de pésimo gusto. ¡Téngalo presente!

■ No fuerce a la persona a que abra el regalo en su presencia. Muchas prefieren colocar sus regalos en un lugar aparte, y abrirlos después. En todo caso, lo correcto es que esa persona le envíe una tarjeta dándole las gracias por su atención, o que le haga una llamada de teléfono con el mismo propósito.

- Los regalos en broma siempre son de mal gusto. Reserve el humor para otras ocasiones.

- El regalo de sorpresa, sin que exista un verdadero motivo para hacerlo, es siempre bienvenido y demuestra lo que la persona que nos lo hace nos aprecia.

- No todos los regalos tienen que ir acompañados por una tarjeta de felicitación. Se puede felicitar personalmente... ¡recuérdelo!

- Siempre que le hagan un regalo, agradézcalo personalmente. Si el regalo le es enviado (unas flores, una caja de vinos), envíe una tarjetita agradeciéndolo, o haga una llamada por teléfono especialmente para hacer saber lo mucho que le ha gustado.

- No cambie los regalos que le hagan, a menos que sean piezas personales que no tengan su talla. Correr a la tienda para cambiar algo que le hayan regalado y que no esté de acuerdo a sus gustos por otro objeto, va en contra de las reglas de la etiqueta. Ahora bien, tampoco se debe sentir obligada a usar un regalo que le han hecho y que no es totalmente de su agrado. Sencillamente guárdelo por un tiempo determinado, y si la persona en cuestión algún día lo menciona indirectamente, explíquele que lo tiene guardado hasta que cambie la decoración de la habitación... o cualquier otra excusa apropiada.

CAPITULO 11

LA ETIQUETA DE LA BODA

No hay duda de que la boda es, probablemente, el acontecimiento más importante en la vida de una persona. Simbólicamente representa la consolidación del amor entre dos seres humanos, y su deseo de iniciar un nuevo estilo de vida y crear una nueva familia. También refleja el inicio de una etapa de independencia y la capacidad para asumir las responsabilidades que ella conlleva. Por su trascendencia, hemos decidido dedicar todo este capítulo a la etiqueta de la boda, que comienza con...

EL COMPROMISO

Cuando una pareja decide casarse, lo primero que sus miembros deben hacer es informar a sus respectivos padres acerca de su decisión, según las características de cada caso... porque hay familias complejas, con varios divorcios y segundos matrimonios, en las que esta norma puede com-

plicarse terriblemente. De cualquier forma, es importante enfatizar que la imagen del tembloroso joven que llega a la casa de los padres de la novia, acompañado de sus padres, para pedir su mano en matrimonio, no sólo está pasada de moda, sino que hoy resulta hasta ridícula. La etiqueta actual exige la naturalidad y la espontaneidad hasta para los momentos más trascendentales en la vida del ser humano, y es evidente que estos elementos facilitan considerablemente toda situación social presente.

Desde luego, una pareja inteligente compartirá sus planes matrimoniales con sus padres, ya que una boda es siempre un asunto de familia... y la ayuda financiera de ambas familias puede ser decisiva en el éxito social de la ocasión, así como en los primeros tiempos del matrimonio, en los que la pareja estará luchando para alcanzar la estabilidad económica y la independencia absoluta. Considere que en toda boda hay una serie de reglas de etiqueta que deben ser observadas, muchas de las cuales han sido impuestas por la tradición, sin que exista justificación lógica alguna para las mismas... sobre todo en lo que se refiere a la forma de compartir los gastos que pueda representar la ceremonia. Por ejemplo:

- Es costumbre que la familia de la novia se haga cargo de los gastos principales de la boda y la recepción. Por ello, una vez tomada la decisión de casarse, la pareja debe sentarse calmadamente y considerar en forma privada los planes y las ilusiones personales que cada uno tiene sobre cómo comenzar su vida en común. ¿Se prefiere una boda íntima, con un número limitado de invitados... o la boda formal, con una corte nupcial espectacular? Para llegar a esta decisión inicial, es imprescindible comenzar a hacer listas con los nombres de todos los posibles invitados, las cuales darán una idea más definida de la importancia que puede tener la ceremonia religiosa y la recepción.

- Una vez confeccionadas esas listas iniciales con los nombres de los posibles invitados, se deben considerar igualmente las posibilidades económicas de los padres de la novia (que costearán la ceremonia y la recepción). Si estas posibilidades son limitadas, la etiqueta actual acepta que los gastos sean compartidos igualmente por los padres del novio, o por el mismo novio (si éste ya ha alcanzado una posición económica desahogada). En ese caso, ambos miembros de la pareja acordarán los gastos que una y otra familia pueden sufragar, así como los ajustes que deberán hacerse a los planes iniciales.

- Pero los novios proponen un presupuesto, y las familias correspondientes deberán aprobarlo, desde luego. En estos casos de gastos compartidos entre el novio y la novia (para la ceremonia y la recepción), lo ideal es que ella presente su lista de gastos a sus padres, mientras que él haga lo mismo con los suyos. De esta manera, ambas familias se sentirán más libres para discutir ampliamente el tema en privado, y proponer ajustes, si se estima que éstos son necesarios para reducir el presupuesto original.

- Una vez que estos detalles preliminares (pero fundamentales) sean aprobados por ambas familias, se procederá a anunciar el compromiso formal de la pareja, así como la fecha que se ha fijado para la boda. El compromiso debe ser anunciado por medio de una fiesta (un cóctel formal, o una reunión familiar... según sea el caso), la cual es ofrecida igualmente por los padres de la futura esposa. Si éstos faltaran (por fallecimiento o ausencia obligada), el anfitrión puede ser un familiar cercano de la misma.

- Los invitados a la ocasión íntima se limitarán al grupo de amigos más allegados y familiares de ambos novios. Ya sea que haga las invitaciones por teléfono, como que envíe nota informal como invitación, no mencione el motivo de la misma. Limítese a invitar para un cóctel, y aclare que simplemente quiere reunir a un grupo de buenos amigos. El elemento sorpresa en estas ocasiones provoca un impacto muy especial... ¡disfrútelo!

■ Desde luego, hay familias que prefieren anunciar el compromiso de matrimonio de sus hijos en una forma más formal, y entonces lo indicado es imprimir tarjetas apropiadas para la ocasión (los impresores tienen modelos de las mismas). Envíe estas tarjetas con dos semanas de anticipación, e incluya el R.S.V.P. de rigor para anticipar el número de invitados que asistirán al cóctel.

■ La hora indicada para un cóctel en el que se va a anunciar un compromiso matrimonial es las siete de la tarde. Duración: un máximo de dos horas.

■ La bebida tradicional que se sirve para brindar por los novios es el Champagne; elija el de mejor calidad que su presupuesto permita, y cerciórese de servirlo en las copas apropiadas.

■ El novio deberá enviarle flores a su prometida la tarde del cóctel. Es un detalle elegante para confirmarle su amor.

■ Es en esta ocasión en la que la novia mostrará por primera vez, en forma oficial, su anillo de compromiso (le ha sido entregado por el novio, en privado, días antes del anuncio del compromiso).

■ Al día siguiente de la fiesta, la familia de la novia enviará a los diarios las fotografías de la novia (tomadas anteriormente en un estudio, en traje de calle), así como información sobre la fecha de la boda. También puede incluir algunos datos, breves, sobre las actividades de ambos miembros de la pareja. Inmediatamente después comenzarán los preparativos para el día de la boda.

SITUACIONES EMBARAZOSAS...

Un compromiso que no debe anunciarse

■ Si uno o ambos miembros de una pareja ha estado casado con anterioridad, y se halla en trámites de divorcio, el compromiso para una nueva boda no debe ser confirmado hasta que estos trámites legales hayan concluido con un divorcio definitivo. Asimismo, en situaciones de viudez reciente de uno o ambos miembros de la pareja, es adecuado esperar seis meses para anunciar el compromiso.

Cómo romper un compromiso

■ Partamos de la premisa que un compromiso matrimonial no debe ser hecho frívolamente, por un impulso... pero tampoco puede ser deshecho a la ligera. Ahora bien, si las bases para iniciar un matrimonio sólido y estable no están fraguadas, es preferible aplazar la confirmación oficial del compromiso... ¡también la boda! Y por negativa que pueda parecerle esta recomendación, es preferible romper una relación cuando ambos miembros de la pareja son aún novios, que tener que recurrir más tarde a un divorcio.

■ Si se encuentra ante la difícil situación de tener que romper un compromiso ya confirmado oficialmente, pero las invitaciones aún están por enviar, limítese a llamar a las personas amigas suyas que asistieron a la fiesta de brindis-por-los-novios, y mencione la situación:

"Los dos hemos estado de acuerdo en que es preferible que rompamos nuestro compromiso... quizás nos dejamos llevar por un entusiasmo inicial que no era real".

No ofrezca más explicaciones; igualmente evada cualquier tipo de pregunta embarazosa que le puedan hacer con respecto a la situación. Un "prefiero no hablar más del tema" es suficiente para detener la curiosidad de la persona más audaz... ¡y las hay!

■ El novio –por su parte– deberá comunicar a sus amistades la decisión tomada por ambos. De nuevo, mientras menos información se ofrezca sobre la situación, mejor.

■ Si las invitaciones ya han sido enviadas, lo correcto es que se impriman tarjetas informando sobre la cancelación del compromiso:

> **Teresita Masvidal Crespo,**
> **y**
> **Arturo Campanari Muñiz**
>
> **han decidido cancelar**
> **su compromiso matrimonial.**

Tampoco se debe ofrecer más información al respecto. Y si comienzan las consabidas llamadas de teléfono de amistades que desean expresarle lo que lamentan la decisión, nuevamente su firmeza para mantenerse hermética es su mayor protección contra situaciones que pueden desencadenar dramáticos excesos sentimentales.

■ En todo momento, evite hacer críticas sobre su ex novio. Recuerde una vez más que el silencio es un arma de guerra... ¡Uselo!

■ Al terminar la relación, daben devolverse los anillos y otras piezas de joyería que los novios hayan intercambiado, así como cartas y otros objetos sentimentales. Apártese de cualquier emoción y esfuércese en ser muy objetiva en una situación de este tipo. Recupere todos los objetos personales que haya podido entregarle a su ex novio y que puedan resultarle comprometedores en un futuro. Este es el momento de resolver situaciones de este tipo, no después.

■ Si ya se han recibidos regalos de boda, los mismos deben ser devueltos (con una tarjeta –escrita a mano– dando las gracias). Recuerde que ya usted envió una tarjeta impresa a cada invitado mencionando la cancelación del compromiso. Fírmela usted, solamente usted; considere que sus vínculos –de todo tipo– con él han terminado.

■ Como los regalos de boda se acumulan generalmente en la casa de la novia, es el deber de ésta hacer las devoluciones... aun los regalos hechos por amigos personales del novio.

Si los novios ya viven juntos...

Sería absurdo que en este **GRAN LIBRO DE ETIQUETA** pretendiéramos ignorar una situación social que es cada día más frecuente: parejas que viven juntos, sin casarse. En los Estados Unidos, solamente, las estadísticas arrojan una cifra de aproximadamente dos millones de parejas no-casadas que comparten un mismo hogar. Se trata de convenios sociales que incumben únicamente a los miembros de la pareja en cuestión, y nuestro propósito no es aprobar o censurar esas relaciones. Pero de cualquier forma, ¿cuáles son las normas de la etiqueta a observar en estos casos?

■ Al presentar a una pareja que vive junta, sin casarse, no es necesario hacer mención de esta circunstancia. Es suficiente decir: "Esta es

Alicia Suárez, y su novio, Jorge Luis Delgado". Si lo prefiere, inclusive puede omitir la aclaración de que se trata de su novio.

■ Tenga en consideración que una pareja que vive junta, aunque no esté casada, constituye ya una entidad social muy similar a la de un matrimonio; el único elemento que falta en la misma es la firma del acta matrimonial que legalizaría la unión. Por lo tanto, si usted va a invitar a uno de los miembros de la pareja (ya sea a cenar, o a pasar unos días en su casa de la playa) deberá extender la invitación a ambos miembros de la pareja.

■ La situación presenta matices diferentes cuando se trate de un almuerzo de negocios, desde luego. A menos que ambos miembros de la pareja estén involucrados en un mismo tipo de actividad profesional (ambos son escritores, se dedican a la Publicidad, etc.) no hay por qué invitarlos a ambos a una ocasión relacionada directamente con el trabajo que solamente uno de ellos realiza.

■ Los casos pueden complicarse más, mucho más. Si uno de los dos miembros de la pareja es casado, y ha abandonado su hogar para vivir con otra persona, la situación social cambia, y entonces no hay por qué aceptar a esta pareja como una entidad social que deba ser considerada en conjunto. Nadie tiene la obligación de tolerar socialmente a una pareja en este caso... aun cuando el cónyuge casado estuviera tramitando ya su divorcio y se hallara en vías de legalizar la nueva situación en la que está involucrado.

■ Asimismo, un individuo casado que mantiene relaciones extramaritales con otro, no debe poner a nadie en una situación embarazosa al sugerir que las invitaciones que se le hacen incluyan a su amante.

■ Cuando los novios viven juntos y comparten una vida social deciden casarse, deben actuar como cualquier otra pareja de novios: sencillamente anunciar el compromiso... formal o informalmente, según sea su preferencia. Es evidente que las despedidas de solteras están de más en situaciones de esta naturaleza.

■ Si la pareja decide no anunciar la boda, y casarse en secreto (o con la participación de un mínimo de familiares y amigos muy íntimos), lo correcto será enviar a todos sus amigos una tarjeta que confirme el matrimonio (vea ilustración).

■ En estos casos de parejas que viven juntas, sin casarse, el tiempo que debe transcurrir entre el anuncio oficial de la boda y ésta deberá ser lo más breve posible: seis u ocho semanas es lo apropiado.

■ Lo correcto es que el matrimonio de una pareja que vive junta, sin casarse, sólo se oficialice legalmente ante un notario público, aunque sí es propio que se publique en los diarios la noticia de la boda notarial, o que se envíen tarjetas con la confirmación del matrimonio a los amigos de ambos miembros de la pareja:

> **Luz María Devrón Childs,**
> **y**
> **Alberto Socarrás Meira,**
>
> **tienen el gusto de confirmar a usted su matrimonio, celebrado en esta ciudad, el 13 de enero de...**

En algunas Iglesias, la boda religiosa también es aceptable para parejas que físicamente han convivido juntas. En estos casos, la novia puede elegir un vestido nupcial informal, corto y sin velo. Los tonos pasteles son preferibles al blanco en estos casos.

LA DESPEDIDA DE SOLTERA

La costumbre de ofrecer una despedida de soltera a la joven que se va a casar se ha convertido ya en una tradición casi imprescindible en la rutina que sigue toda novia en su camino hacia el altar. Se la ofrecen sus amigas íntimas, y el propósito de la misma es habilitarla en una serie de regalos que pueden serle útiles al iniciarse en sus nuevas funciones de ama de casa

Lo usual es que la despedida de soltera sea organizada por la Dama de Honor de la corte nupcial que llevará la novia, o por una de las Damas (si la primera no pudiera asumir la responsabilidad por cualquier motivo justificado)... aproximadamente un mes antes de la fecha fijada para la boda. Evidentemente, es imprescindible que la novia seleccione quiénes van a formar parte de su cortejo nupcial con la anticipación debida.

Antes de iniciar los preparativos de la despedida de soltera, la novia debe ser informada de la intención, y estar de acuerdo con ella. Si diferentes grupos de amigas coinciden en sus propósitos de organizarle diferentes despedidas de soltera, su obligación es informarles acerca de estos planes simultáneos y sugerir que se pongan de acuerdo entre sí para que todas puedan asistir a una misma reunión.

- La hora más apropiada para ofrecer una despedida de soltera es por la tarde, casi siempre a las cinco de la tarde. Pero también hay despedidas de solteras que forman parte de un almuerzo que se ofrece en honor de la novia. Esta situación debe ser consultada por la organizadora del evento con la novia para determinar cuál es su preferencia.

- En todo caso, es correcto que se ofrezcan hasta dos despedidas de soltera para una misma novia... ¡no más!

- Se pueden imprimir invitaciones para la ocasión (si ésta fuera muy formal), pero generalmente se preparan listas con los nombres y teléfonos de todas las amigas a invitar, a las cuales se les llama por teléfono y se les menciona (en ese momento) la contribución monetaria proporcional que deben aportar para cubrir los gastos de la reunión y de un buen regalo en común que generalmente se le hace a la novia.

- Por supuesto, la confirmación de asistencia a la reunión (o declinación) es imprescindible.

- Es apropiado que las amigas íntimas de la novia le pregunten a ésta acerca de los objetos que prefiere recibir como regalos durante su despedida de soltera. De lo contrario existe la posibilidad de que se hagan regalos repetidos, o en colores y estilos que no se integren a la decoración de la nueva residencia de la novia. Recuerde que los regalos en estas ocasiones deben limitarse a objetos y utensilios útiles para el hogar que se va a estrenar, siempre de precios moderados.

- La organizadora de la despedida de soltera recaudará una suma establecida anteriormente, la cual debe cubrir los gastos incurridos para ofrecer la reunión, así como fondos suficientes para hacerle un buen regalo en común a la novia.

- De cualquier forma, las invitadas quedan en la libertad de hacerle regalos personales, los cuales la novia abrirá (¡todos!) delante de ellas.

- Cualquier broma de tipo sexual o insinuación de doble sentido debe ser considerada de pésimo gusto.

- Si por cualquier motivo la boda fuera cancelada, lo correcto es que la novia devuelva todos los regalos que recibió durante su despedida de soltera. Una breve nota explicando que la boda ha sido cancelada es suficiente para que acompañe al regalo devuelto. No es necesario dar más explicaciones; es más, éstas deben ser evitadas.

■ Cuando una amiga invitada a una despedida de soltera no puede asistir a la misma, puede enviar su regalo directamente a la novia, acompañado de una breve nota de disculpa por su ausencia.

■ Se acostumbra a invitar a la madre de la novia y del novio a la despedida de soltera, pero muchas jóvenes prefieren que la reunión se limite a un grupo allegado de amigas y compañeras, con intereses más afines. Las hermanas que tuviere el novio siempre deben ser invitadas.

■ ¡El novio jamás debe asistir a una despedida de soltera!

■ A las mujeres divorciadas o viudas que se casen por segunda vez no se les debe ofrecer este tipo de reunión.

EL NOVIO SE DESPIDE DE SU VIDA DE SOLTERO

Unas noches antes de la fecha señalada para la boda, el novio organiza lo que equivocadamente algunos llaman *despedida de soltero,* aunque el propósito de la ocasión es, en realidad, ése: una cena íntima con sus amigos, entre ellos su Padrino de boda y los hombres que van a formar parte de la corte nupcial.

■ La cena se organiza generalmente en un restaurante, y todos los gastos corren por cuenta del novio. Casi siempre se elige un mismo menú para todos los comensales.

■ Es el novio quien prepara la lista de invitados, a los cuales puede invitar personalmente o por teléfono (casi nunca por medio de invitaciones impresas).

■ Lo usual es que el novio tenga una pequeña atención con su Padrino de boda y con los integrantes de la corte nupcial, y que les haga un regalo para mostrar su agradecimiento por la participación de los mismos en su boda.

■ Durante la cena, se hace un brindis por la novia, preferiblemente con Champagne (no, los vasos no se rompen... como a veces sucede cuando los invitados no conocen las reglas de la etiqueta).

■ Es importante mostrar moderación en el consumo de bebidas en ocasiones de este tipo, ya que con frecuencia lo que debió haber sido una cena íntima se convierte fácilmente en una noche de excesos, muchas veces con consecuencias desagradables.

■ Se estila que la noche de la cena del novio con sus amigos íntimos, la novia igualmente organice una cena similar (es ella quien corre con los gastos que la misma represente). También, lo usual es que durante la cena, la novia haga entrega a su Dama de Honor, y a las demás Damas de la corte nupcial, de un pequeño regalo como recuerdo de la ceremonia.

■ La cena de despedida de los novios no se estila en el caso de personas que se casan por segunda vez.

¿COMO SE PREPARA LA BODA?

Toda boda –por sencilla que sea– debe ser organizada cuidadosamente y con suficiente antelación para tomar en cuenta todos los detalles de la etiqueta y asegurarse de que el evento logre el impacto social que se desea; sólo así es posible que la ocasión llegue a ser inolvidable... la ambición de toda joven que se casa. El primer paso en esa dirección, por lo tanto, debe ser dado por los propios novios:

■ Decidir la magnitud de la ceremonia, siempre de acuerdo con el presupuesto de las respectivas familias. Formar listas con los posibles invitados es un primer paso efectivo para tomar decisiones.

Una vez definido este punto inicial, se procederá a seguir avanzando con los preparativos:

■ Muchas personas prefieren una ceremonia íntima, únicamente con la presencia de algunos familiares y amistades muy allegadas, seguida de una pequeña reunión para brindar por los nuevos cónyuges y cortar la tradicional torta nupcial.

■ En cambio otras prefieren una ceremonia más elaborada, que signifique un verdadero acontecimiento social en el ambiente en que se desenvuelven.

Considere ambas posibilidades, y antes de tomar la decisión, es preciso analizar estas normas de la etiqueta que pueden servir de orientación al hacer todas estas consideraciones:

■ No existe ningún tipo de obligación de invitar a todas las amistades y familiares a la ceremonia nupcial. En este sentido, usted debe ser selectiva y confeccionar una lista con aquellas personas con las que realmente desee compartir ese momento trascendental en su vida.

■ Tampoco es de rigor que se ofrezca una gran recepción a continuación de la ceremonia; un brindis íntimo puede ser suficiente y siempre apropiado.

■ La etiqueta concede la prerrogativa de decidir la categoría de la boda a los novios, y sólo éstos son quienes deben decidir al respecto, sin permitir que las influencias familiares puedan llevarlos a aceptar una situación con la que inicialmente no estuvieron de acuerdo.

■ Tenga presente que la ceremonia nupcial íntima no puede ser considerada como una evidencia de dificultades económicas en una familia, sino del deseo de privacidad de los novios en un momento muy importante en sus respectivas vidas.

PRELIMINARES PARA LA BODA POR LA IGLESIA

■ Una vez que los novios determinen la fecha de la boda, deberán visitar la iglesia en que desean casarse, y consultar con el clérigo sobre todos los detalles de la ceremonia. Este paso debe ser dado antes de imprimir las invitaciones.

■ Si ambos novios pertenecen a la misma religión, y acuden al mismo templo, no tendrán ninguna dificultad en lo concerniente a la ceremonia.

■ Si los novios profesan religiones diferentes –o uno ha estado casado anteriormente, por ejemplo– existirán ciertos requisitos a seguir, los cuales pueden ser mencionados por el religioso en esa primera reunión.

■ También el clérigo debe ser informado sobre la fecha y hora deseada para la ceremonia, la magnitud de la misma, lo que se desea como arreglo floral en la iglesia, y otros detalles pertinentes. Muchas veces –sobre todo en esos meses en que tradicionalmente el número de bodas es mayor– las fechas han sido concedidas previamente a otras parejas que van a casarse, y en estos casos es preciso seleccionar otra fecha. Antes de la reunión con el clérigo, es conveniente fijar varias fechas posibles para la boda, de manera que se pueda elegir la más adecuada durante esa primera reunión de los novios con el clérigo.

■ Tenga presente que quienes profesan la fe católica –lo mismo que en otras religiones– los novios deben acudir a varias sesiones de preparación espiritual antes de la celebración de la boda. También en el templo se hacen varios anuncios públicos referente a la boda, un ritual que es conocido como *correr las amonestaciones*.

■ Todo esto, como es natural, toma tiempo... y es por ello que resulta tan importante comenzar los preparativos para la ceremonia a la mayor brevedad posible, después de haber confirmado la fecha de la boda (según la disponibilidad de la iglesia y la hora elegida).

■ Además de la aprobación religiosa, usualmente es necesario obtener una licencia matrimonial del Estado, y en muchos países se requiere para ello un certificado de salud de ambos novios.

■ Si su boda va a ser una ceremonia exclusivamente civil, toda la información referente a los requisitos necesarios para obtener la licencia matrimonial puede ser obtenida de la oficina del juez o notario que vaya a presidir la ceremonia.

LAS INVITACIONES Y LA LISTA DE LOS INVITADOS

■ Una vez decidida la envergadura que tendrá la boda, se comenzará a compilar la lista de invitados definitivos. Lo ideal es hacer dos listas: una con los invitados de ella, otra con los de él. También es conveniente que los padres de él y ella preparen sus respectivas listas... Hay que tener presente que un evento familiar de esta trascendencia requiere cumplir con ciertos compromisos sociales, con amistades, asociados de negocios, compañeros, etc.

■ Lógicamente, una vez que todas las listas estén confeccionadas, los novios deben comparar una contra otra para eliminar nombres repetidos. Este es el momento de contar el número de invitados y considerar si el mismo está de acuerdo con los planes iniciales en cuanto a la importancia de la ceremonia. Es posible que sea necesario hacer algunos ajustes para mantenerse dentro de los límites acordados en lo que al presupuesto se refiere.

■ Al llegar a este paso final, la lista definitiva de invitados debe dividirse en dos grupos:

(1) En uno se incluirán los nombres de todas las personas que serán invitadas a la ceremonia religiosa y a la recepción que la sigue (las más relacionadas con las respectivas familias); y

(2) en el segundo grupo sólo deberán aparecer los nombres de las personas que únicamente serán invitadas a la ceremonia religiosa.

■ Es absolutamente aceptado por la etiqueta el hecho de que una persona sea invitada únicamente a la ceremonia religiosa, y ello no debe interpretarse como un desaire social o como un rechazo, sino como la evidencia de que existe una relación de amistad, pero que ésta no ha llegado aún al plano de la intimidad.

■ Es conveniente reservar un número de invitaciones para enviarlas a personas amigas (o familiares) que –por vivir en otra ciudad o país– no podrán asistir a la ceremonia. De esta forma estará informándoles acerca del acontecimiento.

■ Tenga presente que es correcto, y usual, enviar invitaciones a asociados profesionales o de negocios de los novios y de sus padres (invítelos únicamente a la ceremonia religiosa).

■ No envíe invitaciones a personas cuyos vínculos de negocios o de amistad no sean muy estrechos (de usted, de su novio, y de sus respectivas familias). Esto daría la impresión de que la invitación tiene como objetivo obligar a la persona invitada a hacer un regalo de bodas.

CUANDO DEBEN SER ENVIADAS LAS INVITACIONES

■ La invitación a la ceremonia de la boda es la única que la etiqueta recomienda que sea enviada con cuatro a seis semanas de anticipación a la ceremonia; las demás invitaciones sólo deben ser enviadas con dos semanas de anticipación al evento.

■ Tenga presente que la impresión de las invitaciones puede tomar algunas semanas, de manera que su visita al impresor no debe ser pospuesta (dos meses antes de la ceremonia es lo aconsejable).

■ Tome igualmente en consideración el tiempo que le llevará preparar todas las invitaciones: obtener las direcciones correctas de todos los invitados, escribir los sobres (siempre a mano), pegar los sellos (con el franqueo correcto), etc.

■ Si por alguna razón la impresión de las invitaciones se retrasa, es conveniente pedirle al impresor que facilite los sobres con anticipación para así adelantar la tarea de escribir las direcciones (puede resultar muy tediosa) mientras se espera que las invitaciones estén listas.

■ ¿Se envían las invitaciones por correos... o se entregan a mano? La etiqueta actual es, nuevamente, flexible en este sentido. En algunos países hispanoamericanos, lo acostumbrado es contratar un servicio de mensajería para que las invitaciones sean entregadas a mano en el domicilio de la persona invitada (el costo de este servicio es más elevado, naturalmente). En otros, es absolutamente aceptado que se envíen por correos.

■ En las invitaciones a personas que asistirán igualmente a la ceremonia religiosa y a la recepción que sigue a la boda, recuerde incluir las iniciales R.S.V.P. También puede imprimir una tarjetita más pequeña, con su sobre, para que la misma sea devuelta por el invitado confirmando su asistencia a la recepción. Compruebe el número de invitados que confirman su asistencia, pero no llame por teléfono a quienes no han tenido la cortesía de responder su R.S.V.P.

■ Las invitaciones enviadas a personas que solamente asistirán a la ceremonia religiosa no deben incluir esta sigla (R. S. V. P.).

EJEMPLOS DE INVITACIONES PARA LA BODA

Modelo de invitación formal para la ceremonia religiosa

Lo acostumbrado es que la invitación para la recepción que sigue a la boda sea impresa en una tarjetita aparte, más pequeña, la cual se incluirá con la invitación de boda de aquellas personas que se desea que participen de la recepción. Es importante que esta tarjeta sea impresa en el mismo tipo de papel de la invitación principal, y que se emplee idéntica tipografía.

Luis Polo Reims   *Fernando Cabrera Vert*
Arminda Serrano Vélez   *Angela Riera Santos*

Tienen el agrado de invitarle a la boda de sus hijos

Santiago y Arminda

que se celebrará el próximo día 28 de agosto, a las 7 de la tarde, en la
Iglesia San Juan de Letrán (Calle San Juan Justo, 4).

R.S.V.P.
26-24-28

La recepción será ofrecida después de la
ceremonia en la residencia de la familia

Polo Reims,

Avenida Central No. 28,
San José.

Modelo de invitación a la recepción:

Si la ceremonia religiosa tiene jugar en una residencia privada, o en un lugar público diferente a una iglesia, lo usual es que la recepción que sigue se ofrezca en el mismo sitio. En ese caso (y sólo en ese caso), la sigla R.S.V.P. deberá incluirse junto al margen izquierdo de la invitación, seguida de la dirección de la familia de la novia. Ejemplo:

R.S.V.P.
Avenida del Alamo Nº 1434,
San José

En este caso, es evidente que todos los asistentes a la ceremonia religiosa están siendo invitados igualmente a la recepción que la sigue.

■ Si todos los invitados a la ceremonia religiosa estuvieran igualmente invitados a la recepción que la sigue, entonces no es necesario incluir la tarjetita-invitación a la recepción. Ejemplo:

Luis Polo Reims   *Fernando Cabrera Vert*
Arminda Serrano Vélez   *Angela Riera Santos*

Tienen el agrado de invitarle a la boda de sus hijos

Santiago y Arminda

que se celebrará el próximo día 28 de agosto, a las 7 de la tarde, en la
Iglesia San Juan de Letrán (Calle San Juan Justo, 4).

Buffet: Restaurante Del lago
Avenida Del Lago, 36
San José.

EL PAPEL Y LOS SOBRES

■ El papel en que se impriman las invitaciones y los sobres (siempre el mismo, en material y color) debe ser de la mejor calidad posible. Considere que la invitación es el preludio a la ceremonia, y la impresión que cause debe estar de acuerdo con la magnitud del evento que se está organizando.

■ El color del papel de las invitaciones debe ser –preferiblemente– blanco; la impresión en negro. Es lo tradicional, lo siempre correcto. Pero también es aceptable hoy un papel en una tonalidad marfil.

■ Lo usual es que se utilicen dos sobres para su envío, pero en la actualidad la etiqueta también admite que se utilice sólo uno... ya sea que se envíen por correos o se entreguen a mano.

■ Si se emplean dos sobres, el sobre interior debe ir abierto (sin goma en el borde). Colóquelo dentro del sobre exterior de manera que quede con el frente hacia el cierre de éste.

LAS DIRECCIONES

- Insistimos en que todas las direcciones en los sobres deben ser escritas a mano, con tinta negra (no azul). Tampoco utilice un bolígrafo ni la máquina de escribir.
- El nombre del destinatario se escribe completo, sin abreviaturas. Ejemplo: Señor Arquímedes Mendicutía y Señora.
- Si la familia del invitado está integrada por varias personas, y todas van a ser invitadas a la ceremonia, agregue la frase y familia junto al nombre del destinatario. Ejemplo: Señor Arquímedes Mendicutía y familia.
- Si en la familia de un invitado hay un hijo (o hija) mayor de 18 años, el mismo debe recibir una invitación aparte. Se considera que la frase "y familia" no incluye a un miembro de la familia que ya es mayor de edad.
- Es muy importante que el sobre exterior de la invitación lleve el nombre del remitente, también escrito a mano.

RESPUESTAS A UNA
INVITACION DE BODA

- Las invitaciones formales para una boda no requieren respuesta por parte del invitado.
- Pero si se incluye una invitación a la recepción después de la ceremonia, en la cual se pide una respuesta (R.S.V.P.), es necesario confirmar (o declinar) la asistencia a la mayor brevedad posible.
- La respuesta debe ser escrita a mano, en una tarjeta apropiada. Siga el siguiente formato:

> El Señor Carlos Alberto Martínez
> y Señora
> tienen el gusto de aceptar
> su amable invitación
> para el viernes 13 de octubre,
> a las ocho de la noche.

■ Si se declina la invitación, la nota debe incluir una excusa:

> El Señor Carlos Alberto Martínez
> y Señora
> lamentan no poder aceptar
> su amable invitación
> para el viernes 13 de octubre,
> a las ocho de la noche,
> debido a que en esa fecha
> se encontrarán fuera de la ciudad.

■ Lo más conveniente para los organizadores de la boda, desde luego, es incluir una tarjeta de respuesta junto con la invitación de boda. En ese caso, sólo hay que anotar una respuesta afirmativa o negativa, y devolver la tarjeta a vuelta de correos.

■ Si la respuesta formal le resulta muy rígida –debido a sus lazos de amistad con quienes le han invitado– es perfectamente aceptable responder con una nota con tono personal. Evite confirmar sus asistencia por teléfono. El motivo: la nota es una comprobación palpable de su asistencia; la llamada puede ser olvidada por la persona encargada de confirmar la asistencia de las listas de invitados.

PLANIFIQUE LA RECEPCION CON TIEMPO

■ Si la recepción va a ser ofrecida en un local especial (o en un restaurante o sala de fiestas), es sumamente importante hacer las reservaciones con suficiente anticipación. En la entrevista inicial, es importante obtener toda la información necesaria acerca de la ubicación que tendrán las mesas, el servicio de comidas y bebidas, la música...

■ Si la recepción va a ser ofrecida en una residencia privada, es igualmente fundamental obtener presupuestos de diferentes empresas dedicadas a dar servicio para recepciones. Una vez que se haya tomado una decisión por una de ellas, obtenga toda la información sobre la ubicación del servicio, la forma en que éste se hará, el número de horas que tomará...

■ La contratación de músicos depende de sus preferencias y de su presupuesto, desde luego.

■ No olvide proporcionar facilidades para el estacionamiento de los automóviles de sus invitados.

EL ANILLO

■ La selección de los anillos de boda es otro detalle que debe atenderse con suficiente tiempo, para que pueda ser grabado antes de la boda.

■ Lo usual es que ambos novios lo elijan juntos (tanto el de ella como el de él).

■ De nuevo, la tradición se impone arbitrariamente en la selección de los anillos: se supone que el de la novia sea de oro blanco (o platino), con uno o más brillantes; el del novio acostumbra a ser un aro más bien sencillo, casi siempre de oro. Pero las costumbres van evolucionando, y es frecuente que estos requisitos no se observen hoy en una forma tan estricta. Permita que su preferencia prevalezca.

■ El interior de ambos anillos se graban con el nombre de ambos novios, así como con la fecha de la boda (primero las iniciales del novio; después las de ella, seguidas por la fecha).

LOS REGALOS

■ Para evitar repeticiones en los regalos de boda y asegurarse de que éstos sean del gusto de ambos novios, la etiqueta actual recomienda que la pareja establezca una lista de regalos pre-seleccionados en una (o más) tiendas locales. Así, quien desee hacer un regalo a los novios, sólo tiene que ir a la tienda y pedir la lista de regalos... de la cual podrá seleccionar un objeto que esté de acuerdo a su gusto y a su presupuesto.

■ Los objetos pre-seleccionados por los novios deberán ser de precios variados, de manera que sus amistades puedan seleccionar entre ellos aquéllos que estén de acuerdo a sus presupuestos.

■ Al recibir una invitación para una boda, es usual que la persona invitada pregunte en qué tienda (o tiendas) la pareja ha pre-seleccionado sus regalos. A veces es preferible preguntar directamente en las dos o tres tiendas más importantes de la ciudad, las cuales pueden ofrecerle igualmente esta información. El registro de regalos se hace bajo el nombre de la novia y del novio, para que puedan ser identificados por sus respectivas amistades.

■ La novia, personalmente, debe llevar un registro de todos los regalos recibidos. Este puede ser un libro de notas, el cual conservará como recuerdo una vez terminada la ceremonia. Cada regalo recibido debe ser anotado inmediatamente en el libro, incluyendo el nombre de la persona que lo envió, la tienda de dónde procede (en caso de que sea preciso devolverlo, por estar dañado o repetido), y una breve descripción del objeto regalado (para evitar confusiones).

■ Después de la boda, los recién casados enviarán a cada persona que les ha hecho un regalo una breve notita de agradecimiento por la atención. Esta notita puede ser impresa, pero los sobres sí deben ser escritos a mano.

■ En el libro de registro de regalos debe anotarse igualmente la fecha en que se envió cada nota de agradecimiento... es una forma de comprobar que se han dado las gracias por todas las atenciones recibidas.

■ En algunos países, se acostumbra que aquellos invitados que no han podido entregar su regalo de bodas con anterioridad a la ceremonia, lo lleven a la recepción. Esto es aceptable... pero sólo en los lugares en donde esta costumbre prevalezca. En general, la etiqueta actual recomienda que los regalos sean entregados en la casa de la novia, anticipadamente (una semana antes es lo aconsejable).

■ De todas formas, prevea la situación que puede ser creada por un regalo rezagado... Para ello es conveniente preparar siempre una mesa-de-regalos en algún lugar del recinto donde se celebre la recepción, donde se irán colocando los presentes recibidos.

■ No, no es correcto abrir los regalos durante la recepción. De esta forma se evita la posibilidad de que se puedan perder las tarjetas que identifican a la persona que ha hecho el regalo.

■ ¿Regalos en efectivo? Es aceptable. Los cheques deben ser expedidos a nombre de la novia y del novio, conjuntamente.

LAS NOTAS DE AGRADECIMIENTO

■ Aún cuando los novios hayan tenido oportunidad de agradecer personalmente los regalos recibidos, deben enviarse notas agradeciendo la atención a cada persona que les haya hecho un presente. Deben ser firmadas por ambos.

■ La tradición sugiere que la novia sea quien escriba estas notas, pero hoy es admisible que esta tarea sea compartida por el novio.

■ Las notas de agradecimiento deben enviarse –por correos– tan pronto como sea posible, siempre antes de que se cumplan tres semanas de la celebración de la boda.

■ Estas notas deben escribirse a mano, en tarjetitas especiales o en fino papel de notas.

■ Al dar las gracias por un regalo en efectivo, no mencione la cantidad recibida. Tampoco es necesario que explique el uso que le dará al dinero recibido.

SI FUERA PRECISO CAMBIAR UN REGALO...

■ Una regla práctica que puede evitar conflictos familiares: ¡No devuelva los regalos que le hayan sido hechos por miembros de su familia, o la de su novio! Aunque no sean totalmente de su gusto (o tenga poco uso para ellos), consérvelos. Evitará de este modo herir susceptibilidades.

■ La pareja, sin embargo, puede cambiar aquellos regalos duplicados que haya recibido de amistades por otros objetos que sean de su preferencia.

■ Pero tenga presente que, al enviar la nota de agradecimiento por el regalo recibido, no deberá mencionar el objeto por el cual ha sido cambiado.

SI LA BODA SE CANCELA...
¿SE DEVUELVEN LOS REGALOS?

■ Si una boda es cancelada, los regalos recibidos deben ser devueltos a las personas que los hicieron. Incluya una breve nota explicatoria, escrita a mano, pero limítese a mencionar que la boda ha sido cancelada, sin aclarar los motivos para ello.

■ Esta es una tarea que usualmente recae sobre la novia, pero ésta debe contar con el apoyo moral del ex novio, sea cual fuese el motivo de la cancelación de la boda. Son compromisos sociales adquiridos por ambos, e igualmente deben quedar solucionados por ambos.

■ Cada uno de los novios es responsable de devolver los regalos recibidos de sus amistades personales.

■ En caso de tratarse de amigos mutuos, la novia es la encargada de hacer las devoluciones.

■ Cuando el regalo ha sido en efectivo, lo apropiado es enviar un cheque personal que acompañe la breve nota explicatoria.

■ Si los regalos en efectivo fueron depositados en una cuenta de banco a nombre de ambos novios, la novia debe notificarle al novio de cada una de las devoluciones por cheque.

■ En el caso en que el efectivo hubiese sido depositado en una cuenta a nombre del novio, éste puede emitir un cheque a nombre de la novia por la cantidad global, para que sea ella quien a su vez haga las devoluciones pertinentes, manteniendo así el control de tan desagradable tarea.

■ Ante una situación en la que los regalos en efectivo hayan sido utilizados antes de la boda, es responsabilidad de ambos ex novios aportar cantidades iguales para cubrir la devolución del efectivo. También pueden llegar a un acuerdo amigable acerca de la responsabilidad de cada uno con respecto al efectivo recibido, según éste haya sido utilizado.

■ Si la boda solamente se pospone, por cualquier razón, no es necesario devolver los regalos.

LAS FOTOGRAFIAS DE LA BODA

■ Como se trata de uno de los recuerdos más imperecederos de la boda, es conveniente obtener los servicios del mejor fotógrafo que su presupuesto le permita afrontar.

■ En una reunión previa a la ceremonia, el fotógrafo orientará a los novios sobre la forma en que se pueden organizar las sesiones fotográficas. Lo más aconsejable es que las fotografías de estudio sean tomadas uno o dos días antes de la ceremonia; de esta forma se evitan tensiones y la posibilidad de demorar la llegada de la novia a la iglesia. Pero hay situaciones muy elaboradas en que esto es prácticamente imposible; en esos casos, organice la visita al estudio unas dos horas antes de la ceremonia... de esta forma, cualquier posibilidad de retraso será mínima.

- Las fotografías de la ceremonia y la recepción deben ser tomadas también por un fotógrafo profesional; considere que se trata de un trabajo difícil y requiere decisiones rápidas para captar todos los ángulos del evento.

- Actualmente hay empresas que se ocupan de captar en video todas las escenas de la boda y la recepción. Requiere una inversión mayor, pero no hay duda de que es un recuerdo de familia que todos van a apreciar. Considere la posibilidad de contratar este servicio, y haga los arreglos correspondientes con la suficiente antelación.

- Son los padres de la novia los encargados de cubrir todos los gastos fotográficos. Un gesto amable –aunque no imprescindible– es solicitar copias de varias fotografías de la ceremonia para obsequiarlas a los familiares del novio... recuerde que él también es parte integral del evento, un detalle fundamental que muchas veces se olvida.

COMO SE COMPARTEN LOS GASTOS...

Los gastos que representa una boda son siempre considerables, por lo que las una vez estrictas reglas de la etiqueta se han visto forzadas a ceder ante realidades inexorables de presupuesto. Así, con frecuencia la totalidad de los gastos relacionados con el evento son compartidos a partes iguales por las familias del novio y la novia. Pero tradicionalmente, cada una de las familias tienen responsabilidades diferentes:

La familia de la novia

- Todos los gastos relacionados con las invitaciones de boda.
- El ajuar de la novia.
- Los trajes de las Damas de Honor y las demás Damas (a menos que éstas mencionen espontáneamente que ellas asumirán esa responsabilidad, lo cual es muy frecuente).
- Las fotografías de estudio, de la ceremonia y la recepción.
- Todos los gastos relacionados con la recepción después de la boda.
- Las flores y decoración para la ceremonia y para la recepción, así

como las flores para las Damas en la corte nupcial (el ramillete de la novia es responsabilidad del novio).

■ El anillo del novio.

■ La música, tanto en la iglesia como en la recepción.

■ El transporte de la novia y su corte nupcial hasta el sitio de la ceremonia; después hasta el lugar donde se ofrece la recepción.

■ Un regalo de bodas sustancial, generalmente el viaje de luna de miel.

La familia del novio

■ Los anillos de la novia, tanto el de compromiso como el de matrimonio.

■ Todos los gastos relacionados con la obtención de la licencia matrimonial.

■ El ramo de la novia, así como las flores para la solapa del novio y demás hombres que puedan participar en la corte nupcial.

■ Los honorarios del notario o clérigo (o ambos), y las propinas a sus asistentes.

■ El viaje de luna de miel... a menos que los padres de ella hayan seleccionado éste como su regalo de bodas.

EL TRAJE DE LA NOVIA

Para una ceremonia formal –en una iglesia, en una residencia, o en un salón especialmente habilitado– la novia lleva un traje largo, usualmente blanco (o con una tonalidad marfil), con un velo de material transparente (tul o encaje). El velo va sujeto a la cabeza con una tiara o por un adorno especial de cabeza. Lo tradicional, y lo más elegante, sigue siendo la tiara.

El traje de novia formal debe observar ciertas normas

■ El escote, conservador.

■ Las mangas: largas (en su lugar pueden llevarse mitones o guantes largos).

■ Los zapatos: blancos (preferiblemente forrados en raso).

- El largo de la cola depende de la preferencia de la novia; cualquier largo es aceptable en la actualidad.

- En una boda informal –tanto en la iglesia como en cualquier otro sitio– la novia puede llevar el traje del color de su preferencia, y del largo que desee. El velo también es opcional.

- En algunas familias tradicionales casi siempre se conserva un traje-de-novias que ha pasado de generación en generación. Quizás la novia quiera considerar la posibilidad de llevarlo (como un gesto sentimental), pero es una decisión de ella... y ningún miembro de la familia puede sentirse ofendido si ella prefiere otro diseño.

- La sencillez es la norma a seguir por toda novia elegante. ¿Joyas? Unos zarcillos (preferiblemente de perlas o brillantes) y un collar que haga juego son suficientes.

- La mujer que se casa por primera vez, y su edad ya pasa de los 35 años, puede llevar el traje-de-novia tradicional, si así lo deseara. Pero quizás prefiera un traje informal, blanco o en alguna tonalidad pastel. En ese caso, no debe llevar corte nupcial, o ésta debe ser mínima.

- Si bien en estos casos es recomendable que la ceremonia sea sencilla, la recepción puede tener la envergadura que se desee.

LAS MADRES DE LOS NOVIOS

- La madre del novio es, por tradición, la Madrina de la boda. Debe vestirse de acuerdo al grado de formalidad de la ceremonia. Si este requisito no pudiera cumplirse, entonces puede ser sustituida por otro miembro de la familia del novio.

- Si la novia lleva traje largo formal, tanto la madre de ella, como la Madrina de la boda, deben llevar trajes largos de noche.

- Si la ceremonia religiosa toma lugar en la mañana, los trajes de las madres de los novios pueden ser más cortos.

- En todo caso, los zapatos y el bolso deben ser de noche.

- También ambas madres deben llevar un adorno de cabeza, elegante, que armonice con el vestido.

- Para una boda informal, por el día, las madres de los novios llevan trajes de calle, con un toque de más vestir en los accesorios.

- En la boda informal, de tarde, el vestido es más largo, más elaborado en su diseño, y confeccionado con una tela de más vestir.

- El escote: no muy exagerado.

- Los zapatos y bolsos: de tarde.
- Ambas madres deben acordar cómo van a vestir en la ceremonia, de manera que sus trajes armonicen en color, estilo, y largo.

LA CORTE NUPCIAL

- El Padrino de la novia es tradicionalmente su padre, quien la acompaña hasta el altar, donde la entrega al novio.
- Si por algún motivo el padre no pudiera ser el Padrino, entonces otro miembro de la familia de la novia puede sustituirlo (un hermano, un tío, por ejemplo).
- La Dama de Honor es usualmente una hermana de la novia; si este requisito no pudiera observarse, entonces el honor corresponde a una amiga íntima.
- Durante la ceremonia de la boda, es la Dama de Honor quien sostiene el ramo de la novia.
- Si la novia no lleva corte nupcial, es la Madrina la encargada de sostenerle el ramo.
- Si la ceremonia religiosa incluye una misa de velaciones, es también la Dama de Honor quien se encarga de colocar el manto sobre los novios, ayudada por la Madrina.
- Las Damas de la Corte nupcial son escogidas entre familiares y amigas de la novia. Si el novio tiene hermanas de edad apropiada, es costumbre que éstas también formen parte de la corte nupcial.
- Las integrantes de la corte nupcial van vestidas iguales, usualmente de colores pasteles.
- La Dama de Honor casi siempre lleva un vestido diferente en color (y a veces en diseño) a los del resto de las integrantes de la corte nupcial, aunque manteniendo siempre un conjunto armónico.
- Los vestidos de las Damas deben ser del mismo largo (o más cortos) que el de la novia.
- También el novio elige su Padrino, generalmente uno de sus hermanos (si los tuviera) o su mejor amigo... aunque algunos novios prefieren conceder este honor a sus padres.
- Tanto el Padrino del novio, como otros miembros masculinos de la corte nupcial, son responsables de su propia ropa. El novio, por tradición, solamente les regala las corbatas y guantes que van a llevar a la ceremonia.

En las bodas elaboradas, el Padrino del novio comparte con él una serie de responsabilidades:

- Es el encargado de asesorar al novio en todos los detalles concernientes a la boda, de manera que todos sean atendidos debidamente.
- Coordina los arreglos relacionados con el vestuario de los otros miembros masculinos de la corte nupcial... horarios para probarse los trajes, diseños de los mismos, lugar donde pueden ser alquilados (si éste fuera el caso).
- Conjuntamente con el novio, su Padrino es el encargado de organizar la cena íntima de despedida; también comprueba que el novio haya adquirido los objetos que entregará como recuerdo de su boda a los hombres que participen en la ceremonia.
- Lleva el control de los horarios para los ensayos de la ceremonia nupcial, y se encarga de que se cumplan determinadas normas de puntualidad.
- Ayuda a vestir al novio el día de la boda.
- Es el Padrino del novio quien entrega al sacerdote el sobre con la donación correspondiente que se hace a la iglesia por los servicios de la ceremonia; también es él quien hace cualquier remuneración pertinente a los monaguillos que oficien durante la boda.
- Es uno de los testigos de la boda.
- Escolta a la Dama de Honor en el desfile nupcial de retirada.
- Ayuda al novio en todos los arreglos necesarios para la luna de miel (equipaje, reservaciones, transporte hasta el aeropuerto o muelle, etc.).
- Durante la recepción, es también el Padrino del novio quien hace el primer brindis por la felicidad de la pareja recién casada.
- Sus responsabilidades terminan una vez que los novios se despiden de los invitados a la recepción y comienzan su luna de miel.

Además, considere:

- En algunas bodas muy elaboradas, la corte nupcial está integrada también por hombres (en número igual al de las Damas)... los llamados Pajes. Estos acompañantes masculinos son escogidos entre los familiares y amigos del novio, además de un hermano (o hermanos) de la novia.

■ Si en la corte nupcial hay una Dama de Honor, el mejor amigo del novio le servirá de pareja a ésta.

COMO VISTEN EL NOVIO Y LOS PADRINOS

■ La indumentaria del novio, de los Padrinos, y de los integrantes masculinos que pudiera llevar la corte nupcial, es determinado por el tipo de vestido que lleve la novia. Es ella quien marca –en todo momento– la pauta de la boda. Así, si el traje de la novia es formal, tanto el del novio, como el de los Padrinos y acompañantes de la corte nupcial, vestirán de etiqueta.

■ Para una boda formal, de día, el traje de etiqueta es el *chaquet* (negro o gris), con pantalones a rayas grises, chaleco gris, y camisa blanca de etiqueta.

■ Para una boda formal, de tarde (a partir de las seis de la tarde), el traje de etiqueta es el *frac*.

■ En la boda informal, de día, se lleva un traje oscuro (negro, azul o gris), preferiblemente con chaleco y camisa blanca.

■ El traje para la boda informal, de noche, es el *smoking*... si la novia lleva vestido largo. Si el vestido de la novia es corto, el novio y los Padrinos deben vestir en el mismo estilo que en la boda informal del día (traje oscuro con chaleco y camisa blanca).

Variaciones

Actualmente, las reglas de la etiqueta –en lo que se refiere a la ropa que llevan los hombres a una boda– son muy flexibles:

■ El novio puede llevar un traje de etiqueta de un color, mientras que los Padrinos y los Pajes integrantes de la corte nupcial lo llevan de otro tono.

■ También puede presentarse el caso en el que el novio y los Padrinos lleven trajes de etiqueta de distintos colores, y que los hombres integrantes de la corte nupcial vistan trajes oscuros, de calle. En estas situaciones, es imprescindible que todos elijan el mismo color, para mantener la uniformidad del conjunto.

■ Si la corte nupcial incluye un niño para llevar los anillos, éste va vestido con un traje azul oscuro (estilo Eton, si es invierno), o de hilo blanco (si es en verano).

■ Este niño lleva unos anillos sobre un pequeño cojín satinado, y en muchas ocasiones los verdaderos anillos los tiene el novio en todo momento.

■ También la corte nupcial puede incluir una o dos niñas pequeñas, que irán esparciendo pétalos de flores al paso de la novia por la senda nupcial.

■ Los vestidos de estas niñas pueden ser largos, en un estilo similar al de las Damas de la corte nupcial; también pueden ser vestidos cortos que armonicen en color y diseño con el que llevan las Damas.

LA PROCESION

Cuando se avisa la llegada de la novia a la iglesia (comienzan a sonar los acordes de la marcha nupcial de Lohengrín en el órgano), el novio y la Madrina toman sus puestos a la derecha del altar (según se entra), y se ubican mirando hacia la puerta principal de la iglesia; la Madrina queda a la izquierda del novio.

La corte nupcial precede a la entrada de la novia

■ Primeramente los Pajes (si los hubiera), ubicados según su estatura... los de estatura menor delante.

■ Después entran las Damas, seguidas por el niño que lleva los anillos.

■ La Dama de Honor.

■ Les siguen las niñas.

■ Al final entra la novia, tomada del brazo derecho de su Padrino.

■ Al llegar al altar, la corte nupcial se va colocando a ambos lados del mismo.

■ La Dama de Honor se sitúa frente al altar, del lado izquierdo (siempre mirando hacia la puerta principal de la iglesia).

■ Cuando la novia y su Padrino llegan al altar, éste toma la mano con el cual la novia sujeta su brazo, y la guía en dirección hacia el novio (quien la aguarda).

■ Este a su vez se aproxima a ella y le ofrece su brazo para guiarla hasta el altar.

Una vez terminada la ceremonia

■ La novia toma del brazo al novio, y juntos emprenden el desfile hacia la salida de la iglesia. (El beso no es una tradición, sino una costumbre más bien reciente; no es imprescindible). Detrás les siguen las niñas, y el niño. A continuación la Dama de Honor, escoltada por el Padrino del novio; seguida de las otras Damas de la corte nupcial, escoltadas por los Pajes (si los hubiera).

■ Los movimientos de entrada y salida de la iglesia, así como la ubicación de cada uno de ellos durante la ceremonia, deben ser ensayados un mínimo de dos veces antes de la boda (el Padrino del novio es el encargado de avisar a todos sobre fechas y horarios). Al final de cada sesión de ensayos, es costumbre que los novios inviten a los participantes a una cena, cóctel o *buffet* informal (generalmente en la casa de la novia).

LOS ASISTENTES A LA BODA

■ Las mujeres invitadas a una boda deben evitar los vestidos muy ceñidos o con escotes exagerados.

■ Tampoco deben llevar vestidos blancos, los cuales podrían competir con el de la novia. Es una norma de cortesía elemental.

■ Los hombres invitados a una boda –formal o informal– deben llevar trajes de calle, siempre de color oscuro (excepto en países tropicales, y en días de mucho calor).

■ Si se trata de una boda de tarde –después de las seis de la tarde, de estricta etiqueta, en la que el novio y los demás hombres de la corte nupcial vistan de *frac*– entonces lo correcto es que los invitados vistan de *smoking*.

■ En este tipo de boda formalísima, puede llevarse el *smoking* de chaqueta blanca, durante el verano o en sitios donde haga mucho calor.

■ Los hombres invitados no deben llevar flores en el ojal; este privilegio se reserva para el novio, el Padrino, y los hombres que pudieran formar parte de la corte nupcial.

■ La tradición sugiere que las personas invitadas por la novia, y por sus familiares, se sienten al lado izquierdo de la senda nupcial (vista desde la entrada a la iglesia). Los invitados del novio y sus familiares se sentarán a la derecha. Desde luego, esta costumbre no es siempre

PROCESION DE ENTRADA A LA IGLESIA

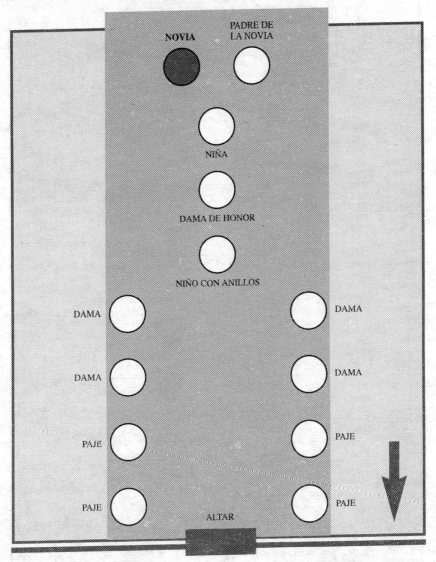

MADRINA

NOVIO

SACERDOTE

POSICIONES EN EL ALTAR

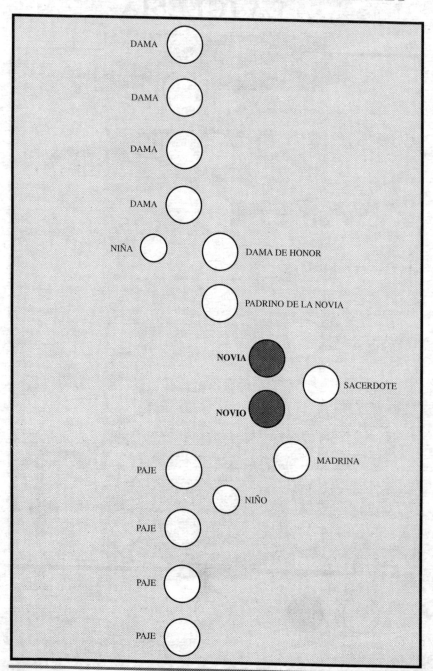

PROCESION DE RETIRADA DE LA IGLESIA

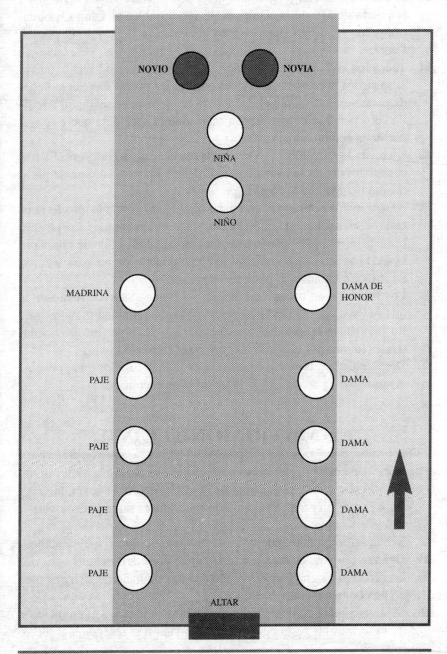

observada, y con respecto a ella debe mantenerse la mayor flexibilidad posible.

■ El padre del novio, y otros familiares de él, reciben a los invitados a la puerta de la iglesia. Después de intercambiar el saludo habitual (muy breve), deben sugerirles en qué sección de la iglesia pueden sentarse.

■ Todos los invitados deben ponerse de pie y voltearse hacia la puerta al sonar los primeros acordes del órgano, los cuales indican la llegada de la novia. Durante el resto de la ceremonia, se sentarán, arrodillarán o pondrán de pie (según mencione el sacerdote que esté oficiando la ceremonia).

■ Un invitado no-católico, en una boda católica, no necesita arrodillarse cuando los demás lo hacen... pero sí debe sentarse y ponerse de pie al mismo tiempo que los demás presentes.

■ Al terminar la ceremonia, el órgano comenzará a tocar la marcha nupcial (de Mendelssohn, en este caso) y los recién casados se volverán hacia la puerta de la iglesia para dar comienzo al desfile de salida por la senda nupcial. Los invitados deberán ponerse de pie para felicitar a los recién casados, al pasar éstos por su lado.

■ Los invitados no deben –en ningún momento– salir al pasillo de la iglesia (hasta que el desfile completo no haya terminado). Asimismo, los invitados siempre deben abandonar la iglesia por los pasillos laterales (nunca por el pasillo central o senda de los novios).

■ Después de la ceremonia de la boda, los recién casados toman (solos) el automóvil, y se dirigen al lugar de la recepción.

EL MATRIMONIO CIVIL

Para una boda civil –celebrada en el juzgado o en el despacho de un notario– el novio debe llevar un traje de calle oscuro; la novia un vestido más o menos elegante, de largo normal... ¡nunca un traje de novia!

■ Si ella así lo prefiere, puede llevar un ramo de flores, muy sencillo.
■ Durante este tipo de ceremonia, la pareja no se arrodilla.
■ La ceremonia debe incluir un número determinado de testigos, pero no una corte nupcial.
■ Si la ceremonia civil se celebra en la casa de la novia, o en un salón de fiestas, es un gesto de amabilidad invitar a la recepción al juez o

Notario (y a su esposa) que ha oficiado en la ceremonia.

- En una boda civil –celebrada en un salón de fiestas, o en una residencia– dependiendo del espacio disponible y del número de invitados, la novia puede llevar desde un traje de boda tradicional hasta un simple traje de calle.
- El novio vestirá siempre de acuerdo al estilo del traje de la novia.

LA RECEPCION

- El tipo de recepción a ofrecer después de la boda depende de la preferencia de los novios, y de sus posibilidades económicas. Lo único que es realmente esencial es la torta de bodas, y unas botellas de Champagne para brindar por la felicidad de los novios.
- Partiendo de esas consideraciones, existen toda clase de posibilidades para la recepción: desde la reunión íntima hasta la fiesta más elegante y exclusiva.

LA RECEPCION EN LA CASA

Por simple que sea, la recepción después de la boda siempre necesita cierta organización:

- Si se hace en una residencia particular, alguien tiene que ocuparse de la decoración y las flores, ordenar la torta de bodas y demás comestibles, así como aprovisionar el bar con las bebidas más solicitadas.
- También es imprescindible asegurarse de que hayan suficientes platos, cubiertos, y copas para todos los invitados... y algún tipo de música, si así se desea.
- La madre y demás familiares de la novia son quienes usualmente se ocupan de la organización y dirección de la recepción. Antes de la boda, la novia estará demasiado ocupada con los detalles de la ceremonia, y durante la recepción sólo le alcanzará el tiempo para recibir a los invitados y posar para las fotografías.
- Una excelente idea consiste en preparar una mesa larga, cubierta con un elegante mantel (blanco o de color natural, y decorado con flores frescas). En ella se colocará el *buffet;* y en el centro de la misma, la

torta de bodas.

■ Es importante dejar suficiente espacio detrás de la mesa, para que los novios puedan ser fotografiados desde el frente de la misma al cortar la torta y hacer el brindis tradicional.

■ El arreglo para sentar a los invitados, puede ser similar al de una cena *buffet* (vea la página 106).

¿SALON DE BODAS... 0 RESTAURANTE?

■ Cuando se celebra la recepción en un sitio con servicio especializado para ello, se tiene la ventaja de la ayuda y asesoría de expertos; no hay duda de que esto ayuda, ¡mucho!

■ Estos especialistas le ayudarán a planificar la forma de utilizar el espacio, la ubicación de los invitados, y la decoración más apropiada.

■ Las comidas y bebidas que se vayan a ofrecer, dependerán de la hora y el tipo de la recepción que usted prefiera... ya sea un desayuno, un *buffet* simple, o una cena formal.

LA LINEA DE RECIBO

■ En las recepciones más formales, los novios y sus familiares más cercanos forman una línea de recibo cerca de la entrada. Esto permite saludar a todos los invitados, a medida que éstos van llegando a la recepción (vea la ilustración en la página opuesta).

■ A la cabeza de la línea de recibo, se coloca la madre de la novia, en su papel de anfitriona.

■ A su lado va el padre del novio, seguido en orden por la madre del novio, el padre de la novia, la novia, el novio, y la Dama de Honor.

■ Los hermanos y hermanas de los novios, si no son demasiado jóvenes, también pueden formar la línea de recibo (pero esta norma no es imprescindible, y está desapareciendo).

■ Al felicitar y saludar a los miembros de la línea de recibo, cada invitado intercambiará sólo unas breves palabras con cada uno. Es de poca consideración paralizar la entrada de los demás invitados con una charla interminable.

■ Cuando ya los recién casados y sus familiares se hayan reunido con el grupo de invitados en el salón, no trate de monopolizar su atención.

Recuerde que hay muchas otras personas que quieren hablarles... ¡compártalos!

EL RAMO DE LA NOVIA...
¿QUIEN LO TOMA?

■ Cuando la novia se disponga a retirarse para cambiarse de ropa e iniciar su viaje de luna de miel, la tradición requiere que todas las mujeres solteras se reúnan junto a ella, y todas traten de alcanzar el ramo de novia que ella lanzará (siempre al aire, nunca en una dirección determinada para favorecer a una amiga íntima). Se dice que quien lo atrape, será la próxima en casarse.

■ Generalmente, la novia se coloca de espaldas al grupo y lanza el ramo por encima de su hombro. Antes de lanzar el ramo, muchas novias arrancan una flor del mismo para guardarla de recuerdo.

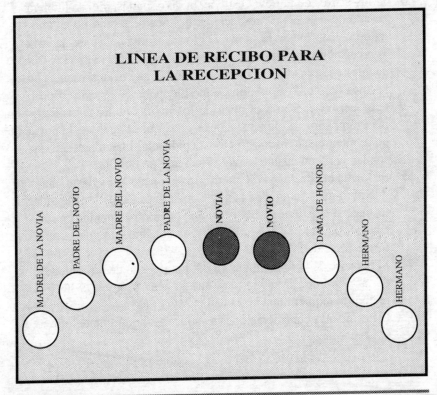

LINEA DE RECIBO PARA LA RECEPCION

MADRE DE LA NOVIA — PADRE DEL NOVIO — MADRE DEL NOVIO — PADRE DE LA NOVIA — NOVIA — NOVIO — DAMA DE HONOR — HERMANO — HERMANO

¿QUE HACER ANTE ESAS SITUACIONES ESPECIALES?

- Si los padres de la novia (o del novio) están legalmente separados, el día de la ceremonia nupcial deben dejar a un lado sus conflictos personales y comportarse socialmente como una pareja estable y unida... tanto en la iglesia, como en la recepción, en la cual ambos deberán asumir sus posiciones de anfitriones de la ocasión y ocupar los lugares indicados en la línea de recibo (vea la ilustración en la página anterior).

- Esta misma regla de la etiqueta actual se aplica en el caso en que los padres de la novia estén divorciados.

- Si los padres de la novia estuvieran divorciados, y él se hubiera casado de nuevo, su presencia en la línea de recibo no es obligatoria... sobre todo si su nueva esposa es una de las invitadas a la recepción (una situación que hoy en día es cada vez más frecuente). Si la madre se hubiera casado de nuevo, su presencia en la línea de recibo sí es imprescindible, pero su segundo esposo debe permanecer con el resto de los invitados. En estos casos más complejos, la etiqueta aconseja hoy que el padre de la novia no se integre a la línea de recibo, debido a la situación difícil que se plantearía en cuanto a quién es el jefe de familia.

- Si la madre de la novia fuera viuda, puede ser ella el único miembro de la familia de la novia en la línea de recibo. De todas formas, si existiera un hermano mayor (u otro miembro importante de la familia más allegada), es conveniente que también forme parte de la línea de recibo.

- Si el padre de la novia fuera viudo, no necesita de otro miembro de la familia de la novia para que lo acompañe en la línea de recibo (ni siquiera una hija mayor).

- Estas mismas consideraciones se aplican a la familia del novio.

LAS FOTOGRAFIAS

■ Si se contrata a un fotógrafo para captar los momentos importantes de la recepción, menciónele aquéllos que tienen un significado especial para usted; por ejemplo, el primer baile de los recién casados. Aunque la mayoría de estos fotógrafos están familiarizados con los momentos más importantes en este tipo de evento, siempre es conveniente señalarle las personas que por su parentesco o amistad con los recién casados, deben ser fotografiados... ¡imprescindiblemente!

■ Si algún invitado desea una fotografía de recuerdo, debe dirigirse directamente al fotógrafo, para solicitar de éste un duplicado de la misma. En este caso, es el invitado quien paga por su propia fotografía.

LA TORTA DE BODAS

■ Al final de la recepción, los recién casados cortan la tradicional torta nupcial. Generalmente se utiliza una paleta de plata (decorada en cintas de satén blanco) para servir el pastel.

■ La novia –de pie a la izquierda del novio– toma la paleta en su mano; el novio coloca su mano sobre la de ella. Así cortan la primera porción de la torta, la cual comparten al probarla. El Padrino del novio se ubica a la izquierda de la novia, y es él quien hace el brindis por la felicidad de los recién casados.

■ El resto de la torta es cortado por algún familiar (o un camarero); inmediatamente será servida a los invitados.

■ Cuando la torta de bodas tiene varios niveles, el piso superior, que usualmente va decorado con la tradicional pareja de novios, se separa y se guarda,... una vez que los novios hayan cortado la primera porción. Después les será entregada (directamente a ellos, o a un familiar), como recuerdo.

■ Solamente los recién casados y los miembros de la corte nupcial se deben sentar a la mesa preparada especialmente para los recién casados (decorada con flores blancas y, como centro, el pastel de bodas).

■ La Dama de Honor se sitúa a la derecha del novio.

■ Los camareros que atiendan la mesa nupcial deben servir primeramente a la novia, tan pronto se haga el primer brindis con Champagne.

Aunque cada día son más frecuentes los segundos (y hasta terceros o más) matrimonios, existen diferencias trascendentales entre la primera boda y las subsiguientes.

La novia es quien determina...

■ El factor determinante en si una boda constituye o no un segundo matrimonio, es el estado civil de la novia. Aunque el hombre se haya casado más de una vez, si es la primera boda para su novia, ésta tiene el derecho a celebrar una boda con todas las formalidades de rigor.

■ Sin embargo, una mujer que ha estado casada anteriormente –no importa cuánto tiempo haya transcurrido desde su primer matrimonio, ni cuán breve éste haya sido– y decide casarse de nuevo, deberá observar las reglas que la etiqueta estipula actualmente para los segundos matrimonios.

■ Aun en caso de una anulación matrimonial, aunque legalmente se considere que ella nunca se ha casado, las reglas sociales son muy estrictas en esta situación. Por lo tanto, al casarse de nuevo debe hacerlo con la mayor discreción posible y en una ceremonia regida por la sencillez y la informalidad.

LOS SEGUNDOS (Y SUBSIGUIENTES) MATRIMONIOS...

COMPROMISO DE BODA-POR-SEGUNDA-VEZ

■ Debido a la sencillez e informalidad que deben gobernar este tipo de ceremonia, los preparativos para la misma son poco complicados. El compromiso –en estos casos– o no se anuncia formalmente, o se deja saber unos días antes de la ceremonia matrimonial.

■ Es de pésimo gusto anunciar un próximo matrimonio, mientras uno de los miembros de la pareja en cuestión aún se encuentra involucrado en el proceso de divorcio de su cónyuge anterior.

■ Al casarse-por-segunda-vez, no se hacen despedidas de solteras. Sin embargo, es usual que un grupo de amigas íntimas desee agasajar a la novia con una reunión, e incluso las amistades de la pareja pueden ofrecer una cena informal en honor de los futuros contrayentes.

■ Las invitaciones para una segunda boda son, usualmente, menos formales que las que se envían para un primer matrimonio.

■ Si el grupo de invitados es pequeño, una invitación hecha en persona, o por teléfono, es suficiente.

■ También es costumbre en algunos países imprimir lo que se conoce con el nombre de *participaciones*... unas pequeñas tarjetas en las que se informa a los familiares y amistades del cambio de estado civil entre ambos miembros de la pareja.

■ Si se le va a dar una importancia especial a la recepción, entonces pueden imprimirse invitaciones especiales para la ocasión. En este caso, envíelas con dos semanas de anticipación (no las cinco semanas sugeridas para una primera boda).

■ Cuando la novia es aún muy joven, la invitación puede estar encabezada por los padres de la misma. Ejemplo:

El Señor Sergio Cabrera y la
Señora Dinorah Prieto de Cabrera
tienen el honor de invitar a usted
a la recepción de boda de su hija
Olga con el señor Jorge Gutiérrez,
el sábado seis de mayo,
a las siete p.m., en el Hotel Ritz.

■ Esta invitación puede o no seguir el estricto formato de las invitaciones para una primera boda.

■ Una pareja madura envía la invitación en su propio nombre. Ejemplo:

La Señora Olga Elena Mijares y el
Señor José Luis Pineda,
tienen el honor de invitar a usted a su boda,
que se celebrará
el sábado seis de mayo a las siete p.m.
en el Hotel Continental.

LOS REGALOS

■ Una mujer que se casa por segunda vez –ya sea viuda o divorciada– no debe esperar recibir muchos regalos de bodas. Generalmente éstos se limitan a los de familiares y amistades muy allegadas.

■ Si el novio no ha estado casado antes, sus amigos y familiares probablemente enviarán regalos a la pareja. Pero si también se trata de un segundo (o tercer) matrimonio para el novio, los familiares y amigos del mismo no están obligados a hacerle regalos... aunque la novia nunca se haya casado anteriormente.

LA SEGUNDA BODA POR LA IGLESIA

■ Una segunda boda por la iglesia, no lleva corte nupcial.

■ Sólo los testigos se colocarán junto a los novios durante la ceremonia religiosa.

■ En muchas ocasiones, la ceremonia religiosa se celebrará en forma íntima, estando presentes únicamente los novios y sus testigos. También pueden acompañarlos un pequeño grupo de amistades muy allegadas.

■ El resto de los familiares y amistades serán invitados únicamente a la recepción.

■ Lo indicado para una segunda boda por la iglesia es que la misma se celebre uno o más días antes de la recepción.

■ Para la ceremonia de la boda, la novia puede ir vestida como desee, según la hora y el lugar en que se celebre la misma. Lo único que no se estila es llevar el clásico traje largo de novia; tampoco se acepta el velo en estas ocasiones. Lo más apropiado es un sencillo traje de dos piezas, aunque se acepta también un elegante vestido largo (de cualquier color, excepto blanco, negro, o rojo brillante).

■ Si así lo prefiere, la novia puede llevar un ramo de flores en la mano, pero éste debe ser pequeño y sencillo.

■ El traje del novio debe ir de acuerdo con el grado de formalidad del vestido de la novia, siempre.

■ Los invitados irán vestidos de acuerdo con la hora y la categoría de la boda.

■ Durante la ceremonia puede interpretarse algún tipo de música, pero nunca las marchas nupciales tradicionales.

■ Los hijos de anteriores matrimonios de ambos cónyuges deben estar presentes en la ceremonia; al menos deben asistir a la recepción. La invitación a los mismos debe ser hecha directamente por el padre respectivo, y en ninguna forma se debe ejercer presión para lograr la asistencia al evento.

■ Los detalles tradicionales (como lanzar el ramo de novia, o arrojar arroz sobre los novios) no deben observarse en una segunda boda.

■ La torta de bodas, si la hubiere, no debe llevar la decoración tradicional; su cubierta tampoco debe ser blanca (es preferible un tono pastel).

■ Si dos ex cónyuges deciden volver a casarse, su nueva boda debe celebrarse en la más estricta intimidad. El hecho de unirse de nuevo en matrimonio simbolizará que nunca ha existido una separación entre ellos, y éste es el motivo por el cual muchas parejas en esta situación celebran su aniversario de bodas en la fecha en que originalmente se casaron.

LOS ANIVERSARIOS DE BODA

■ ¿Una fiesta de aniversario? Ello depende de la preferencia de cada pareja. Actualmente, muchas parejas prefieren celebrar sus aniversarios de una manera sencilla: intercambiando algún regalo y cenando (solos, o con un grupo de amigos íntimos) en un buen restaurante.

■ Desde luego, ciertos aniversarios requieren otro tipo de celebración social casi obligada: diez años, veinte años, veinticinco años, y cincuenta años de casados.

■ Una fiesta de aniversario puede ser organizada por la propia pareja, o por amigos íntimos de ésta.

■ Es tradicional –y una muestra elegante de atención– que el hombre envíe un ramo de flores a su esposa en este día señalado

■ Las grandes celebraciones de aniversarios se reservan, desde luego, para el vigésimoquinto y quincuagésimo aniversario. Si la ocasión es celebrada de una manera formal, es importante enviar invitaciones formales, y aclarar que los invitados deben vestir de etiqueta.

■ Pero también la celebración puede ser informal, y en este caso una invitación por teléfono –o mediante una nota, escrita a mano– es aceptable.

LOS REGALOS DE ANIVERSARIO

■ Los invitados a una fiesta de aniversario no están obligados a enviar regalos, tanto si asisten como si declinan la invitación. No obstante –a menos que la invitación expresamente solicite que no se envíen presentes– es un gesto agradable hacer algún regalo... especialmente si éste se relaciona con el símbolo del aniversario que se trata.

■ Las flores siempre son bien recibidas, lo mismo que una caja (o cesta) con buenos vinos.

LA ETIQUETA DEL CHAMPAGNE

El Champagne es la más romántica de todas las bebidas, el único vino que es compatible con cualquier tipo de comida... y el ideal para servir en una boda o celebración especial. Su proceso fue mejorado por el monje benedictino Dom Pierre Perignón (a finales del siglo XVII; al beberlo por primera vez exclamó "¡Estoy bebiendo las estrellas!"), y perfeccionado más tarde por la Viuda de Clicquot, una mujer extraordinaria que se adelantó a su época y quien concibió el método de rotar e inclinar al mismo tiempo las botellas que contenían el vino para eliminar los residuos naturales al final del tiempo de envejecimiento en las cavas. Este proceso de Clicquot es llamado *remuage,* y actualmente es seguido por todas las firmas que elaboran Champagne en Francia (en la región de la Champagne, cerca de París).

La Viuda Clicquot, desde luego, fue una pionera en la industria (comenzó a vender Champagne a partir de 1810), y sus sucesores aún operan con el mismo esmero la firma Veuve Clicquot-Ponsardin, de gran prestigio internacional, cuyo Champagne La Grande Dame –al igual que su Brut Etiqueta Amarilla– son favoritos de los conocedores internacionales.

■ Es importante enfatizar que el Champagne legítimo es elaborado únicamente en una pequeña zona de la región de la Champagne (Francia), con uvas especiales *pinot noir, pinot meunier* (ambas negras) y *pinot chardonnay* (blancas) y siguiendo un método conocido con el nombre de *methode champenoise,* que toma entre dos y seis años. Otros vinos elaborados en otras regiones del mundo, y que son embotellados con el nombre de *champagne,* están violando las regulaciones establecidas con respecto a la producción del Champagne; su calidad, desde luego, no es la misma.

Según el *método champenoise,* el Champagne es creado en la misma botella en la que es servido:

(**1**) En el otoño del hemisferio Norte, las uvas son recogidas, prensadas y convertidas en mostos. El zumo que resulta de las dos primeras prensadas constituye la base para los grandes Champagnes; el resto se utiliza en la elaboración de Champagnes de menos categoría. Después de recogerse en cubas de acero inoxidable o de cemento vitrificado, son inmediatamente transferidos a otras cubas de acero inoxidable. En ellas permanece por unas doce horas, teniendo lugar entonces la primera fermentación.

(**2**) Después de varios meses, el vino logra la pureza deseada, y se compone lo que recibe el nombre de *cuvee...* se seleccionan vinos que provienen exclusivamente de un área determinada *(cru),* con el objetivo de llegar a una armonía de varios *crus* diferentes.

(**3**) Inmediatamente después del Año Nuevo, los especialistas de cada casa elaboradora de Champagne comienzan a probar los vinos de distintos viñedos hasta encontrar la combinación (o *assemblage*) que corresponda al vino de la Casa que se elabora año tras año.

(**4**) Si la temporada no fuera muy buena, se integran a la combinación (o *cuvee*) los vinos de las vendimias anteriores, obteniéndose así un vino que conserva su personalidad y las características de la firma que elabora el Champagne.

(**5**) Después las botellas de Champagne se bajan a las bodegas y se produce entonces una segunda fermentación, mucho más lenta que la primera. Los fermentos ejercen su acción en el azúcar que ha quedado en el vino y lo transforman en alcohol y gas carbónico. Ese gas quedará en la botella, produciéndose así esa efervescencia que es característica del Champagne.

(**6**) Las botellas reposan –en las bodegas, a temperatura sobre los

10ºC– por un período de unos años (entre dos y cinco). Unos meses antes de ser distribuido entre los clientes en el mundo entero comienza el proceso de rotación de las botellas (hecho a mano), durante el cual todos los sedimentos quedan acumulados en el cuello de la botella, junto al corcho (se estima que un empleado entrenado es capaz de mover 30,000 botellas diarias).

(7) Durante el proceso –llamado de *desatasque (degorgement)*– se eliminan estos sedimentos; finalmente se inserta el corcho definitivo y se deja reposar la botella hasta que el Champagne esté listo para su distribución.

LOS DIFERENTES TIPOS
DE CHAMPAGNE

- **BRUT.** Es un Champagne seco, ideal para acompañar cualquier comida. También es excelente como aperitivo.
- **EXTRA DRY.** Es menos seco que el **Brut**.
- **DEMI-SEC.** Se trata de un Champagne dulce, que puede ser bebido por sí solo o con el postre.
- **BLANC DE BLANCS.** Es el Champagne en cuya composición sólo se utilizan uvas blancas.
- **CHAMPAGNE ROSE.** En su composición se incorpora vino tinto de Champagne.

- La etiqueta de cada botella especifica el tipo de Champagne, y a veces el año de la cosecha, un dato muy importante que es fundamental para los conocedores de Champagne.
- Además, las grandes casas que elaboran Champagne producen en cantidades limitadas una *cuvee de prestigio,* siempre de un año de cosecha, la cual es presentada en una botella especial. En el caso de la firma **Veuve Clicquot-Ponsardin** se trata del exquisito **Grande Dame**.

COMO SERVIR EL CHAMPAGNE

- Según la mitología griega, la primera copa de Champagne fue modelada siguiendo la forma del seno de Elena de Troya. La forma actual de las copas de Champagne es similar a la del tulipán... ligeramente abierta en su cuerpo y cerrada en su parte superior, de manera que el aroma único de este vino no se escape.

■ Al descorchar la botella, evite el sonido espectacular y el derrame de la bebida... ¡pierde mucho de su efervescencia! Siga estas reglas fáciles:

(1) Sujete la botella con una mano, y con la otra elimine la cápsula de metal o papel que protege el corcho.

(2) Desatornille el alambre que sujeta el corcho (haciéndolo resistir a la presión del Champagne).

(3) Coloque su dedo pulgar sobre el corcho, para evitar que pueda saltar inesperadamente.

(4) Cubra el corcho con una servilleta (o paño), incline la botella hasta formar un ángulo de unos 45 grados, y haga girar la botella (no el corcho).

(5) Tire de la botella ligeramente hacia abajo, de manera que usted pueda controlar el corcho y reducir lentamente la presión interna en la botella.

(6) Una vez eliminado el corcho, mantenga la botella en ese mismo ángulo para evitar que el Champagne se derrame. Pasados unos segundos, ya puede enderezar la botella, lentamente.

(7) Limpie el borde de la botella.

(8) Para servir, sujete la botella por la parte inferior de la misma, de manera que su fondo descanse en la palma de su mano. Jamás cubra la botella con una servilleta; la etiqueta debe verse en todo momento. Considere que es el certificado de garantía de un auténtico Champagne.

(9) Vierta solamente unos centímetros de Champagne en cada copa, de manera que no se derrame con su efervescencia natural. Una vez reposado, sirva el resto.

(10) Hágalo probar primeramente por la persona que hace el brindis.

■ El Champagne se sirve frío (si no se sirve a la temperatura adecuada, unos 8° ó 12°C, su efervescencia es mayor y puede derramarse; pero también, si se sirve muy frío, pierde su aroma maravilloso).

■ La forma ideal de enfriar el Champagne consiste en colocar la botella en un recipiente con hielo durante unos 30 minutos. También puede enfriarlo en el refrigerador, ¡pero nunca en el congelador!

COCTELES ELEGANTES
(PREPARADOS CON CHAMPAGNE)

CHAMPAGNE FRAISE

Ingredientes:
1/2 cucharadita de licor de fresa
1/2 cucharadita de Kirschwasser
Champagne extra-seco, frío
1 fresa natural (grande)

Cómo se prepara:
En una copa ancha y abierta, previamente enfriada, vierta el licor de fresa y la *Kirschwasser*. Rellénela con champagne y deje caer en ella la fresa.

CHAMPAGNE A LA ORANGE

Ingredientes:
1 cascarita de naranja (cortada en espiral)
2 cucharadas de curazao
Champagne extra-seco

Cómo se prepara:
Coloque la cascarita de naranja en una copa ancha y abierta. Vierta en ella el *curazao*, y rellénela con champagne.

CHERRY CHAMPAGNE

Ingredientes:
1 cucharadita de Cherry Heering
Champagne extra-seco
1 guinda

Cómo se prepara:
Vierta el *Cherry Heering* en el fondo de una copa ancha y abierta, previamente enfriada. Agregue el champagne y la cereza.

COCTEL CLASICO DE CHAMPAGNE

Ingredientes:
1/2 cucharadita de azúcar
Unas gotas de angostura
Champagne extra-seco
1 cascarita de limón

Cómo se prepara:
Revuelva el azúcar y las gotas de angostura en una copa ancha, previamente enfriada. Agregue el champagne hasta llenarla). Tuerza la cascarita de limón, y déjela caer en la copa.

COMO CONSERVAR
EL CHAMPAGNE

▪ Una botella de Champagne –sin abrir– puede conservarse hasta por dos años sin perder sus cualidades... más tiempo si se observan reglas muy estrictas de conservación, manteniendo la botella en un lugar oscuro y frío (donde la temperatura sea estable).

▪ Coloque siempre la botella en posición horizontal, para impedir que el corcho se reseque.

CUANDO SERVIR EL
CHAMPAGNE EN LA BODA

▪ Recuerde que la tradición compara la efervescencia del Champagne con la alegría y la felicidad de los recién casados.

▪ El Champagne debe ser servido a todos los invitados, después de la boda y tan pronto éstos pasan la línea de recibo; los camareros circularán entre los invitados, presentando bandejas con las copas ya servidas.

▪ Una vez que todos los invitados hayan llegado (considere unos quince minutos después de la hora fijada para la recepción), los recién casados se dirigirán a la mesa nupcial para hacer los brindis de rigor.

▪ El primer brindis es hecho por el Padrino del novio (los recién casados permanecen sentados). Este primer brindis debe ser muy breve, limitándose a mencionar la relación que existe con los novios y deseándoles felicidad eterna.

▪ El novio debe responder a este brindis, y en esta segunda oportunidad es correcto brindar por los padres de la novia y por los suyos.

▪ La novia también puede hacer un brindis, pero en los países de América Latina y España, esto no se estila.

▪ Todos los invitados deben corresponder a cada brindis expresando –de pie– felicidad a los recién casados.

CAPITULO 12

LA ETIQUETA HOY EN LA INTIMIDAD

Si usted considera que las reglas de la etiqueta se aplican únicamente a ocasiones sociales con sus amigos y asociados, y que una vez en la intimidad de su hogar puede relajarse y actuar a su antojo, está totalmente equivocada y cometiendo un error que puede ser peligroso. Es precisamente en la intimidad (con su esposo, compañero de vida, o familiares) que deben observarse una serie de reglas importantes, que no sólo estimulen la relación conyugal (o la relación familiar, según el caso), sino que eviten situaciones de deterioro, muchas veces graves, que en muchas ocasiones llegan a degenerar en crisis definitivas.

En este capítulo vamos a analizar (y a recomendarle) cómo actuar en la intimidad, en las diferentes situaciones que la intimidad comprende. Primera regla:

■ Debemos estar conscientes de que hay dos palabras que son claves en este campo de la etiqueta en la actualidad: *adaptación* y *tolerancia,* y que ambos términos deben recurrir en nuestra mente con frecuencia cuando de situaciones íntimas se trata.

1
VISTASE PARA AGRADAR...
¡EN TODO MOMENTO!

- Una vez que llegue a su casa y cierre la puerta de la calle detrás de usted, no se descuide en su apariencia. La elegancia en la intimidad, aunque más relajada, también debe ser observada. En este sentido, vístase para agradar a su compañero, pero no sacrifique tampoco su comodidad por simplemente "lucir bien". Recuerde que se puede ser elegante hasta en una bata de casa... mucho depende de su estilo y de su actitud en general.

- Emplee su sentido de la moderación, y elija la ropa adecuada para los momentos de intimidad. Evite ropa muy llamativa, con diseños muy elaborados; prefiera vestidos más sencillos, de colores discretos. La intención de ser elegante no es que el vestido que lleve robe la atención que él le pueda prestar a usted, sino que sirva para realzar su atractivo. ¡El sabrá apreciarlo!

- Evite la tentación de repetir la misma ropa, sencillamente porque le queda cómoda. En su ropero –cualquiera que sea su presupuesto– debe tener varios vestidos y combinaciones especiales para esos momentos en la intimidad de su hogar. ¡Altérnelos!

- Si en algún momento él le ha sugerido que usted luce mejor con faldas que con pantalones, complázcalo y lleve faldas en la casa... aunque tenga varios pantalones en su ropero, porque le resultan cómodos, lucen elegantes, y siempre están de moda.

- En la intimidad de su casa, elimine de su atuendo todos los accesorios que llamen la atención. En la casa, los pañuelos, cinturones, aretes, collares, joyas... ¡sobran! Si lo considera apropiado, lleve únicamente una sortija muy discreta, o aretes muy pequeños... ¡nunca collares!

- Asegúrese de que su ropa en la intimidad siempre esté en perfectas condiciones: limpia y con la forma apropiada. Es de pésimo gusto llevar una prenda descosida o arrugada, aunque sólo sus más íntimos vayan a verla. Recuerde también que los alfileres son los grandes enemigos de los momentos íntimos.

- Para dormir, las reglas de la etiqueta son sumamente flexibles. Si va sola a la cama, un pijama atractivo es lo más recomendable. Elíjalo de una tela que le resulte cómoda... ¡La seda es fabulosa!

- Mantenga siempre a mano una bata de casa (o salto de cama) para ponérselo al despertar. Igualmente, unas zapatillas confortables y atractivas.

- Si es casada, lo usual es que –tanto usted como su esposo– duerman con pijamas, y que ambos tengan a mano sus respectivas batas para levantarse. Sin embargo, hay parejas que prefieren menos ropa al ir a la cama, y en estos casos la etiqueta acepta cualquier preferencia conyugal en la privacidad del dormitorio. Mantenga su decisión a puerta cerrada... no debe trascender al resto de la familia.

- Tanto usted como él deben elegir los modelos más atractivos en ropa de dormir; los diseños y telas de hoy satisfacen todo tipo de gustos.

- ¿Los zapatos en el hogar? Cómodos, pero elegantes. Apártese de los modelos con tacones altos para los momentos de intimidad, pero también de esos zapatos que pueden ser sus preferidos por lo cómodos que le resultan y por el tiempo que lleva usándolos... ¡En nada realzan su atractivo! Elija cuidadosamente modelos que combinen con el resto de su ajuar íntimo. Lo ideal son unas sandalias sencillas; tenga varias, en diferentes modelos y colores.

■ ¡Jamás ande descalza en la casa; es de pésimo gusto!

2
¡VIGILE SU APARIENCIA INTIMA...
SU MAQUILLAJE, SU CABELLO!

■ En primer lugar, ¡limpia en toda momento! No hay nada más agradable, ni más deseable, que una mujer que se preocupa de su higiene personal.

■ Cuándo llevar y cuándo no llevar maquillaje, es otro aspecto fundamental de la etiqueta íntima. En general, siga esta regla básica: todas las rutinas de maquillaje deben realizarse en la intimidad de su cuarto de baño o tocador, donde usted sea el único testigo de la transformación que está realizando. Ni siquiera él debe ver los *recursos mágicos* que usted tiene para lucir fabulosa.

■ Si va a permanecer en su hogar, con él o su familia, evite un maquillaje excesivo... ¡pero maquíllese! En la actualidad hay infinidad de productos de excelente calidad que le permiten lograr una apariencia natural, pero en la que se ha cuidado hasta el último detalle. ¡Aprovéchelos!

■ Si su rutina de belleza incluye la aplicación de máscaras para el cutis, aplíqueselas en su habitación... relajada, sobre la cama o sumergida en la bañera. No deambule por toda la casa con la cara embadurnada en una de estas máscaras. No sólo es de pésimo gusto, sino que no surten el mismo efecto. (¡Su piel está en tensión!)

■ Recuerde siempre que las cremas emolientes a la hora de ir a la cama pueden ser el peor enemigo del amor, y convertir en un témpano de hielo al hombre más apasionado. Antes de acostarse, limpie su cutis (según sea su costumbre) y elimine todas las trazas del maquillaje del día... pero hágalo en el cuarto de baño, sin que él (ni nadie) la vea.

■ Si prefiere aplicarse algún producto de belleza que surta efecto mientras duerme, hágalo igualmente en el cuarto de baño, antes de llegar a la cama. Los cosmetólogos que han desarrollado estos productos han tenido en cuenta la etiqueta íntima; es decir, se han preocupado de que no sean grasientos, y que el cutis los absorba rápidamente.

■ Si comparte su cama con un compañero, aunque él le garantice que usted le fascina al natural, aplíquese siempre un maquillaje muy discreto antes de acostarse. Recuerde que los hombres están acostumbrados a vernos maquilladas (aunque sea ligeramente), y el presentarnos ante ellos tal cual somos puede provocarles un impacto fatal.

- Mantenga su cabello siempre limpio y ligeramente perfumado, muy especialmente si comparte su vida con un hombre. Recuerde que el cabello es el marco de su rostro, y que está comprobado que a los hombres les fascina tocarlo... acariciarlo.

- No permita que nadie la vea cuando se acaba de lavar la cabeza. La imagen de la mujer con la cabeza envuelta en una toalla puede resultar muy glamorosa en un anuncio de televisión (para el cual se han tomado en cuenta todos los detalles de maquillaje e iluminación), pero muy negativa en sus momentos de intimidad.

- La situación se complica más al ponerse los rolos. Colóqueselos únicamente cuando esté consciente de que él no pueda verla (preferiblemente de día... o por la tarde, temprano). Inmediatamente después, envuelva la cabeza con un amplio pañuelo, muy atractivo, que le permita andar por la casa sin mostrar la imagen deplorable de su cabeza-convertida-en-erizo.

- ¡Jamás lleve los rolos a la cama!

- La mujer que comparte su vida con un hombre no puede (ni debe) vivir preocupada con un peinado que quiere "salvar" para el día siguiente; lamentablemente, son muchas las mujeres que cometen este error. Al acostarse, su cabeza debe ser cepillada y su cabello debe quedar absolutamente libre... aunque ello represente una nueva inversión en la peluquería.

- Si acostumbra a teñirse el cabello en la casa, no permita que nadie participe (ni la vea) durante el proceso. Tíñase periódicamente, para evitar que descubran cuál es el verdadero color de su cabello... ¡hasta sus íntimos llegarán a olvidar cuál era el tono original!

- También sus momentos en el baño deben mantenerse absolutamente privados. Siempre cierre la puerta... hasta el hombre mas distraído sabrá que debe tocar antes de entrar.

- En sus momentos de intimidad con su hombre, la ducha rápida es la forma indicada para bañarse; reserve el baño de inmersión en la bañera para sus ratos a solas. De esta forma usted no se apodera interminablemente del cuarto de baño, y es una forma de mostrar su consideración hacia su compañero.

- La higiene íntima femenina es fundamental como una regla de etiqueta de la pareja, muy especialmente durante esos días críticos del mes. Use duchas y desodorantes vaginales.

3
EN SU HABITACION, SIEMPRE UN AMBIENTE MUY ESPECIAL...

Lógicamente, es en la intimidad de su habitación donde las parejas tienen la oportunidad de intercambiar opiniones y comentarios sin la presencia de terceras personas. Es fundamental que estos intercambios se hagan siempre con un espíritu positivo, de comunicación abierta, de amor y amistad, evitando cualquier tipo de reproche mutuo. Recuerde que el dormitorio es la más íntima y personal de todas las habitaciones de su casa, y su imagen de lugar-de-amor y relajamiento total no debe ser distorsionada por elementos o actitudes negativas.

Por lo tanto, en el dormitorio es fundamental que el ambiente sea igualmente el más adecuado para propiciar el descanso y la comunicación de la pareja, en todos los niveles.

■ ¿Una cama conyugal... o dos pequeñas camas individuales? En este sentido, la decisión es suya y de su cónyuge. Si bien está comprobado en infinidad de encuestas conyugales que la cama matrimonial contribuye al acercamiento de la pareja, y propicia al mismo tiempo una mayor frecuencia de encuentros conyugales, también es cierto que el individuo logra un nivel de relajamiento y descanso mayor cuando duerme solo. Cada pareja debe considerar la situación, tomar en cuenta sus hábitos al dormir, y decidir libremente su preferencia, aceptando el hecho de que la intensidad del amor no está determinada por el tamaño de la cama ni por el hecho de que existan dos en lugar de una.

■ Un colchón confortable, y unas almohadas apropiadas, son esenciales para el descanso de la pareja.

■ Elija la ropa de cama más atractiva, de acuerdo con su presupuesto. Sea creativa en su elección y aunque pueda preferir los diseños tradicionales de la época de abuelita (blancos, con elementos bordados), elija también otros más novedosos en colores y dibujos.

■ Para el baño, invierta en los mejores juegos de toallas, en los mejores jabones, geles, espumas... La rutina del baño –a solas o compartida– puede ser altamente sensual.

■ La ropa de cama debe ser mantenida siempre limpia y fresca; cámbiela con frecuencia. Lo mismo se aplica a los accesorios del baño (toallas, alfombras, cortinas...).

- Al iniciar su rutina diaria, su primer paso debe ser para tender la cama. Esmérese al hacerlo; cúbrala con una buena cubrecama (tenga varias, de diferentes diseños... ¡evite la monotonía!). Si lo prefiere, también puede rociarla con su fragancia preferida (unas gotas de colonia, por ejemplo).

- ¡El orden en su dormitorio es también fundamental! Con un poco de esfuerzo por parte de ambos miembros de la pareja, esto puede ser logrado. De cualquier forma, evite pelear por cualquier cosa que pueda encontrar fuera de lugar en un momento determinado. Existen diferentes formas de crear hábitos positivos en su cónyuge... el estímulo de la recompensa (una frase amable, un beso, por ejemplo) es muy efectivo en este sentido. ¡Estimúlelo debidamente... pero sea usted quien de el ejemplo!

- Preste especial atención a la iluminación de su dormitorio. No obstruya la claridad que pueda entrar por las ventanas con cortinas demasiado densas. Si acostumbra a leer en la cama, las pequeñas lamparitas de mesa de noche son ideales.

- Compruebe que la iluminación del dormitorio le favorece. Evite en todo momento la luz muy intensa... ¡lo revela todo!

- La temperatura ambiental en el dormitorio es muy importante; preocúpese de que se mantenga siempre confortable.

- La televisión se ha convertido en parte integral de nuestras vidas, y la etiqueta actualmente admite que un televisor sea ubicado en el dormitorio. Enciéndalo solamente cuando esté segura de que no molesta a su cónyuge, o que ambos desean verlo (lea también las reglas de etiqueta para ver la televisión, página 261). Compruebe que el volumen sea moderado; la intimidad del dormitorio no requiere (ni acepta) un volumen muy alto.

- Las mismas reglas se aplican a la radio. Sígalas.

- Si acostumbra a despertarse con la ayuda de un despertador, prefiera uno que no provoque un sobresalto al sonar. El radio-despertador, sintonizado previamente en una estación de música suave, es ideal.

- En muchos casos, el teléfono en el dormitorio es indispensable. Desde luego, ese teléfono debe utilizarse únicamente en situaciones especiales, y no para conversaciones largas... mucho menos cuando el otro cónyuge está presente.

- Si es usted responsable de despertar a su hombre, hágalo en una forma amable, con palabras agradables que lleven a una actitud positiva, y no a un rechazo inicial al comenzar el día.

4
LA ETIQUETA AL AMAR...

No hace mucho, en los Estados Unidos se realizó una importante encuesta a nivel nacional para determinar cuáles eran las preferencias íntimas de la mujer norteamericana. De un total de cien mil mujeres que respondieron el elaborado cuestionario de la encuesta, más de un 75% confesó que el ser abrazadas y besadas tiernamente por el esposo les complacía y satisfacía más sus necesidades físicas que el acto sexual en sí. El resultado de esta encuesta sólo revela una verdad de la que los sicólogos y los sociólogos siempre han estado conscientes:

■ El beso y la caricia propician una comunicación a varios niveles (físico, emocional y verbal), mientras que el acto físico se limita a satisfacer necesidades orgánicas que no tienen nada que ver con el aspecto emocional del individuo, ni lo alimenta espiritualmente.

Curiosamente, encuestas complementarias a la que hemos mencionado, realizadas con hombres, revelaron resultados similares, aunque no con porcentajes tan altos. De cualquier forma, todo esto nos lleva a reafirmar que las relaciones íntimas, por naturales que puedan parecer, están gobernadas igualmente por una serie de necesidades y aspiraciones que ambos cónyuges se deben esforzar en satisfacer para lograr la felicidad total.

■ Toque, bese, acaricie siempre a su cónyuge... pero hágalo únicamente en momentos propicios, no cuando su caricia pueda ser interpretada como una interrupción en las actividades que está realizando en ese momento. ¡Nunca lo haga en público!

■ Acepte con amor cualquier muestra de afecto que le ofrezca su cónyuge. Reafirme en él estos hábitos positivos demostrándole cuánto le complacen.

■ El acto sexual no debe seguir una rutina rígida establecida únicamente para satisfacer apetitos físicos. Lo ideal es que sea precedido por una actitud de acercamiento espiritual, por caricias y besos... lo que los sexólogos llaman "juegos preliminares". Son indispensables para que la pareja pueda disfrutar el encuentro íntimo al máximo, y para que realmente éste se convierta en un vehículo de absoluta comunicación.

- La iniciativa de un acercamiento no debe ser tomada únicamente por el hombre. Es apropiado que la mujer manifieste igualmente sus deseos de intimidad y que tome la iniciativa en el amor... sin limitarse a sugerencias sutiles que a veces no son captadas por su cónyuge.

- Acepte igualmente las sugerencias de su cónyuge... El sexo debe ser siempre una experiencia creativa, en constante evolución. No imponga límites o barreras absurdas en ese sentido... la etiqueta es explícita en este sentido: en la intimidad entre un hombre y una mujer, todo es normal, todo es aceptable.

- Nunca hable de su vida íntima... ni con sus familiares, ni con su mejor amiga. La intimidad es algo muy personal que sólo la concierne a usted y a su cónyuge. ¿Una pregunta indiscreta sobre este tema...? Evádala, directamente y con firmeza.

- Un fracaso en un momento íntimo no debe ser interpretado como falta de amor o de interés por parte de su cónyuge. Estas situaciones son más frecuentes en los hombres de lo que generalmente se cree, y una frase apropiada en ese momento crítico puede significar el éxito o fracaso en encuentros futuros. En este sentido, una actitud positiva, compartida, es el mejor medicamento para que su cónyuge recupere la auto-confianza.

- ¿Debe la mujer fingir que ha llegado al clímax? Este es un tema delicado, que ha sido ampliamente debatido por infinidad de sexólogos y siquiatras durante muchos años. Estos llegan a la conclusión general de que la verdad, la confesión sincera en situaciones de este tipo, es el primer paso para resolverlas. Lamentablemente, no todos los hombres están conscientes de los problemas –básicamente sicológicos– de la mujer inorgásmica, y muchos interpretan la incapacidad para alcanzar el clímax como un fallo propio, al no ser capaces de provocar los estímulos suficientes que la lleven al momento culminante en el acto sexual. Por ello, en situaciones de esta naturaleza, es aconsejable una mentira piadosa y prudente, y mostrar cierta consideración hacia la pasión que él haya podido demostrar en el encuentro físico. De cualquier manera, si la dificultad para alcanzar el clímax es constante, entonces es conveniente consultar la situación con su ginecólogo, quien será la persona más indicada para orientarla en este sentido... y buscar una solución a la dificultad.

- La etiqueta admite que el amor no sea silente; la comunicación espiritual no es suficiente para satisfacer los apetitos más elementales del ser humano en el momento sexual. Los comentarios y frases de amor durante el encuentro físico constituyen poderosos estímulos para disfrutar el sexo en toda su maravillosa plenitud.

- ¿Amar con la luz encendida? Nuevamente, depende de las preferencias de cada pareja, pero no hay duda de que puede ser un afrodisíaco poderoso. Considérelo.

- La pasividad femenina en la intimidad es una falta de consideración hacia el hombre y, por lo tanto, una falta de etiqueta.

- Evite las disculpas para evadir el momento del amor. El "esta noche no me siento bien" y el "tengo una jaqueca terrible" son verdaderos témpanos de hielo para la pasión de un hombre, los cuales él también reconoce como las excusas clásicas... ¡no se engañe! Aceptar el acercamiento íntimo es una manera de demostrar su amor por su cónyuge.

- Por regla general, las mujeres somos más románticas que los hombres (lo revelan las encuestas), muchos de los cuales han crecido bajo el concepto tradicional de que "el hombre no debe mostrar sus emociones". Por lo tanto, es natural que existan ciertas limitaciones en este sentido, las cuales usted no debe considerar como falta de amor, sino características de la personalidad de su cónyuge. Recuerde que usted no podrá variarlas de la noche a la mañana.

LO QUE NO DEBE HACER EN LA INTIMIDAD...

- No haga el amor mientras ve la televisión; si la situación de amor surge inesperadamente (durante el intermedio de un programa interesante, por ejemplo), apague el receptor inmediatamente. Si usted misma lo hace, es una indicación de que está dispuesta a ir más allá de lo que hasta ese momento él le ha propuesto.

- No, no lleve comida a la cama...

- Jamás lea su correspondencia; tampoco se quede escuchando una conversación telefónica por la otra extensión. La curiosidad puede ser una falta máxima a la etiqueta.

- No use los implementos que él utiliza para su higiene personal... su cepillo de dientes, o la rasuradora, por ejemplo.

- Al terminar sus actividades en el baño, cerciórese de que todo está en perfecto orden.

- Evite los comentarios desagradables y las censuras constantes. Los consabidos "yo te lo advertí" o "yo lo sabía" no sólo son de pésimo gusto, sino que despiertan reacciones adversas en su cónyuge.

- No adopte tampoco el papel de víctima; su cónyuge es también su mejor amigo, y es así como él prefiere ser considerado por usted, ¡no como un victimario!

- Los retos –hasta cuando son lanzados indirectamente y con cierto sentido del humor– son de pésimo gusto.

- No lo critique con una actitud negativa. Cualquier hábito que le moleste y que usted considere que puede ser superado, debe ser mencionado en una forma positiva. ¡Y jamás lo critique delante de otras personas!

- Las protestas siempre son manifestaciones negativas... téngalo presente. Si estima que en algún momento usted ha sido objeto de desconsideración por parte de su cónyuge, hágaselo saber en una forma directa... sin dramatismos y manteniendo bajo control sus emociones.

- No le indique constantemente lo que tiene que hacer... sugiera, discretamente. La imagen de mujer-mandona es una de las que más rechaza la mayoría de los hombres... ¡nunca la proyecte!

- ¡Controle las escenitas de celos! Cuando los celos son moderados y se manifiestan en los momentos oportunos, hasta pueden convertirse en un afrodisíaco poderoso. Sin embargo, si reflejan emociones sin control, manifestadas en forma agresiva, son de poco gusto... y dejan mucho que decir de su auto-estimación.

- ¡No registre sus bolsillos... aunque esté convencida de que él jamás la descubrirá! La billetera de su hombre es, también, terreno prohibido. ¡Respételo!

- No cambie el canal de televisión que están viendo, sin antes preguntarle si está de acuerdo. Tampoco apague el televisor sin mencionarlo previamente (vea la etiqueta para ver la televisión, en la página 261).

- Si es soltera, jamás haga referencia delante de su hombre a aventuras sentimentales del pasado.

- Y si es casada, no se refiera a "mi primer novio" o a "mi esposo anterior", ni sugiera lo feliz que pudo haber sido de haberse casado con otro hombre... evidentemente, es una actitud de desquite ante una frustración que con frecuencia adoptan muchas mujeres, pero sus consecuencias pueden ser funestas en la intimidad.

- Delante de su cónyuge, modere cualquier elogio que pueda hacer sobre otro hombre (incluyendo los actores de moda). Puede ser de mal gusto, y mal interpretado, sobre todo si aún él no ha logrado superar la actitud machista que predomina en una mayoría de los hombres hispanoamericanos ("primero yo, después yo... y yo soy el único").

- No provoque sus celos conscientemente... pero tampoco se convierta en una mujer hermética, ni se encierre en una torre de marfil, para evitar los conflictos que puedan surgir por falsas suposiciones.

- Apártese de hacer cualquier tipo de comparación (física o intelectual) entre él y otros hombres. Estas son siempre desagradables, y sus efectos sicológicos pueden ser devastadores en algunos casos.

- No lo acose a preguntas... "¿Dónde estabas...?". ¿Por qué no llamaste?", "¿con quién hablabas..?". La confianza es la base de toda relación estable, y mientras no existan motivos específicos para desconfiar de él, debe aceptarse su fidelidad.

- No le pida que le relate los pormenores del día en la oficina, pero tampoco muestre poco interés si él insiste en contarle todas las complejidades de una situación de trabajo.

- No exija, ¡pida!

- No se mantenga ajena a las cuestiones financieras del matrimonio. Usted es parte integral de la pareja y, como tal, le corresponde estar consciente de cuáles son sus derechos y sus obligaciones.

- Si su posición profesional es superior a la de él, o si su salario es mayor, no haga alardes de esta situación. ¡Jamás se lo eche en cara!

- No lo fuerce a que constantemente esté cambiando de trabajo, y buscando mayor salario, para mejorar la posición social de la familia. Esta actitud es frecuente en muchas mujeres, y es la causa oculta en el divorcio de infinidad de matrimonios.

- No lo espere cada tarde, a la llegada de su trabajo, para referirle todos los problemas que ha confrontado durante el día... en su propio trabajo, con los niños, con los vecinos...

- Si hay niños en el matrimonio, evite referirse a su esposo como "tu padre"... es una forma de sugerir a sus hijos que –para usted– él es un extraño.

- No insista en que la educación de los niños es una responsabilidad suya, únicamente suya. Los hijos pertenecen a ambos, y todas las decisiones tomadas en este sentido deben ser compartidas.

- En general, no grite a los niños para implementar órdenes; la Sicología moderna sugiere el diálogo en vez de la imposición arbitraria. Pero si en un momento dado tiene que hacerlo, procure que no sea delante de su cónyuge. ¡Nunca muestre su agresividad delante de él!

- Si es él quien está imponiendo disciplina a sus hijos, no intervenga a favor de ellos. Tampoco les ofrezca consuelo después de una situación de este tipo, aunque los niños comiencen a llorar.

- Evite cualquier comentario desagradable sobre la familia de él... es su familia, y aunque en principio pueda estar de acuerdo con lo que usted está implicando, en el fondo estará despertando su resentimiento.

- No se refiera a sus padres como "tu madre" y "tu padre". Es preferible llamarlos "mamá" y "papá", sobre todo en algunos países, en los que esto puede ser considerado como una descortesía mayor.

- Con su familia política, si las relaciones son frías (o tensas), la diplomacia y la prudencia son siempre sus mejores aliadas. Recuerde que los lazos familiares sí son indisolubles, y que muchas veces la fuerza de la sangre es la que predomina en un individuo. ¡No corra riesgos!

- No acepte compromisos sociales sin antes consultar con él.

- ¡Manténgase independiente! Si usted misma puede resolver una situación determinada, no pida la ayuda de él. Reserve ese recurso para ocasiones que realmente no puedan ser solucionadas por usted misma.

IDEAS PARA HACER REGALOS... AL HOMBRE EN SU VIDA

- Su colonia preferida, con la loción para después de afeitarse y el jabón de la misma fragancia.

- Una corbata que él haya admirado, y que en ese momento no haya podido comprar.

- Un grabado firmado por algún artista reconocido... ¡comience a invertir en Arte!

- Una selección de quesos (nacionales o importados), presentados en una cesta, con varias botellas de vino.

- Un libro de Arte, una novela de aventuras, el último libro escrito por un autor de moda... según sea su interés personal.

- Una selección de videocassettes para ver en el momento apropiado.

- Una computadora personal; programas para la computadora.

- Un teléfono celular.

- Gomas nuevas para su automóvil... Haga que la acompañe al garage donde las haya seleccionado (y pagado) las llantas, y sorpréndalo cuando el empleado comience a cambiarlas.

- Un nuevo grabador de vídeo; o el equipo de sonido que siempre ha soñado.
- Boletos de avión o tren (para usted y para él) para unas vacaciones-de-fin-de-semana.
- Papel de cartas con sus iniciales grabadas al relieve.
- Alguna pieza antigua, para incorporar a su colección de antigüedades,
- El equipo de golf... o de pesca, o de pesca submarina.
- Si le guste la fotografía, una buena cámara que siempre haya querido tener... o lentes y filtros para su cámara.
- Con la ayuda de un fotógrafo amigo, improvísele un cuarto oscuro para revelado en una habitación de la casa (debe haber agua coriente, téngalo presente). Si esto no es posible, regálele el equipo necesario, portátil, para que revele en cualquier lugar improvisado.
- Un proyector de transparencias.
- Si sus posibilidades económicas lo permiten, regálele un bote de motor... o un nuevo motor para su lancha.
- Un reloj muy especial.
- Una sortija diseñada por usted, que haya mandado a fundir especialmente para él. Investigue cuáles son los artesanos que más se destacan en trabajos de este tipo, y muéstrele sus diseños.
- El postre o plato de su preferencia... ¡prepárelo usted misma!
- Grábele directamente de la televisión una serie de programas que sean de su interés y que por algún motivo no pueda ver.
- ¡Téjale un suéter! Bórdele unos pañuelos... Mande a bordar toallas con sus iniciales (y las suyas).
- Sorpréndalo invitando a pasar un fin de semana en la casa a la mamá (o alguien que sea muy importante en su vida), si ésta vive en otra ciudad.
- ¡Ofrézcale una fiesta de sorpresa; invite también a un grupo de sus mejores amigos!
- Organice un álbum con todas las fotografías que se hayan tomado juntos durante el último año.
- Si es escritor, haga que le encuadernen el manuscrito de la última obra que haya escrito... o imprima una edición limitada de sus cuentos más recientes. Si es fotógrafo, seleccione algunas de sus mejores fotografías, y mándelas a ampliar a un laboratorio fotográfico. Enmarque una de sus preferidas y cuélguela en un sitio visible de la casa.

SUGIERALE LO QUE USTED QUISIERA
QUE EL LE REGALARA...

- Una pieza de joyería que desea tener desde hace tiempo.
- Boletos para una obra de teatro que le interesa.
- Una vajilla fina, con un diseño que ambos hayan aprobado de antemano. O la cristalería para doce personas... o un juego de cubiertos (para igual número de comensales).
- Enseres eléctricos para su cocina... desde el nuevo amasador automático para preparar en casa la pasta italiana, hasta el horno de micro-ondas con computadora para regular las temperaturas.
- ¡Unas vacaciones de fin de año en algún lugar romántico... sin los niños!
- Unos días en Disneyworld... con los niños y él, desde luego.
- La bicicleta para hacer ejercicios estacionarios, el equipo de *jogging* (incluyendo los zapatos), y un aparato para contar los kilómetros caminados.
- Un perfume que tenga un significado especial para ambos...
- ¡Más perfumes, colonias, talcos, geles! ¡Todo para estimular su sensualidad en los momentos más íntimos!
- El abrigo de pieles es siempre el regalo ideal para una mujer elegante. ¿Qué piel prefiere usted...?
- Una semana en una clínica suiza para someterse a un tratamiento de revitalización por medio de la terapia celular... ¡lo último para retardar el proceso del envejecimiento!
- La cirugía plástica que siempre ha querido hacerse, con un excelente cirujano plástico.
- Un automóvil nuevo.
- El presupuesto que necesita para remodelar la cocina... Un crédito en una tienda de prestigio para adquirir nuevos muebles para la sala y el comedor.
- Una nueva alfombra, para cubrir toda una habitación o solamente un área de la misma.
- Una escultura interesante, o una pintura original... ¡usted también quiere invertir en Arte!
- La matrícula para tomar un curso de apreciación del Arte, en una Universidad reconocida.
- Una pieza importante para su colección de antigüedades...
- Usted también necesita una computadora personal, para no tener que

usar la de él cuando navega por el Internet.

■ El arreglo de su jardín, y las plantas que necesite para modificar el diseño actual y seguir uno que usted haya creado.

■ Flores... que se las envíen durante todo el año.

■ Unas botellas de buen champagne, para abrirlas en una ocasión muy especial.

■ La suma inicial necesaria para la compra de un nuevo apartamento.

■ ¡Un crucero por las islas griegas!

■ Una selección de discos románticos que pueda escuchar a su lado.

■ Un depósito en el banco con la suma necesaria para iniciar su propio negocio. ¡Usted ha decidido hacer rentable su espíritu creativo y su dinamismo!

■ Monedas de oro y plata... ¡usted es inversionista!

■ Autógrafos de celebridades (del cine, la televisión y la política), debidamente enmarcados.

5
¡CUIDADO CON LAS CRITICAS!

El matrimonio es una sociedad integrada por dos miembros, en la cual ambos presentan un frente unido ante el mundo exterior. Eso, al menos, es lo que se considera que debe ser la estructura básica de un matrimonio estable y armonioso... en el que ambos funcionen como un conjunto sólido, una unidad, como un todo indivisible. Por lo tanto, no hay nada más embarazoso que la escena que presenta la pareja que confronta una crisis interna aún no manifestada abiertamente, pero cuyos síntomas ya se hacen visibles: críticas en público (muchas veces veladas, en forma de bromas o anécdotas "graciosas", reclamaciones, indirectas, insinuaciones, etc).

Aunque la pareja en cuestión piense que las demás personas a su alrededor no perciben estas manifestaciones de agresión, sí las detectan, y las mismas las colocan en una posición embarazosa que rompe (por supuesto) con las reglas fundamentales de la etiqueta.

En general tenga presente que toda situación en la que un cónyuge critica a otro, deja en el ambiente un mal sabor general que sólo logra proyectar una imagen negativa sobre la relación conyugal entre ellos. Las críticas –en general– encierran un elemento venenoso que sólo alimenta el resentimiento en los cónyuges y el deseo de venganza, aunque éste lo reprimamos porque estamos conscientes de que es una actitud negativa que nos corroe íntimamente.

¡ABSTENGASE DE CRITICAR!

■ Las ambiciones de él... es decir, las metas que se pueda haber propuesto (aunque las considere poco realistas o fuera de tiempo). Es preferible hacerle ver que sus armas para conquistar esas metas no son las más adecuadas, y que por lo tanto, es preferible hacer ciertos ajustes para evitar descalabros.

■ Su físico.... Aunque no muchos hombres lo manifiesten espontáneamente, la personalidad de casi todos esconde un alto nivel de vanidad... *vanidad masculina,* pero vanidad en definitiva. Un comentario negativo sobre su peso, estatura, o sobre cualquier defecto físico que pueda tener, es capaz de provocar en él un complejo de consecuencias devastadoras. ¡No quiera comprobar sus efectos!

■ Cualquier error que él pueda cometer... aunque usted le haya advertido anticipadamente sobre la posibilidad de caer en él. Una regla sumamente importante: al cónyuge que se encuentre en apuros, o caído, ¡ayúdelo!

■ Absténgase de criticar los logros positivos que él (o ambos) hayan alcanzado. Un logro es un logro, como quiera que se analice... y siempre debe ser objeto de aprobación, aunque quizás usted no haya estado totalmente de acuerdo con los métodos que se siguieron para alcanzarlo.

■ ¡Jamás critique a los familiares de él! Es de mal gusto, y sus consecuencias casi siempre son funestas. Ahora bien, tampoco acepte críticas sobre los miembros de su familia. En este sentido es preferible evitar una situación que –de complicarse– puede ser devastadora para la estabilidad conyugal. Ante situaciones de este tipo, lo aconsejable es detener la crítica al instante: Una frase como "Prefiero que en esta cuestión no involucremos a terceras personas", expresada con firmeza, generalmente provoca el efecto que deseamos.

■ Por supuesto, no sea usted quien propicie situaciones de conflicto al revelar defectos de algún miembro de su familia, o crisis familiares. Muchas mujeres, tal vez tratando de encontrar apoyo en sus cónyuges, caen en el hábito negativo de quejarse de situaciones que se presentan en su propia familia. ¡Evítelo!

- Si él tiene hijos de un primer matrimonio, se supone que el bienestar de los mismos también le atañe a usted, sobre todo si comparten el mismo hogar (permanentemente o en forma temporal). En todo caso, al referirse a ellos con su cónyuge, esté consciente de que su conversación proyecte un tono objetivo, y no de crítica negativa... mucho menos de ironía. Lo mismo se aplica en el caso opuesto: usted con hijos de un matrimonio anterior.

- Cualquier queja sobre sus hijastros debe ser sugerida, nunca planteada en forma de *ultimátum* o con la actitud de elige-entre-ellos-o-yo. Esta regla de la etiqueta no debe ser interpretada como una manifestación de hipocresía, sino como una muestra de precaución ante una situación que generalmente involucra elementos muy sensibles y que puede resultar explosiva.

- Hay una forma de crítica velada que es sumamente común entre infinidad de parejas: cuando un cónyuge interrumpe una conversación para corregir lo que el otro está diciendo. Estas interrupciones demuestran que la persona tiene poco estilo, crean una situación de tensión entre todos los presentes, y encierran el peligro de que el cónyuge que se siente agredido se manifieste en alguna forma violenta... lo cual ha sucedido en mil oportunidades diferentes.

- Cuando un cónyuge está hablando con una persona o grupo, y el otro cónyuge (por su parte) comienza a hablar de otro tema diferente, implícitamente está manifestando que no está de acuerdo (o que no le interesa) lo que él está diciendo. Es una forma de desviar la atención hacia otro tema, y esto casi siempre es interpretado por todos los presentes como una falta total de cortesía.

- Aparte de que resulta del peor gusto cuando un cónyuge elogia a un desconocido cualquiera, todo tipo de comparación encierra su elemento de crítica al cónyuge que queda en desventaja. Además, es una actitud cruel, e incluso puede desencadenar una situación de conflicto en el matrimonio.

- Al referirse a actores del cine o la televisión, controle sus emociones y modere sus palabras. Muchas mujeres se valen de estos "comentarios inocentes" para quejarse de relaciones íntimas deficientes o para herir a sus cónyuges en su ego. ¡Son golpes bajos!

- ¡Modere sus comentarios nostálgicos! Ese concepto de que "cualquier época pasada fue mejor" encierra, implícita, la realidad de que no está conforme con el momento que está viviendo... y puede ser mal interpretado por él, lógicamente.

6
ETIQUETA INTIMA PARA EVITAR EL EMBARAZO

Primer paso: esté consciente de cuáles son los métodos anticonceptivos que están a su disposición, y elija aquél (o aquéllos) que considere más apropiados en su caso. Existen varios libros sobre orientación sexual que pueden guiarla en esta dirección. También su ginecólogo puede ofrecerle su recomendación, tomando en cuenta su historial clínico.

■ Si está casada, la decisión de evitar el embarazo es suya (siempre)... pero en la misma debe tomarse en consideración la opinión del esposo. Todo matrimonio debe planificar la familia, y estas cuestiones tienen que ser conversadas por ambos cónyuges. Muy importante: en todo momento, su esposo debe estar consciente si usted desea evitar el embarazo o no.

■ Para muchas parejas regidas por estrictos conceptos religiosos, el método anticonceptivo del ritmo (abstinencia sexual durante el período fértil de la mujer) es el más recomendado, aunque las posibilidades de error en los cálculos son grandes, y responsables de infinidad de embarazos no esperados.

■ También el método del llamado *coitus interruptus* (eyaculación en el exterior de la vagina) es aceptado por algunas Iglesias, aunque tampoco es infalible.

■ En términos generales, la píldora anticonceptiva sigue siendo el método preferido por la gran mayoría de los ginecólogos en el mundo entero, a pesar de los efectos secundarios que a veces puede producir en algunas mujeres.

■ En el matrimonio que ha pospuesto la decisión de tener un hijo, la etiqueta establece muy claramente que es la mujer la responsable de tomar las precauciones anticonceptivas necesarias. Para ello, debe tener siempre una provisión suficiente de píldoras, así como otra alternativa para casos en que accidentalmente la existencia se haya agotado. En estas situaciones lo más seguro es el diafragma (se inserta en la vagina) y los preservativos (recogen la eyaculación masculina).

■ En todo caso –ya sea tomar la píldora anticonceptiva o recurrir al diafragma o geles espermicidas– son situaciones muy íntimas, que nunca deben ser presenciadas por el cónyuge. Aun en el momento más apasionado (si el amor surge de improviso), busque un instante de privacidad para cumplir con estos requisitos que pueden ser trascendentales.

■ Tampoco el cónyuge debe presenciar la rutina de la ducha vaginal después de una sesión de amor.

■ Si usted es una mujer soltera (divorciada o viuda) y mantiene relaciones íntimas con un hombre, tome todas las precauciones anticonceptivas que considere necesarias. Un desliz-de-amor puede tener consecuencias inesperadas, en las que ambos miembros de la pareja pueden ser perjudicados al tener que asumir una responsabilidad para la cual no se estaba preparado. En estos casos, no tiene por qué informarle a él de su decisión de evitar el embarazo... ¡considere que su deber es para consigo misma!

■ Una mujer soltera que le tiende una trampa al hombre y queda embarazada sin el consentimiento de él no sólo está rompiendo todas las reglas del buen gusto y de la etiqueta, sino que está involucrándose en una situación peligrosa e injusta, sobre todo para la criatura que puede surgir de ella. Las necesidades y obligaciones de la pareja han ido evolucionando, y la realidad es que hoy son pocos los hombres que consideran un "deber de honor" casarse con la mujer que va a tener su hijo, si él no está decidido a hacerlo por otros motivos. ¡Son puntos a tener muy presentes!

GUIA PRACTICA PARA EL USO DE ANTICONCEPTIVOS

PILDORAS ANTICONCEPTIVAS

■ El índice de efectividad es casi total (siempre que se sigan las indicaciones), pero recuerde siempre que las píldoras anticonceptivas deben ser prescritas por el médico.

■ La mujer que decide tomar píldoras anticonceptivas debe someterse anualmente a un examen físico general, el cual debe incluir la prueba Papanicolau, un examen de los senos, y medida de la presión arterial. Ante cualquier evidencia de anormalidad en los resultados, las píldoras deben ser suspendidas inmediatamente.

- Recuerde que las llamadas *mini-píldoras,* que no contienen estrógeno, pueden ser tomadas diariamente... pero su efectividad no es absoluta.

- Las píldoras anticonceptivas normales se toman oralmente (una todos los días, durante veintiún días consecutivos), y su propósito es suprimir la ovulación. Durante los siete días siguientes, no se ingiere píldora alguna.

- Una de las grandes ventajas de las píldoras anticonceptivas es que, además de su efectividad, casi no provocan desajustes menstruales, además de que reducen el riesgo a desarrollar infecciones internas (generalmente en las llamadas *trompas de Falopio),* una de las principales causas de la infertilidad.

- Inconvenientes: a veces provocan náuseas, dolores de cabeza, aumento de peso, y sangramiento. También se ha detectado una relación entre las píldoras anticonceptivas y la formación de coágulos en la sangre y la frecuencia de los ataques cardíacos. El riesgo de estas complicaciones aumenta una vez que la mujer pasa de los 35 años de edad.

LOS DISPOSITIVOS INTRAUTERINOS (DIU)

- Su índice de efectividad es alto, aunque no total (como en el caso de las píldoras anticonceptivas)... siempre que el dispositivo permanezca debidamente insertado en el *útero.* Es únicamente el médico quien debe recomendar este sistema anticonceptivo, y es él –también– la única persona que puede implantar el dispositivo en su lugar.

- La presencia del dispositivo intrauterino en el *útero* impide que el óvulo quede implantado en el mismo.

- Es fundamental que la mujer que utiliza este método anticonceptivo se someta a exámenes físicos anuales; periódicamente los dispositivos deben ser reemplazados (sobre todo los de cobre).

- La mujer que decide implantarse un dispositivo intrauterino, con frecuencia debe comprobar que el mismo se halla en el lugar debido... de lo contrario pierde totalmente su efectividad. Una de sus mayores ventajas: no interfiere en absoluto en el placer sexual de la pareja.

- Inconvenientes: A veces el dispositivo intrauterino puede ser la causa de sangramiento, y siempre existe la posibilidad de la perforación del *útero* (aunque ésta es remota).

EL DIAFRAGMA

- Puede ser muy efectivo... siempre que sea utilizado debidamente. Las medidas exactas del diafragma deben ser tomadas por el ginecólogo, y es conveniente usarlo conjuntamente con jaleas y cremas espermicidas (debido al peligro que siempre existe de que se mueva de su posición correcta durante el acto sexual).
- La inserción del diafragma es fácil, y toda mujer puede hacerlo antes de tener intimidad con su cónyuge. Su protección es grande (no tanto como la píldora anticonceptiva y los dispositivos intrauterinos, desde luego). Además ofrece la ventaja de que no interrumpe el placer sexual de la pareja ni la espontaneidad del momento.
- Inconvenientes: como mencionamos anteriormente, puede moverse de lugar, y entonces pierde su efectividad. Algunas mujeres con problemas en la pelvis no pueden usarlo.

LAS ESPONJAS ESPERMICIDAS

- Se trata de una pequeña esponja flexible, impregnada en una sustancia espermicida, que se inserta en la vagina momentos antes del encuentro sexual con el propósito de cubrir la *cérvix* (o *cuello del útero*); los espermatozoides quedan inmovilizados por el espermicida impregnado en la esponja.
- Después de la intimidad, la esponja anticonceptiva debe permanecer insertada en la vagina por un período no menor de seis horas.
- Su efectividad es casi total si la esponja anticonceptiva es utilizada conjuntamente con el preservativo (condón) masculino.
- Inconvenientes: algunas mujeres pueden ser sensibles a las sustancias químicas espermicidas, también pueden causar una ligera irritación en el área vaginal. Hay quienes prefieren no tener insertado un elemento extraño en la vagina por tantas horas.

EL PRESERVATIVO (CONDON)

- Como su nombre implica, se trata de una cubierta de goma o látex, muy fina, que cubre el pene masculino durante el acto sexual, recogiendo la esperma de la eyaculación y evitando que la misma llegue a hacer contacto con la vagina.

■ Su efectividad puede ser comparada a la del diafragma, si es utilizado en una forma cuidadosa... pero no hay duda de que siempre existe el peligro de que se rompa o perfore durante el encuentro íntimo.

■ Una de sus ventajas adicionales es que protege contra enfermedades que puedan ser transmitidas por el contacto sexual directo, además de que su precio es muy económico.

■ Inconvenientes: muchas parejas se quejan de que interrumpen la espontaneidad en los momentos de intimidad. Otras mencionan que provoca cierta irritación.

LAS ESPUMAS ESPERMICIDAS

■ Puede ser un método anticonceptivo efectivo si se usan en forma consistente y siguiendo debidamente las instrucciones de los fabricantes.

■ La espuma se introduce en la vagina aproximadamente media hora antes del encuentro íntimo; las sustancias espermicidas inmovilizan a los espermatozoides.

■ Ventajas: no ofrece peligros a la salud de la pareja.

■ Inconvenientes: indudablemente, resta espontaneidad a la intimidad de los cónyuges debido a la planificación que debe hacerse con respecto al momento propicio para el acto sexual (cuando la efectividad del elemento espermicida es total).

OTROS PRODUCTOS ESPERMICIDAS

■ Existen en el mercado infinidad de otros productos espermicidas... jaleas, cremas, aerosoles, supositorios, tabletas... Todos deben ser insertados en la vagina antes del encuentro sexual para inmovilizar a los espermatozoides.

■ Ventajas: su costo es moderado, no ofrecen peligro para la salud de ninguno de los cónyuges; su índice de efectividad es alto.

■ Inconvenientes: restan espontaneidad a la intimidad de la pareja, debido a que casi todos estos productos deben quedar disueltos en la vagina antes del encuentro sexual (un proceso que puede tomar entre media hora y una hora... a veces más). Además, en ocasiones provocan cierta irritación vaginal.

EL METODO DEL RITMO

- Es el único método anticonceptivo que es aprobado por la Iglesia Católica, y consiste sencillamente en la abstinencia que la pareja debe guardar durante determinados días del mes (antes, durante, y después de la ovulación de la mujer), generalmente por un período de una semana.

- La pareja debe aprender a calcular debidamente los períodos de fertilidad de la mujer, lo cual es relativamente fácil de determinar si se toma en cuenta la temperatura del cuerpo y se observa la consistencia del *moco cervical*. Se recomienda siempre que un médico explique a ambos miembros de la pareja las ventajas e inconvenientes de este método, así como la forma apropiada para llevar los registros de promedios de temperatura en la mujer.

- Inconvenientes: requiere cierta disciplina para llevar debidamente el control de los ciclos menstruales de la mujer, el registro diario de la temperatura... Además, es preciso tomar en consideración que el ciclo puede acelerarse o demorarse por infinidad de elementos ajenos (entre ellos una enfermedad, o estados de tensión, por ejemplo).

LA VASECTOMIA (HOMBRE)

- La esterilización masculina consiste en bloquear los conductos por los que circula la esperma. Se trata de una operación sumamente sencilla (no requiere hospitalización), y su grado de efectividad para evitar el embarazo es casi total (una vez que el médico compruebe la ausencia de espermatozoides en la eyaculación).

- La operación es económica (en muchos países en los que se desarrollan campañas anticonceptivas activas, es gratis), y sólo requiere anestesia local.

- Es importante aclarar que la vasectomía no interrumpe en absoluto el placer íntimo del hombre, ni disminuye su apetito sexual en forma alguna. Tampoco la operación consiste en la eliminación de los testículos, como aún piensan algunas personas que no han tenido suficiente información al respecto.

- Inconveniente: se trata de una operación casi siempre irreversible, y por ello sólo los hombres que hayan decidido no tener más familia son los que deben someterse a ella.

LA ESTERILIZACION FEMENINA

■ Consiste en la ligadura de las *trompas de Falopio,* por las cuales el óvulo hace su recorrido hasta el *útero.* Se trata de una operación relativamente sencilla, que tiene la ventaja de que imposibilita definitivamente la reproducción.

■ De nuevo, debido a su condición de irreversible, la esterilización femenina debe ser considerada cuidadosamente por la mujer (sobre todo por la mujer joven).

ETIQUETA DE LA MUJER EMBARAZADA

■ ¡El esposo debe ser el primero en conocer la noticia! Aunque ambos hayan sospechado la posibilidad de embarazo, una vez que éste ha sido confirmado por las pruebas médicas, infórmelo inmediatamente a su cónyuge.

■ Elija el momento y la vía más apropiada para decirle que, efectivamente, está embarazada. Recuerde que se trata de una situación muy íntima y de gran trascendencia en las relaciones conyugales. Llamarlo a la oficina al regreso del consultorio, demuestra poco tacto y una pésima sicología conyugal... lo mismo que escribírselo, si está fuera de la ciudad. Espere a que ambos estén juntos, en la privacidad de su habitación, y entonces infórmeselo. De esta manera convertirá en un verdadero evento familiar lo que de otra forma pudo no haber tenido mayor trascendencia.

■ Los familiares más allegados, así como algunas amistades, deben ser informados del embarazo... antes de que las evidencias físicas sean obvias. Sugiere un detalle de cortesía y preferencia hacia ellas.

■ ¡Prepárese para su embarazo! Si es el primero, obtenga información sobre el proceso que va a experimentar en los próximos meses, y asegúrese de visitar periódicamente a su médico para que éste compruebe que su desarrollo es normal.

■ Infórmese anticipadamente de los gastos que va a representar el dar a luz, así como de aquéllos que sean cubiertos por seguros personales y de trabajo.

■ No utilice su embarazo como pretexto para comer desmedidamente y justificar su aumento de peso. No sólo es anti-estético, sino que clínicamente puede ser muy perjudicial... para usted y para la criatura. Es indispensable que siga una dieta balanceada, que vigile su peso... y es el especialista quien mejor puede orientarla en este sentido.

- Haga todos los ejercicios recomendados, ¡manténgase ágil! El embarazo-en-la-cama, a menos que sea una necesidad clínica, es perjudicial para su salud y sicológicamente puede resultar muy negativo. Manténgase ocupada en todo momento... prepare la ropa de su futuro bebé, o decore su habitación, por ejemplo.

- Sí, su estado actual es transitorio... pero usted debe mantenerse atractiva y verse bien en todo momento. Adquiera la ropa apropiada (nada muy ceñido, pero tampoco muy holgado), y elija aquellos modelos que más la favorezcan, aunque su silueta esté alterada. Afortunadamente, los diseños y estilos para futuras-mamás son extraordinariamente variados en la actualidad.

- Si trabaja en la calle y tiene contacto con el público, tenga varias frases ya ensayadas para responderle a las personas que pregunten por su estado. "Sí, estoy esperando un bebé... en el próximo mes de agosto" es muy apropiada.

- Evite que le cuenten las clásicas historias de embarazos difíciles y experiencias personales que muchas mujeres son adictas a contar, y las cuales sólo pueden confundirla y atemorizarla ante un proceso que es natural, ¡maravillosamente natural! La mejor información puede obtenerla de su médico o de libros especializados.

- Mantenga a su esposo informado en todo momento del proceso que está experimentando. Hágalo partícipe del mismo, y prepárelo para la próxima llegada del bebé. A veces es conveniente que ambos tomen un curso especial para futuros padres (se ofrecen en muchas ciudades de España e Hispanoamérica), así como que participen en las prácticas de ejercicios para el parto-sin-dolor. Estas actividades compartidas unen más a la pareja y sicológicamente la preparan para los ajustes que deberán hacer en sus respectivas rutinas diarias una vez que nazca el bebé.

- Estar embarazada tampoco es justificación para dejarse de arreglar debidamente y no mostrar su mejor cara a las personas de su alrededor, muy especialmente a su esposo. Por mal que se sienta en determinados momentos, vigile siempre su maquillaje y su cabello. Asimismo, preste especial atención a su higiene más íntima.

- No abuse de su esposo con exigencias y reclamaciones tratando de justificarlas por el hecho de que está embarazada. El embarazo permite mayor comunicación conyugal y en ningún momento debe ser utilizado para chantajes emocionales. ¡No estropee una etapa única en todo matrimonio!

■ Las relaciones íntimas con su esposo no tienen que ser interrumpidas durante el embarazo. Es más, los sicólogos mencionan que hacerlo puede ser muy negativo para la estabilidad del matrimonio, ya que el hombre inconscientemente se siente desplazado por la criatura que va a llegar y puede comenzar a albergar resentimientos contra ella. Por lo general, la intimidad sexual puede mantenerse hasta unas semanas antes de dar a luz; consulte con su médico.

■ Tampoco interrumpa sus actividades diarias normales... ejercicios, trabajo, estudios.

■ Antes de nacer el bebé, prepárese para los días que deberá pasar en el hospital al dar a luz. Mantenga una maleta lista con todos los elementos que necesitará, incluyendo los del bebé.

■ Elija con anticipación el nombre del futuro bebé (dos alternativas, por supuesto... varón o niña, en el caso de que el sexo del feto no haya sido determinado por pruebas especiales), siempre de acuerdo con su esposo. Es recomendable preparar dos listas de nombres de cada sexo, e ir haciendo eliminaciones hasta dejar sólo cinco en cada lista. Entre todos éstos, elija finalmente uno en cada una de ellas.

■ ¿Debe el esposo tomar parte activa en el parto? Es muy recomendable porque elimina la imagen pasiva del padre de antaño, que esperaba pacientemente por la llegada del bebé en la sala de espera del hospital, fumando un puro tras otro. Además, está comprobando que la futura mamá se siente reconfortada por la presencia del esposo en la sala de alumbramientos. Muchos médicos y hospitales sugieren hoy esta participación del hombre en todo el proceso de dar a luz. Pero es una decisión privada de cada matrimonio. ¡No se sienta forzada!

■ Obviamente, el epígrafe anterior se refiere únicamente al parto natural; si es preciso someter a la mujer a una operación de cesárea, la presencia del esposo en la sala de partos no tiene justificación alguna, además de que puede presentarle una imagen muy negativa del proceso del alumbramiento.

■ Una vez nacido el bebé, y de regreso a la casa, es preciso hacer un esfuerzo para recuperar la silueta de antes. Esto se logra mediante una dieta adecuada, masajes, y ejercicios de efectividad probada. No olvide las cremas especiales para eliminar cualquier estría que pueda habérsele formado en el vientre.

REGLAS DE ETIQUETA QUE FUNCIONAN COMO AFRODISIACOS...

■ ¡Elogie a su cónyuge! Si realmente lo ama y quiere mantenerlo a su lado, siempre encontrará alguna cualidad positiva que elogiar. Al hacerlo, no escatime sus palabras. Un elogio apropiado puede ser el mejor estímulo para un hombre en un momento determinado.

■ En los instantes más íntimos, sorpréndalo con una sugerencia creativa que él no espere. ¡Sea audaz en este sentido!

■ Manténgase activa al hacer el amor... la pasividad pasó de moda a finales del siglo pasado.

■ ¡Haláguelo de mil maneras diferentes! Póngase un vestido que él le haya elogiado específicamente, llámelo al trabajo y mencione que en ese momento estaba pensando en él y quiso hacérselo saber (sea breve), prepárele su plato favorito, esté pendiente de que no le falten los elementos básicos de su higiene íntima (crema de afeitar, lociones, dentrífico...), sorpréndalo en su cumpleaños organizándole una fiesta-sorpresa (invite a sus mejores amigos, incluyendo los que no estén en su lista personal de preferidos).

■ Envíe a los niños a casa de sus abuelos por un fin de semana, para disfrutar a plenitud la intimidad con su esposo.

■ Repítale cuánto lo quiere... pero también confiésele que le gusta... ¡mucho!

■ Al vestirse para una ocasión especial, mencione lo elegante que se ve. Admita que no lo cambiaría por nadie en el mundo.

■ Después del amor, hágale saber cuánto lo ha disfrutado.

■ Sorpréndalo con una nueva bata para dormir... Al acostarse, aplíquese ese perfume que él prefiere.

■ Rocíe los sábanas de la cama con gotitas de ese mismo perfume.

■ Cómprele un disco favorito... grabe en la vídeocasetera una película que él no pueda ver porque la estén pasando a una hora en la que él se encuentra en el trabajo... o durmiendo.

■ Prepárele un platillo especial a su suegra, y envíeselo con él.

■ En el día de su cumpleaños, felicítelo... bien temprano, aunque tenga que despertarlo. ¡Usted quiere ser la primera en hacerlo... inclusive antes que los niños!

■ Sea creativa el hacerle regalos... en el día de los Padres, en la Navidad, el día de Reyes...

■ No olvide la fecha de su aniversario de bodas... pero tampoco la del día en que se conocieron... o el día en que él le dio el primer beso... ¡Recuérdeselo!

■ Sin motivo alguno, cómprele su colonia favorita.

■ Suscríbalo a una publicación que le interese... o cómprele un libro por el cual haya mostrado curiosidad. En todo momento, muestre su interés por *sus cosas*.

LA ETIQUETA Y LA ECONOMIA DE LA PAREJA

Las necesidades económicas y de desarrollo personal entre los miembros de los matrimonios de hoy han hecho que existan infinidad de parejas en las que ambos cónyuges trabajan... ¡y el número sigue creciendo, infinitamente! Aquel concepto arbitrario vigente hasta hace algunas décadas basado en que "el hombre es el proveedor de la familia", mientras que la mujer debía permanecer encerrada entre cuatro paredes cuidando del hogar y de la familia, no sólo está pasado de moda, sino que pocas parejas de hoy lo aceptarían. Por lo tanto,

■ Ambos miembros de la pareja deben estar conscientes de que la responsabilidad económica del hogar tiene que ser compartida, en todos los sentidos. Si por determinadas circunstancias la mujer decide permanecer en la casa mientras que el esposo trabaja, esto no significa –en forma alguna– que ella se deba despreocupar de las cuestiones financieras del hogar ni que él desatienda determinadas labores en la casa porque considere que ya ha cumplido con sus obligaciones de jefe-de-familia.

■ Cuando la mujer también trabaja en la calle, la situación puede ser mucho más compleja: la realidad es que en nuestros países hispanoamericanos, no todos los hombres están acostumbrados a que la mujer contribuya económicamente a proveer las necesidades del hogar, a veces en una proporción inclusive mayor que la del mismo hombre. ¿Qué hacer en estos casos? En un matrimonio con comunicación a nivel óptimo, la situación puede ser analizada con toda la objetividad necesaria, y llegar a una división lógica de las obligaciones económicas que plantea todo hogar; es decir, entre ambos pueden decidir qué gastos cubrirá ella con su salario, y cuáles él.

Desde luego, ésta es una decisión que debe hacerse con un sentido equitativo de las responsabilidades para que ninguno de los cónyuges sea perjudicado con una carga más pesada que la del otro. Además, los límites establecidos deben ser flexibles, de manera que no exista un espíritu individualista e independiente dentro del matrimonio.

■ Otra fórmula: también ambos cónyuges pueden aportar sus dos salarios a un fondo común, con el que se cubrirán todas las necesidades del hogar, incluyendo sumas destinadas al ahorro para gastos imprevistos, vacaciones, y para hacer frente a cualquier eventualidad. Siempre que la pareja considere que ésta es una forma equitativa de cubrir sus necesidades, la decisión es la correcta.

■ Por supuesto, los cónyuges que trabajan deben tomar en cuenta que necesitan de determinada cantidad (mensual, quincenal o semanal) para cubrir los gastos que sus necesidades personales y de trabajo representan. Ninguno de los dos debe oponerse al hecho de que el otro considere estas sumas en sus respectivos presupuestos.

■ Muy importante: toda deuda contraída debe ser aprobada por ambos miembros del matrimonio... la responsabilidad, en definitiva, es de ambos. La misma regla se aplica en casos de préstamos bancarios o personales.

■ ¿Cuentas bancarias... juntas o separadas? Los economistas actuales que estudian la mejor planificación de las finanzas de la familia consideran que es conveniente que ambos cónyuges mantengan cuentas bancarias separadas (corrientes y de ahorros). De esta forma, la mujer logra una solvencia e independencia económica que puede actuar a su favor en el caso de un divorcio o de la muerte inesperada del cónyuge. Hasta no hace mucho, era difícil para una mujer divorciada o viuda obtener cualquier tipo de crédito, precisamente por no contar con los antecedentes económicos que respaldaran su solvencia y responsabilidad... Es evidente que éste es un elemento sumamente importante que debe ser tomado en cuenta por toda pareja previsora.

■ También las tarjetas de crédito pueden estar a nombre de cada uno de los dos cónyuges, independientemente uno del otro.

■ ¿Quién firma los cheques para pagar los gastos habituales de la casa? La etiqueta es flexible en este sentido: tanto él como ella. Es una cuestión personal que debe ser decidida por ambos miembros de la pareja.

■ Aunque se trata de una regla obvia de la etiqueta, es preciso repetirla: las discusiones por cuestiones de dinero deben ser evitadas a toda costa porque generalmente desencadenan crisis mayores. Pero si es ella quien tiene un salario superior al de él, es casi inevitable que se provoque entre ambos cónyuges una situación de competencia que puede ser más o menos sutil, según la habilidad de control de cada uno. En estos casos, el verdadero amor, la comprensión, y la comunicación mutua constituyen el único antídoto efectivo contra cualquier crisis de rivalidad que pudiera plantearse.

- El tema de los seguros también debe ser considerado por la pareja responsable, con la debida prioridad, ya sean seguros médicos y de hospitalización, como seguros de vida (y otras variedades). Ambos cónyuges deben estar al tanto de los riesgos que cubren, formas de pagos (mensuales o anuales), así como todo lo que se refierc a la cuestión de los beneficiarios. También es sumamente importante que un cónyuge informe al otro del lugar apropiado de la casa (o la caja fuerte del banco), donde todos estos documentos son guardados, de manera que estén rápidamente al alcance de la mano en caso de una emergencia.

- Lo mismo se aplica al testamento, probablemente el documento más importante para un matrimonio, después del acta matrimonial. Aunque la muerte es siempre un tema desagradable para tratar, es una responsabilidad de la pareja considerar minuciosamente las eventualidades que pudieran presentarse en el caso de muerte de uno de los cónyuges (o ambos). Se deben conocer las disposiciones de este documento, y el lugar donde el mismo es guardado debe ser igualmente mencionado a un hijo mayor, a un familiar allegado, o al abogado de la familia.

- Los títulos de propiedades de bienes raíces e hipotecas concedidas, también deberán ser mantenidos en lugares seguros, al acceso de ambos cónyuges.

- Muchas personas que se casan por segunda vez firman lo que legalmente es conocido en muchos países con el nombre de *contrato prematrimonial*. Se trata de un documento en el cual se determina previamente la disposición de los bienes de cada cónyuge en caso de divorcio o de muerte. Generalmente, los bienes adquiridos antes del segundo matrimonio se legan a hijos del primer matrimonio, y familiares... mientras que los bienes adquiridos en común constituyen el patrimonio de ese segundo matrimonio, y entonces son heredados por el cónyuge sobreviviente, o divididos equitativamente como bienes gananciales.

■ Si la pareja no está casada y ha adquirido bienes en común, es importante que se tomen las previsiones de rigor para disponer de estos bienes en una forma racional en caso de rompimiento o muerte. El testamento, desde luego, es el documento idóneo para disposiciones de este tipo. Pero además se pueden tomar otras medidas que protejan a uno y otro miembro de la pareja; entre ellos, títulos de propiedad de bienes raíces en común, con cláusulas de supervivencia; cuentas bancarias conjuntas, etc. Su abogado puede informarle sobre todas estas posibilidades.

■ La división de bienes gananciales entre dos cónyuges que se divorcian siempre plantea una situación explosiva, en la que muchas veces es preciso obtener los servicios de abogados mediadores que puedan resolver el conflicto. En estos casos, la etiqueta sugiere colocar la lógica, la objetividad y la conveniencia personal por encima de las emociones y los resentimientos, de manera que esta división pueda ser hecha en una forma justa, equitativa, y en la que ninguno de los dos cónyuges sea perjudicado.

LA ETIQUETA PARA VER LA TELEVISION

En millones de hogares en el mundo entero, la televisión es un amo poderoso que controla la vida de infinidad de familias... nos despertamos y lo primero que hacemos es encender el televisor para ver las noticias, nuestros hijos prácticamente se adhieren a la pantalla al regresar de la escuela, nos hemos vuelto adictos a determinados programas, y... ¿quién se acuesta hoy en día sin antes ver las noticias en su canal prferido? Por supuesto, todos estamos de acuerdo en que la televisión es el medio de comunicación por excelencia, y que sus posibilidades educacionales son prácticamente ilimitadas. Sin embargo, debemos observar ciertas reglas elementales de etiqueta cuando nos sentamos frente a un televisor, sobre todo si lo hacemos en la compañía de nuestros familiares y amigos.

■ En primer lugar, preste atención al programa que está viendo... y guarde silencio. Si decidió ver un programa determinado es porque el mismo le interesó. Concédase entonces la oportunidad de integrarse a la trama que se está desarrollando, y permita que los demás puedan hacer lo mismo.

- Si va a cambiar de canal (y otras personas se hallan viendo la televisión con usted), lo correcto es preguntar si están de acuerdo en el cambio. Saltar de un canal a otro, sin mostrar la más mínima consideración hacia las personas a su alrededor, es una falta mayor a la etiqueta.

- En este sentido, es preferible la planificación de los programas que se van a ver, antes de sentarse a ver la televisión. Existen publicaciones periódicas especializadas (casi siempre semanarios) que ofrecen la programación de los canales en cada ciudad, además de que los mismos son publicados por la prensa diaria. Suscríbase a una de estas publicaciones y pre-seleccione aquellos programas que usted prefiera ver durante la semana. También tome en consideración las preferencias de otros miembros de su familia, muy especialmente su cónyuge.

- Lo ideal en el hogar moderno es que hayan dos o más televisores, una posibilidad hoy al alcance de todos debido a los precios moderados de los receptores. Pero si sólo se dispone de uno, o si la costumbre de la familia es ver la televisión en grupo, insistimos: ¡no imponga su criterio! Considere también las preferencias de los demás.

- Cuando nos referimos al silencio como elemento indispensable para ver la televisión, no es realista esperar que ese silencio sea absoluto. Por supuesto, la intimidad del hogar se presta a que esta regla sea mucho más flexible que la aplicada al silencio que se debe guardar en el cine o el teatro. Uno que otro comentario sobre lo que se está viendo, es tolerable... y hasta apropiado para hacer notar que ver la televisión es una actividad que está siendo compartida. Ahora bien, la conversación constante llega a lograr que hasta el televidente con mayor poder de concentración pierda el hilo de la trama del programa que está viendo.

- La televisión no debe ser vista mientras se está comiendo. Es una falta de cortesía hacia los demás comensales, y resta todo el valor familiar que tiene la ceremonia de la comida. Esta regla es importante inculcarla a muchos niños, quienes han llegado a asociar estas dos actividades como si una fuera complemento de la otra.

- No interrumpa el campo visual frente al televisor... con su cuerpo o parte de él. Tampoco permita que otros miembros de la familia lo hagan.

- Al apagar el televisor, es un gesto de amabilidad el consultar con los demás televidentes si están de acuerdo en hacerlo. No considere que terminar de ver determinado programa equivale a una señal para salir de la habitación en estampida y reanudar otra actividad cualquiera... lo correcto es hacer algún comentario breve sobre lo que se acaba de ver, o en todo caso, emitir un "con permiso" (sin dirigir la frase a nadie en particular).

■ Mientras se estudia, no se puede ver la televisión. Los sicólogos han comprobado que la atención no puede concentrarse en dos situaciones al mismo tiempo. Hay momentos apropiados para ver la televisión... y éstos no deben interferir con los períodos de estudio.

■ Cuando se está viendo la televisión tampoco es el momento más propicio para hacer una llamada telefónica. La conversación puede molestar o interrumpir la atención de los otros televidentes. Si fuera imprescindible llamar por teléfono en ese momento, hágalo desde otra habitación.

■ Si recibiera una llamada telefónica mientras está viendo la televisión, usted tiene el poder (y el derecho, según las normas de la etiqueta) de decidir si atiende la llamada o si le explica honestamente a la persona que la llamó que está viendo la televisión en ese momento y que le devolverá la llamada tan pronto esto sea posible. No se sienta mal por su sinceridad en este sentido. Recuerde que el teléfono es una especie de visita dictatorial que se impone en nosotros al antojo de la persona que llama, de modo que usted puede posponerla hasta otro momento que sea más apropiado.

■ Si decide atender la llamada, compruebe que su conversación no interrumpe la atención de los demás televidentes; siempre es preferible hablar desde otra habitación.

■ Eso sí, no trate de ver la televisión y hablar por teléfono al mismo tiempo. Es de pésima educación, y su interlocutor percibirá –en algún momento– que usted no le está prestando la debida atención.

■ No haga una llamada telefónica minutos antes de que comience su programa favorito. Interrumpir la llamada después denota pésimo gusto, además de su rudeza al hacer patente que la persona a quien llamó ocupa un segundo plano en el orden de sus prioridades.

■ Los anuncios publicitarios que se pasan entre las diferentes secciones de un programa no deben ser tomados por el televidente como intermedios para iniciar otras actividades. Tome en consideración que en la televisión comercial que existe en casi todos los países del mundo occidental, son estos anunciantes los patrocinadores del programa que está usted viendo y que han sufragado los gastos del mismo. Por lo tanto, es una regla de cortesía elemental prestarles atención.

Además, los mismos le proporcionan información importante sobre nuevos productos en el mercado que pueden ser de su interés.

■ El amor y la televisión no son compatibles... ¡un momento para cada cosa!

■ Si acostumbra a ver la televisión en la intimidad de su habitación, y comparte ésta con su cónyuge, asegúrese de que ambos están de acuerdo en verla. Si uno decidiera dormir, y el otro prefiriera continuar viendo un programa que le interese, es conveniente el uso de auriculares especiales (pueden ser adquiridos en cualquier tienda especializada en equipos de sonidos) de manera que el audio no moleste.

LA TELEVISION Y LOS NIÑOS...

■ Inculque en sus hijos –desde pequeños– estas reglas elementales de la etiqueta para ver la televisión. No imponga restricciones que puedan ser consideradas arbitrarias por ellos; es conveniente que explique el por qué de cada una de sus sugerencias... ¡todas están justificadas!

■ Considere cuáles son los programas más adecuados para que sean vistos por sus hijos, e invítelos a que los vean. No sugiera de acuerdo con opiniones ajenas... sea usted misma la crítica en este sentido. Hay programas educacionales que pueden estimular poderosamente la imaginación del niño... ¡prefiéralos!

■ No permita que sus hijos se conviertan en verdaderos adictos a la pantalla pequeña. Es usted quien debe controlar sus horarios para ver la televisión e imponer los límites que considere pertinentes... dos o tres horas diarias es el tiempo máximo que sugieren los sicólogos.

■ Evite determinados programas y películas en los que el elemento principal sea la violencia o el sexo. Aunque se supone que casi todas las telemisoras tengan en consideración este factor al confeccionar sus programaciones y ubiquen estos programas o películas en horarios nocturnos (en los que se supone que el niño ya esté durmiendo), la realidad muestra que el nivel de sexo/violencia en la televisión es muy elevado.

■ No permita que los niños estén cambiando de canales. Es importante enseñarles la importancia de hacer la selección correcta y de tener la disciplina para comprobar si ésta ha sido la más acertada.

- Establezca cuál es la distancia apropiada para que el niño se ubique con respecto a la pantalla del televisor (un mínimo de dos metros).

- No utilice la televisión como objeto de premio y castigo para el niño; considere en todo momento que la televisión, cuando es debidamente controlada por los padres, es un elemento positivo en la formación y educación del niño... ¡y así debe éste interpretarla!

- Y una vez más: no permita que el niño coma mientras ve la televisión. Establezca horarios muy definidos en este sentido, y haga que se cumplan.

CAPITULO 13

LOS NIÑOS
Y LA
ETIQUETA

La cortesía, los buenos modales, y las reglas de la etiqueta se aprenden; por lo tanto, del esfuerzo que los padres realicen en este sentido depende –en gran parte– la forma en que sus hijos se comportarán luego en sociedad. Este proceso de aprendizaje y entrenamiento comienza a una edad muy temprana, y básicamente está basado en el principio sociológico de la observación y la imitación... motivo por lo que resulta tan importante seguir ciertas normas elementales de la etiqueta en la intimidad del hogar, de manera que el niño siempre esté expuesto a un ambiente amable, en el que la comunicación, la comprensión y la tolerancia existan en todos los miembros de la familia.

¿Cómo podemos inculcar la cortesía en el niño, desde muy pequeño?

■ Hágalo consciente de que somos seres gregarios y que formamos parte de una sociedad, en la cual es preciso compartir muchos elementos: desde el oxígeno que respiramos, hasta el espacio que ocupamos. El egoísmo natural que muestran muchos niños puede ser moderado si lo enseñamos a ser generoso en determinadas oportu-

nidades, forzándolo a ceder en algunos de sus caprichos infantiles. Ceder es una forma de mostrar consideración hacia los demás –siempre que nuestros derechos fundamentales no sean afectados directamente, desde luego– y el niño que así lo aprende está dominando la primera regla básica de la etiqueta.

Es importante estimular el roce social del niño. Es en la escuela, en sus primeros años de formación, cuando el niño comienza a rodearse de amiguitos y a experimentar por sí mismo lo que es vivir en sociedad. En este período, el estímulo de los padres es fundamental para contribuir a que el niño se integre genuinamente a sus semejantes y comience a formar lo que llamamos "el grupo"... un núcleo de personas allegadas, con intereses más o menos comunes, que será muy importante en su futuro desarrollo social. Una de las formas de enfatizar el concepto del *grupo,* y hacerle comprender su importancia, es hacer que el niño pertenezca a equipos deportivos, a clubes, a bandas infantiles, etc. De esta forma, por sí mismo comprenderá que hay infinidad de metas en la vida que no se pueden lograr por uno mismo, y que para alcanzarlas es fundamental la participación de otros semejantes.

■ Las inquietudes culturales no surgen en el ser humano por instinto... y ésta es una realidad que todo padre debe tener presente para contribuir al desarrollo cultural de sus hijos. Acostumbre el oído del niño a la buena música, despierte su interés en el teatro (hay magníficas obras de teatro infantil, de guiñol, etc.), compenétrelo con el mundo maravilloso del cine, estimúlelo a ver programas de televisión que resulten verdaderamente instructivos y orientadores... a leer un buen libro... todas éstas son actividades que contribuyen a ampliar los horizontes mentales del niño, estimulan sus inquietudes propias, y desarrollan manifestaciones artísticas latentes que van a ser muy importantes en su vida futura.

■ Los deportes ofrecen una oportunidad formidable para familiarizar al niño con el éxito que podemos lograr si funcionamos en equipo, con una misma meta y haciendo un esfuerzo en conjunto. No se limite a incorporar su nombre al de un equipo deportivo determinado... enfatice en todo momento el hecho de que en la unión está la fuerza, y no aplauda únicamente sus triunfos deportivos personales, sino también aquéllos que logre con la participación de sus compañeros.

■ Muy importante: en todo momento es preciso que el niño perciba la importancia decisiva de la imagen que tenga de sí mismo, así como la que proyecte a los demás. Esto se enfatiza obligándolo a seguir determinadas reglas básicas de higiene, imponiendo disciplina en sus horarios, y estimulando las actitudes adecuadas en él. El niño que logra desarrollar una imagen positiva de sí mismo, que muestra seguridad en lo que hace, y una decisión inquebrantable para lograr las metas que se proponga (por pequeñas que éstas puedan parecernos debido a su corta edad), cuenta ya con una base fundamental para triunfar en el mundo social en el que todos convivimos.

EL BEBE

■ Durante sus primeros meses, las salidas del bebé deben limitarse a visitas al médico y a la casa de familiares más cercanos. En ningún momento el bebé debe ser llevado de visita a casas de amistades (por íntimas que éstas sean), ya que esto significa imponerles una situación para la cual probablemente no están preparadas, además de que interrumpe una rutina básica en el niño (sueño, horarios de alimentación, cambio de pañales, etc.). En todo caso, es preferible que sean sus amigas quienes la visiten a usted, en momentos que no conflijan con los horarios que el bebé ya reclama para sí.

- Si la salida del bebé es imprescindible, entonces la madre debe estar preparada para cualquier eventualidad que se presente, y llevar una bolsa con suficientes pañales, aceites y talcos, toallas, cepillos, biberones, etc. de manera que pueda hacer frente a las necesidades del bebé.

- Hasta que no cumplan su primer año, los niños no deben ser llevados frecuentemente a lugares públicos en los que se conglomere un número grande de personas (el cine, el supermercado... por ejemplo), y en los que su comportamiento pueda interrumpir las actividades de quienes están a su alrededor. Desde luego, sí es apropiado (y conveniente) que los bebés sean expuestos a lugares amplios, preferiblemente al aire libre (la playa, un parque, el campo, etc.).

- El bebé debe tener una cuna y un lugar apropiado para dormir, relativamente aislado del resto de los familiares que compartan la misma casa. Ahora bien, imponer un silencio absoluto a todos los miembros del hogar por el hecho de que "el niño está durmiendo" constituye una restricción arbitraria que limita la libertad de todos. Además, está demostrado en infinidad de investigaciones sicológicas que el niño debe acostumbrarse a sonidos peculiares del medio ambiente en el que se desenvuelve, los cuales le permiten identificar un lugar que ya conoce y que le proporcionan un sentido de la seguridad al saberse protegidos.

- Una vez que el bebé comienza a gatear, caminar, y a mostrar interés por los objetos a su alrededor, es imprescindible mantener bajo control sus movimientos para evitar que pueda hacerse daño y para que no importune a las personas a su alrededor. Es una muestra elemental de cortesía hacia los demás.

- No imponga su bebé a los demás, aunque sea la criatura más adorable del mundo. Hay personas que no se interesan mayormente por los niños pequeños e inclusive les molesta tener que aceptarlos y forzarse a sonreírles sus gracias. Forzar una situación de este tipo constituye una falta a la etiqueta.

- Tampoco obligue a nadie a ver las fotografías, películas o vídeos que tome de su bebé. Estas son cuestiones personales que sólo usted y los miembros muy allegados de su familia deben compartir... siempre que éstos también se interesen en ello.

- Recuerde que el llanto del bebé tiene un significado especial, ya que es su única forma de comunicarnos que necesita ayuda. Atienda siempre al bebé que llora y trate de calmar el llanto tomando las medidas necesarias.

- Los niños pequeños nunca deben hacer sus necesidades físicas delante de otras personas, y mucho menos en lugares públicos; acostúmbrelos –desde muy pequeños– al concepto de la privacidad en esos momentos tan personales.

LA HIGIENE BASICA DEL NIÑO

Tan pronto el niño puede comenzar a valerse por sí mismo, es preciso que aprenda ciertas rutinas de higiene íntima que lo acompañarán durante toda su vida:

- El baño debe ser diario... al levantarse en la mañana, o al regresar del colegio. Asígnele al niño jabones, champús, y toallas personales, para que perciba el hecho de que la higiene íntima es una rutina muy personal, no compartida con otros.

- Nunca bañe al niño conjuntamente con hermanitos o amiguitos.

- La cabeza debe ser lavada diariamente; enséñele al niño –desde pequeño– los diferentes productos que debe utilizar para mantener un cuero cabelludo saludable y un cabello atractivo.

- El niño debe considerar el cepillo de cabeza como uno de sus mejores aliados para mantener en forma su cuero cabelludo, reactivar la circulación de la sangre en esa zona vital de nuestro cuerpo, y contribuir a que el cabello luzca sedoso y con brillo.

- Es preciso que se cepille los dientes varias veces en el día... después de cada comida, al levantarse, y antes de acostarse.

- El uso del desodorante debe ser diario.

- Las manos deben ser lavadas varias veces en el día: antes y después de cada comida, cada vez que se va al baño, y siempre que estén sucias.

- Es preciso mantener las uñas impecables, recortadas (manos y pies). Si el niño desarrolla el hábito de *comérselas,* el mismo debe ser erradicado inmediatamente.

- Si el niño ya es capaz de tomar decisiones en cuanto a la ropa que prefiere (él mismo lo hará saber con sus pequeñas exigencias infantiles), permita que comience a elegir las piezas que va a vestir. Desde luego, utilice su sicología de madre para orientarlo en cuanto a las combinaciones más apropiadas... es el momento indicado para inculcarle el sentido de la armonía en cuanto a color, texturas, y diseño se refiere. ¡Aprovéchelo!

- La ropa debe mantenerse limpia (incluyendo la ropa interior), y este requisito se aplica igualmente para su ropa de cama y equipo de baño.
- La limpieza de los zapatos es esencial.

CUANDO EL NIÑO ES PRESENTADO

- Cuando el niño es presentado, lo correcto es que, si está sentado, se levante ante la presencia de una persona mayor, y muestre una actitud de atención. Es importante que el niño aprenda que siempre debe ponerse de pie delante de la personas mayores.
- Enséñelo a que extienda su mano derecha a la persona a la que va a ser presentado.
- Siempre es el niño quien es presentado a la persona mayor. Por ejemplo: "Marina, te presento a mi hijo, Oscar", o "Doctor Vélez, le presento a mi hijo Oscar".
- El niño debe responder con una frase de rigor, y repetir su nombre y apellidos: "Mucho gusto, Oscar López Vallejo".
- Si el niño debe responder a las preguntas que le haga una persona mayor, enséñelo a que emplee frases completas: "Sí, señor" o "No, señor", "Muchas gracias", "Perdón, tengo que marcharme". En todo momento debe tratar a la persona mayor de "usted", y si se refiere a ella, es fundamental que anteponga las palabras "Señor" o "Señora" antes de su nombre propio, como muestra de respeto y de cortesía. Es evidente que la presentación es un proceso social sencillo, y que puede ser aprendido por un niño de cualquier edad. Ensaye la rutina hasta que compruebe que el niño la domina completamente.

EL NIÑO A LA MESA

- Antes de sentarse a la mesa, compruebe que el niño tiene las manos limpias (incluyendo las uñas), que está debidamente peinado, y que viste la ropa apropiada. En ningún momento se debe aceptar que un niño se siente a la mesa en *shorts,* o con el tórax descubierto. Aun en la intimidad del hogar, y desde muy pequeño, el niño debe acostumbrarse a que la comida es una ceremonia importante para el grupo familiar y que requiere vestir apropiadamente. No ceda en este aspecto ante las presiones que impone la dinámica de la vida moderna.

■ Tan pronto como el niño tenga la edad suficiente, acostúmbrelo a comer con los mayores. Dele importancia y formalidad a ese momento, de manera que él considere que es una distinción y un privilegio que está recibiendo por parte de otros miembros de su familia, y acepte sus nuevas responsabilidades en la mesa.

■ Enséñele el uso debido de los cubiertos, y el orden en que éstos deben ser tomados; es una rutina fácil, con la que el niño debe familiarizarse desde muy temprana edad. Muéstrele cómo debe colocarse la servilleta (no, nunca se la amarre al cuello... por pequeño que sea), y cuál es su uso. Ensaye –a solas con él– toda esta rutina... como si se tratara de una pequeña obra de teatro. ¡Convierta el aprendizaje en un juego agradable!

■ Explíquele que ningún miembro de la familia debe comenzar a comer hasta que no lo hace el cabeza de familia que esté a cargo de la mesa (el padre, la madre, un hermano mayor...).

■ Enfatice en el niño la importancia de ser especialmente cortés durante la comida. Si desea que le sirvan agua, o que le pasen el pan, por ejemplo, acostúmbrelo a emplear siempre frases como "por favor" y "gracias".

■ Estimule en él la moderación y la propiedad en todo momento:

(1) El plato nunca debe quedar lleno.

(2) Los postres no se sirven (ni se comen, por supuesto) hasta el final de la comida.

(3) No se mastica con la boca abierta ni se habla con la boca llena.

(4) Tampoco se hacen sonidos al ingerir la comida, ni con los cubiertos en la mesa.

(5) Si desea que le sirvan más de un plato determinado, la nueva porción debe ser menor que la primera...

■ Los padres pueden aprovechar el momento de la comida para estimular en el niño otros hábitos positivos... como es la forma apropiada de conversar, por ejemplo. Elija de antemano dos o más temas de conversación que sean apropiados para los niños, y sirva de moderadora para evitar que todos hablen a la misma vez o que surjan discrepancias desagradables.

- Insistimos: mientras se come no se mira la televisión.
- Tampoco se habla por teléfono, ni se reciben llamadas telefónicas. Si se recibe una llamada en el momento de la comida, la misma será devuelta después (vea la página 000).
- Los medicamentos que pudiera tomar el niño generalmente son prescritos para antes o después de las comidas. Haga que los tome antes de sentarse a la mesa (o después). Es de pésimo gusto servir pastillas o ver pomos de medicinas sobre la mesa a la hora de la comida.
- Antes de levantarse de la mesa, el niño debe esperar a que el resto de los comensales hayan terminado. Si los mayores desean tomar más café, o hacer sobremesa, entonces el niño puede ser disculpado... pero siempre una persona mayor debe darle la autorización debida para que se levante de la mesa.
- Desde luego, si se presentara una situación de emergencia, el niño puede levantarse durante la comida, excusarse ("con permiso")... y regresar después, sin dar explicaciones sobre el motivo que lo obligó a levantarse.
- Los mayores tampoco deben levantarse de la mesa y dejar el niño a solas, mientras termina de comer.

EN EL RESTAURANTE
O LA CAFETERIA

- Desde luego, deben observarse aún más estrictamente todas las reglas anteriores.
- Si el niño tiene la edad apropiada, debe elegir por sí mismo el plato que desea del menú... con la ayuda de un mayor. Pero la decisión de lo que va a comer debe ser hecha por él (las sugerencias siempre son apropiadas).
- Antes de la primera comida en un restaurante, es conveniente que el niño aprenda lo que es un menú y cómo se elige de él; nuevamente, ensayar la rutina es lo más indicado. De esta manera no se sentirá desconcertado ante una situación a la cual se enfrentará por primera vez.
- No permita que toque los cubiertos o servilletas de otras mesas; debe limitarse a usar los que han sido presentados en su puesto. Si faltara alguno, él mismo lo puede solicitar del camarero.

■ Las reglas elementales de la discreción, también deben ser inculcadas en el niño desde temprana edad. En el restaurante, por ejemplo, no debe estar observando los platos de los demás comensales, y mucho menos señalar a uno en particular para indicar lo que él prefiere comer.

■ Por supuesto, no le sirva comida al niño directamente de su plato; tampoco tome la comida que él no desee. No le obligue a comer lo que no quiera.

■ Cualquier acto de disciplina que se requiera para corregir el comportamiento del niño al comer en público, debe ser hecho en privado, después de la comida... ¡nunca en la mesa!

EN EL COLEGIO

■ Antes de que el niño vaya al colegio por primera vez, inculque en él la disciplina elemental que puede observar en el aula, así como el respeto hacia sus maestros. Converse con él, explíquele qué es el colegio, cuáles van a ser sus actividades en el mismo; enfatice el hecho de que va a estar rodeado de muchos amiguitos... Todo esto le permitirá familiarizarse con un ambiente diferente, de manera que el mismo no le resulte luego totalmente desconocido.

■ Si el niño va a asistir al colegio en un ómnibus de la escuela, su deber es enseñarle ciertas reglas elementales de seguridad, aunque un maestro (o una persona mayor) acompañe al grupo durante el trayecto: no sacar las manos o la cabeza por las ventanillas, mantenerse debidamente sentado, no caminar por el pasillo del ómnibus, hablar en voz baja, esperar a que el vehículo esté completamente detenido antes de subir o bajar del mismo, etc.

■ Estimule en el niño el concepto del compañerismo, y la importancia de hacer amigos. Enséñele ciertas reglas básicas de cortesía que debe observar con las niñas en la escuela (si se trata de una escuela mixta).

■ A veces al niño pequeño le es difícil aceptar el concepto de la propiedad personal, porque considera que todo le pertenece y que todo está siempre a su disposición. Enséñele a compartir lo que realmente es suyo, pero también a defender su propiedad personal. Igualmente, es importante que el niño aprenda a respetar la propiedad ajena.

■ Adviértale –en una forma hábil, de acuerdo a su edad– el peligro que puede correr si hace caso a personas extrañas que lo invitan a paseos o le ofrezcan regalos para ganarse su simpatía. En este sentido es fundamental que usted le especifique al niño, de manera firme, quiénes son las únicas personas que pueden recogerlo en el colegio (infórmeselo también a sus maestros y deje sus instrucciones –por escrito– en la Dirección del colegio).

- Cumpla usted igualmente con este requisito, y evite hacer excepciones por "situaciones especiales". Si esto fuera preciso, llame usted directamente a la Dirección del colegio para informar del cambio, identifique a la persona que va a hacerse cargo del niño, e igualmente infórmeselo al niño.

- También es muy importante que el niño, por pequeño que sea, sepa repetir su nombre completo, su dirección y número de teléfono.

- Explíquele, desde pequeño, qué es un policía y cuáles son sus funciones. Insista en que un policía es un amigo en el que se puede confiar en un momento de apuro, el único que puede ayudarlo en una situación difícil.

EN EL AUTOMOVIL

- Enséñele las reglas elementales de la seguridad (abrocharse el cinturón, permanecer sentado, no asomarse por la ventanilla, no abrir las portezuelas del automóvil, etc.).

- Cuando viaje con él, aproveche la oportunidad para irlo familiarizando con las señales de tráfico. Explíquele, por ejemplo, cuál es la función de la luz roja, amarilla y verde en un semáforo; qué significa un letrero de PARE; por qué es más seguro cruzar las intersecciones por las esquinas y obedeciendo siempre las señales... Esto le dará una perspectiva de cómo deberá desenvolverse en ese mundo exterior que está aguardando por él.

EN EL CINE O TEATRO

- Es importante que el niño vea únicamente programas de cine o teatro que sean apropiados para su edad. Muchas películas son calificadas por comisiones revisoras gubernamentales para determinar si son aptas para menores; e inclusive en muchos países, existe la prohibición de permitir la entrada a una sala pública a un menor, si la película u obra que se presenta no es aprobada para niños de su edad. También es conveniente que los padres estén al tanto de las críticas publicadas en la prensa diaria para conocer previamente los argumentos de determinadas películas que puedan ser de interés para sus hijos y que contribuyan a su desarrollo intelectual o que estimulen su imaginación.

■ El niño pequeño siempre debe ser acompañado al cine por sus padres (o por alguna persona mayor). No sólo es una medida de seguridad para el niño, sino que de esta manera se impone un control de disciplina para que muestre consideración hacia los demás espectadores con su buen comportamiento.

■ Después de los doce años el niño puede comenzar a ir solo al cine, y únicamente a determinadas sesiones... siempre bajo el control de los padres en cuanto a horarios y acompañantes.

■ El silencio es elemental cuando se vé un espectáculo público. Inculque este principio en el niño, y si le hace algún comentario durante el desarrollo de una película u obra teatral o concierto, respóndale con un "después... ahora presta atención". Generalmente surte efecto.

■ Explíquele al niño que constituye una falta de educación estar especulando sobre la próxima escena que se va a presentar en la pantalla, o contar en voz alta el argumento de la película (si la ha visto con anterioridad).

■ Los niños muy pequeños no deben ser llevados a espectáculos públicos. En primer lugar no han desarrollado aún un nivel de atención que les permita identificarse e involucrarse con lo que están viendo. Lógicamente, les invade el aburrimiento, la intranquilidad, y su comportamiento inquieto puede molestar a otros espectadores.

■ En el cine o teatro, evite que el niño corra por los pasillos, o que entre y salga constantemente de la sala de exhibción, o que vaya al baño por sí mismo. Si muestra señales de que el espectáculo ha dejado de interesarle, lo indicado es abandonar el lugar. Evite las amenazas previas.

■ ¡No regañe al niño en público! Si su comportamiento no ha sido el más apropiado, hágaselo saber en una forma pausada y firme... pero siempre en privado. Recuerde que los gritos, los aspavientos y otros excesos de temperamento siempre están fuera de lugar en las normas de la etiqueta actual.

EL NIÑO Y EL TELEFONO

- Si el niño es muy pequeño, no permita que conteste al teléfono. La edad no le permitirá tomar debidamente un recado, y con su despreocupación en este sentido, será usted quien esté mostrando una falta de consideración hacia la persona que hizo la llamada.

- Los niños pequeños tampoco deben jugar con el teléfono y marcar números indiscriminadamente, pues pueden molestar a otras personas.

- El uso debido del teléfono requiere cierto entrenamiento, y es usted quien mejor puede enseñar al niño cómo contestar el teléfono en la forma apropiada, cómo recibir un recado para una persona ausente, y cómo despedirse de la persona que hizo la llamada.

- Los gritos para llamar a una persona que esté lejos, o que no pueda oír debidamente, siempre están fuera de lugar.

- Las explicaciones demasiado detalladas ("mamá está en el baño en estos momentos", "papá salió con el Señor Mendiola desde hace dos horas", o "mi hermana está en el cine con su novio") constituyen una falta mayor a la etiqueta. Enseñe al niño una serie de respuestas apropiadas que él pueda usar en cada ocasión.

- El teléfono debe ser usado moderadamente, y únicamente cuando sea necesario comunicarse momentáneamente con una persona... no para hacer visitas-a-distancia. Si el niño no aprende esto desde una edad temprana, continuará abusando desconsideradamente del teléfono a medida que su desarrollo social sea mayor y su grupo de amistades más amplio.

- Los mensajes que se reciban por teléfono para personas que no pueden atender una llamada en ese instante, deben ser dados. Un sistema apropiado para evitar olvidos es colocar junto al teléfono una libreta donde todos estos recados puedan quedar anotados. Insista en que se incluya el nombre de la persona que hizo la llamada, la hora en que fue hecha, y el motivo de la misma (si éste es dado).

EL NIÑO Y LOS ANIMALES

- No hay duda de que un animal puede satisfacer una necesidad emocional del niño, además de que le brindará compañía y le permitirá aprender detalles importantes sobre los hábitos de ese animal. Sin embargo, lo que puede ser una experiencia positiva maravillosa, también puede convertirse en una situación negativa... si el niño no está preparado para recibir un animal y convivir con él. Hay animales que son más apropiados para cada niño, de acuerdo a su temperamento y carácter. Elija para él únicamente aquél por el que muestre una inclinación espontánea; no imponga sus preferencias en este sentido.

- Inculque en el niño –desde muy pequeño– mostrar interés, bondad y comprensión hacia los animales.

- Todo animal implica asumir una serie de responsabilidades... ¿está su niño preparado para ellas, o es usted quien va a hacerse cargo del nuevo animalito? Es importante tener definida esta situación para evitar frustraciones futuras y conflictos en el hogar, de los cuales casi siempre es el animal la víctima (o queda desatendido en cuanto a sus necesidades más elementales... o es dejado a un destino incierto si es rechazado definitivamente por la familia).

- Una vez definidas las responsabilidades (horarios de comida, higiene, sesiones para ejercitarse...) el niño debe hacerse cargo de ellas con disciplina absoluta. Hágale saber que cualquier fallo de su parte puede significar una crueldad hacia el animal en cuestión... y entonces es usted quien debe hacerse responsable por él, lo cual representa una carga más en sus obligaciones diarias.

- Todo animal doméstico debe estar debidamente vacunado y cumplir con los requisitos exigidos por la ley.

- También debe ser sometido a exámenes periódicos en el consultorio del veterinario para determinar si tiene parásitos o cualquier tipo de deficiencia orgánica.

- Si el niño es pequeño, es preciso cuidar de que inconscientemente le cause algún daño al animal (o viceversa).

- El animal de edad avanzada por lo general se vuelve más temperamental y requiere cuidados especiales, los cuales no siempre pueden ser ofrecidos por un niño. Esté atenta a estas situaciones para que usted pueda hacerse cargo de las mismas.

EL NIÑO Y EL SEXO

- Por supuesto, el niño jamás debe estar expuesto a situaciones íntimas entre sus padres u otros miembros de la familia. A pesar de su corta edad, está comprobado que el niño fija en su mente determinadas situaciones (desde sus primeros meses), las cuales pueden afectar su desarrollo futuro.

■ Tampoco los niños deben ver desnudos a otros miembros de su familia, una situación que puede provocar en él sorpresa y curiosidad.

■ Evite que el niño comparta la cama conyugal.

■ Evidentemente, es una responsabilidad de los padres controlar el tipo de programación que el niño ve en la televisión, o las películas y obras de teatro que se exhiben. Las escenas de sexo explícito son más frecuentes de lo que a veces imaginamos, y las mismas pueden tener un efecto negativo en la formación del niño.

■ Es conveniente que –desde muy temprana edad– los padres inicien un programa de familiarización del niño con su sexualidad. Para esto, lo ideal es contar con el asesoramiento de sicólogos especializados y con la ayuda de publicaciones especiales que orientan específicamente en esta materia. Afortunadamente, en los programas educacionales de muchos países se incluyen hoy cursos de orientación sexual, los cuales se imparten desde los primeros grados en la escuela hasta la adolescencia. Estos programas han sido diseñados especialmente por sexólogos y pedagogos, tomando en cuenta las diferentes edades del niño y su grado de aceptación y asimilación a las complejidades de la reproducción.

■ Pero es evidente que en algún momento surgirá esa pregunta comprometedora que el niño planteará y que, probablemente, no sabremos cómo responder adecuadamente. En estos casos, la objetividad y la respuesta directa es lo más acertado. Recuerde que los niños de hoy están expuestos como nunca antes a los medios de comunicación (incluyendo el Internet) y tienen a su disposición una información formidable a la que no tenían acceso los niños de antes. Inventar cuentos absurdos no creíbles para justificar situaciones normales es una equivocación total que puede afectar la credibilidad futura del niño en sus padres.

EL NIÑO RECIBE AMIGUITOS EN LA CASA

■ Ofrézcale un curso rápido sobre cómo debe comportarse el anfitrión (o la anfitriona) perfecto.

■ Invítelo a participar en todos los preparativos que haga para recibir a los amiguitos... desde la limpieza de la casa (él puede ordenar su habitación, por ejemplo), hasta la preparación de la comida.

■ Cuando lleguen los amiguitos invitados, permítale que sea él quien se haga cargo de la situación... recibirlos, presentarlos a usted (si aún no los conoce), iniciar algún tipo de actividad con ellos... ¡Hágale sentirse importante! Por supuesto, usted siempre estará observando y manteniendo el control de la situación, pero conceda esa libertad que todo niño necesita para aprender a actuar por sí mismo.

■ Si los niños invitados se presentaran con sus padres (o con personas mayores), éstas sí deben ser atendidas por usted, después de haber participado en las presentaciones iniciales.

EL NIÑO OFRECE SU PRIMERA FIESTA

■ ¡No asuma el control absoluto en la organización de la primera fiesta del niño! Oriéntelo –con la paciencia debida– en los elementos que necesita para preparar la fiesta y ofrezca su ayuda en todo lo que él pueda necesitar.

■ Es importante hacerle saber que toda fiesta o reunión requiere un motivo que la justifique... Además, explíquele qué es una invitación y cómo ésta debe ser hecha (se aplican las mismas reglas que hemos visto ya en otros capítulos). Desde luego, una fiesta infantil es una ocasión informal y las invitaciones pueden ser hechas por teléfono o por medio de tarjetas ya impresas que existen para diferentes ocasiones.

■ También el niño debe participar en la selección del menú que se va a ofrecer, así como en la decoración de la casa (si se quiere enfatizar un motivo determinado). De esta manera estará consciente de que una fiesta no es simplemente una reunión de personas amigas, sino que requiere una preparación minuciosa y una inversión de dinero por parte de los anfitriones para lograr que todos los invitados se sientan a gusto.

■ Hay detalles que están completamente en las manos de los padres: contratación de servicios especiales (comida, decoración, fotógrafos, mesitas y sillas para la terraza o patio...). Pero aun así, si la edad es ya la apropiada, el niño debe participar en la preparación de un presupuesto de todos los gastos que representará la fiesta.

EN LOS DEPORTES, EN EL JUEGO

▪ Es fundamental enfatizar en el niño el concepto de lo que es la competencia y el llamado *espíritu deportivo...* es preciso ofrecer el máximo para ganar, pero esto no siempre es posible; y entonces hay que *aprender a perder* mostrando aceptación, amabilidad, y consideración hacia el ganador. A veces éstos son conceptos subjetivos e intangibles que resultan difíciles de comprender por el niño pequeño. Pero una forma objetiva de proyectar la idea es haciéndole ver un partido o encuentro de su deporte favorito, y explicarle el esfuerzo que cada participante hace para ganar, lo que sucede en la realidad, y quién es el que gana y por qué.

▪ Desde muy pequeños, los niños (de ambos sexos) deben participar en aquellas actividades deportivas por las que muestren inclinación. ¡Estimúlelos en esa dirección!

▪ Las reglas de la etiqueta también deben ser observadas en los juegos de mesa, aceptando que existe un *factor suerte* en todo juego y que no siempre es posible ganar.

▪ Explique al niño los peligros que encierra el engaño y el hacer trampas en el juego. Pero también enséñele qué es lo que debe hacer si detecta que es él quien está siendo víctima de un jugador tramposo: ¡cesar de jugar, mencionando siempre los motivos por los cuales se toma esa decisión!

CAPITULO 14

LA ETIQUETA Y EL ESTADO CIVIL DE LA MUJER

LA ETIQUETA DE LA MUJER SOLTERA

Hasta hace algunas décadas, "quedarse soltera" era poco menos que un pecado capital para una mujer, sobre todo en España y en Hispanoamérica, donde por tradición se había considerado que "la carrera de la mujer era el matrimonio y los hijos". Los tiempos han cambiado, radicalmente. Y atribuyámoslo o no al tal llamado *movimiento de liberación femenina* de los años sesenta y setenta, todos estos conceptos con respecto a la mujer soltera han variado... afortunadamente. Hoy, la mujer no se "queda soltera"... la mujer de principios del siglo XXI "elige y decide permanecer soltera", ¡y estemos conscientes de que son dos términos absolutamente diferentes! En otras palabras:

■ La decisión sobre cuál es el estado civil que prefiere es suya; es ella quien la toma, no el hombre.

Y así, cada día son más largas las filas de mujeres que consideran que su desarrollo personal y la satisfacción de metas individuales son más importantes que casarse y tener hijos... y que –por lo tanto– deciden permanecer solteras.

Pero aclaremos rápidamente otro concepto fundamental con respecto a la mujer soltera de hoy. La decisión de "permanecer soltera" tampoco significa falta de interés en los hombres, ni un voto monástico permanente a no considerar la posibilidad del matrimonio si se presenta el candidato apropiado y las circunstancias se inclinan en esa dirección. Por el contrario, las estadísticas demuestran que muchas mujeres actuales simplemente prolongan su vida-de-solteras y se casan a una edad mucho más avanzada que la de antes... generalmente entre los 20 y 25 años. Es decir, no existe la premura por unirse en matrimonio a un hombre, quizás porque las presiones de antaño han cedido, y el temor a "quedarse para vestir santos" ha dejado de existir.

La mujer actual, cuando toma la decisión de casarse, está mucho más preparada para formar parte de la pareja conyugal... sus metas y ambiciones personales están más definidas y su realización como individuo es más completa que la de la mujer de antaño, cuando las jóvenes se casaban a los quince o dieciséis años y sus personalidades eran moldeadas a imagen y semejanza de las de sus maridos.

También han evolucionado los conceptos de la etiqueta con respecto a la mujer soltera, y lo que se espera de ella en el círculo social en el que ésta se desarrolla.

¿QUE BUSCA (O DESEA) LA MUJER SOLTERA DE HOY?

■ Busca su independencia, pero no considera "tener que casarse" para abandonar la casa de sus padres y establecer un hogar propio. Así, muchas mujeres deciden establecerse por sí mismas en un apartamento, en el cual pueden rodearse y disfrutar de los elementos ambientales que sean de su interés... desde una decoración personal hasta la libertad de ver los programas de televisión, escuchar la música que prefiera, y escoger el círculo de sus amistades... sin interferencias familiares de ningún tipo.

■ Prefiere no depender económicamente de su familia, aunque sus vínculos sentimentales se mantengan sólidos. Para ello, una de sus primeras metas personales es estudiar y terminar una carrera que le permita luego lograr un trabajo remunerativo que le proporcione esa independencia que es vital para su existencia. Así vemos que –en el caso de España e Hispanoamérica, específicamente– el número de mujeres matriculadas en institutos de segunda enseñanza y universidades es casi el doble del que reflejan las estadísticas de décadas pasadas.

■ Se preocupa por establecer su crédito bancario y tener sus propios seguros y planes de inversión.

■ Toma cursos de especialización, no sólo para desarrollar sus intereses personales, sino para ser más competitiva en el campo en el que se desarrolle.

■ Su círculo de amistades es mucho más abierto, y ya no se limita únicamente a mujeres. Hoy son muchas las mujeres que mantienen relaciones de verdadera amistad con hombres; es decir, el contacto entre un hombre y una mujer se contempla más desde el punto de vista humano, y se le resta cualquier tipo de implicación sexual. ¡Una actitud muy positiva... y muy diferente a la del pasado!

- ¡Viaja! Sus horizontes son muy amplios, y como esa independencia económica que va alcanzando se lo permite, sus límites de fronteras sólo los establecen sus intereses y su presupuesto. Y un detalle importante a considerar: muchas veces, viaja sola. No teme enfrentarse a situaciones desconocidas porque la seguridad en sí misma que ha desarrollado es grande y sabe que puede salir adelante en cualquier situación adversa en que se vea involucrada.

- Le gusta halagar a su círculo de amistades. Y aunque el espacio en el que viva sea pequeño, sabe cómo ofrecer reuniones, cócteles, y cenas que logra convertir en ocasiones muy especiales.

- Desarrolla otros intereses personales... ya sean éstos la pintura, cerámica, la cocina gourmet, el tejido... o leer libros que realmente sean de su interés y escuchar buena música.

- Tiene muchas ambiciones... y algunas descubren una habilidad especial para establecer negocios propios, en los cuales logran triunfar. Otras prefieren seguir una carrera ejecutiva, y no temen invadir cualquier campo porque consideran que están profesionalmente capacitadas para competir en él.

- Es creativa, y considera (por sí misma) diferentes alternativas para resolver cualquier dificultad con la que pueda tropezar.

- Disfruta sus ratos a solas, porque también está consciente de que "sentirse sola" y "estar sola" son dos conceptos diferentes. A solas descansa, medita, se consiente a sí misma proporcionándose diferentes gustos, define nuevas metas en su vida, y considera los medios para alcanzarlas...

- Se preocupa por su imagen y se esfuerza por lucir siempre atractiva; está convencida de que una imagen positiva abre todas las puertas. Así, cuida de su alimentación, sigue una rutina diaria de ejercicios físicos, y viste apropiadamente (de acuerdo con la ocasión que se le presente).

- Se interesa en el sexo, desde luego, pero no constituye su preocupación fundamental. Disfruta de sus relaciones con hombres, y los límites de la intimidad es ella quien los establece, de acuerdo con sus normas de moralidad y no por las presiones que él pueda ejercer sobre ella.

EL MUNDO ECONOMICO
DE LA MUJER SOLTERA

Toda mujer soltera debe saber manejar sus finanzas:

- Elija el banco de su preferencia, y abra en él sus cuentas corrientes y de ahorro. Mantenga un balance apropiado para que sus cuentas sean consideradas estables por la institución bancaria, y sus referencias de crédito futuras sean excelentes en cuanto a responsabilidad en el cumplimiento de las obligaciones contraídas.

- El segundo paso es establecer su crédito bancario, imprescindible en esta época y en esta sociedad de consumo en que vivimos. Una vez obtenido un trabajo permanente que pueda servirle como referencia y garantizar sus ingresos mensuales (además de las referencias que pueda ofrecer su banco), las posibilidades de obtener tarjetas de crédito son mayores. Solicite una (o más), aunque su intención sólo sea de utilizarlas limitadamente. Lo importante es iniciar su ciclo crediticio que la defina como una entidad financiera estable. Muy importante: esté consciente de la tentación que una tarjeta de crédito ofrece a comprar por impulso; el resultado puede ser una cuenta a final de mes que desequilibre su presupuesto.

- Preocúpese de obtener un buen seguro de vida, complementario al que puedan ofrecerle en su trabajo como parte de sus beneficios como empleada. Algunas pólizas incluyen cláusulas de ahorro que son sumamente interesantes. Igualmente, compruebe cuál es la cobertura de su seguro de enfermedad, y decida con un buen agente de seguros si es conveniente alguna póliza adicional que cubra otros riesgos.

- Si alquila un apartamento, asegúrese de firmar un contrato con el propietario o arrendador. De esta manera tiene la garantía de que el alquiler será mantenido en un nivel estable por un período establecido y que no le será subido arbitrariamente en un momento determinado. Procure agregar una cláusula que defina el porcentaje de aumento al que el apartamento estará sujeto al renovar ese contrato.

- Establezca un presupuesto mensual de gastos, y cíñase estrictamente a él. Asigne una cantidad para gastos personales imprevistos, y otra para ahorros. Tenga en cuenta que este presupuesto debe ser definido en una forma muy objetiva, de manera que se ajuste a sus realidades financieras. Es decir, incluya en el epígrafe de ingresos únicamente los que realmente recibe periódicamente, no los que espera recibir en un futuro, ya sea por trabajos especiales, aumentos, promociones o regalías.

- Recuerde que su mejor inversión es la casa o apartamento en el que vive. Una propiedad no sólo proporciona estabilidad y confianza a su propietario, sino que el valor de los bienes raíces siempre muestra una tendencia a aumentar debido a la subida del costo de la vida, la inflación, devaluación de la moneda, etc.

- Al comprar una propiedad, obtenga siempre el consejo profesional de un abogado que sea de su confianza. El título de propiedad puede ser extendido a su nombre solamente, o incluir el de algún miembro de su familia que pueda heredarla en caso de muerte (es una previsión del futuro que puede simplificar cualquier gestión de herencia).

- Asegure su apartamento contra diferentes riesgos, así como sus posesiones más valiosas. No lo considere un gasto... es una inversión que le proporcionará tranquilidad en todo momento.

- Desde luego, una vez que usted comience a tener inversiones, es imprescindible redactar un testamento. El proceso es muy sencillo (su abogado puede informarle), y su costo mínimo.

- ¡El automóvil es el mejor amigo de una mujer soltera! Le proporciona esa movilidad que es imprescindible para sentirse realmente independiente. Si prefiere uno nuevo, elija un modelo que esté de acuerdo con su presupuesto, y al comprarlo cerciórese de la garantía que le concede el distribuidor (el número de kilómetros que cubre), y servicios gratis que ofrece como parte del contrato de venta. Si se trata de un modelo de uso, es conveniente que el automóvil sea examinado por un mecánico experto que pueda confirmarle si usted está haciendo una buena inversión o no. Recuerde que el aspecto interior de un automóvil nunca refleja las verdaderas condiciones del vehículo; ¡el motor sí!

- Asegure su automóvil contra robo, incendio y choque. Considere otros seguros complementarios que cubran hospitalización e indemnización por heridas en un accidente (en algunos países, estos seguros complementarios son obligatorios).

- Si le gustan las joyas, y tiene piezas de valor, considere obtener una caja de seguridad en su banco donde guardarlas mientras no las use. Es el único lugar seguro donde puede mantenerlas.

- Invierta en un buen televisor, equipo de video, y equipo de sonido. Recuerde que serán sus compañeros en sus ratos a solas. Hágase miembro de un club de video, y amplíe su colección de CDs.

ETIQUETA DE LA PRIMERA CITA

- ¡Sea puntual! No nay nada que perturbe más a un hombre que una mujer que le haga esperar.

- Muestre entusiasmo por el hecho de que van a salir juntos por primera vez. Una forma amable y discreta de hacerlo es comentando lo bien que luce (el comentario puede surgir de él o de ella), o celebrarle la corbata.

- Si van a encontrarse en su casa, para de allí dirigirse a otro lugar, ofrézcale un cóctel antes de salir. Prepárelo delante de él, y sírvase usted otro... es de pésimo gusto confesar que no bebe, y colocarse en la posición de espectadora mientras él bebe.

- La clásica pregunta "¿A dónde prefieres ir?" con la que infinidad de hombres poco creativos inician la primera cita, debe ser respondida directa y rápidamente: "Al cine... ¿no te interesa ver la nueva película de espías de Harrison Ford?", o "Esta noche abren una nueva exhibición de cuadros de primitivistas latinoamericanos... ¿No te interesaría verla...?". Desde luego, elija previamente algún tipo de situación que esté de acuerdo con sus intereses y con los de él; sea precavida y considere otras alternativas. En todo momento evite el clásico "A dónde tú quieras" que convierte la situación en un círculo cerrado de poca imaginación insoportable.

- Si la invitación es a cenar, sea moderada al elegir los platos del menú. Prefiera los de precio medio a los más caros. Jamás haga comentarios sobre los precios (aunque puedan parecerle exorbitantes) y controle la curiosidad de ver cuál es el importe total de la cuenta. Tampoco se fije directamente en lo que él deja de propina.

- Una primera cena no es el momento de experimentar con platos exóticos que quizás no le gusten. Elija uno más bien tradicional que ya le sea familiar para evitar este tipo de accidente...

- No lo ponga en el compromiso de que le traduzca de un menú francés y le explique en qué consiste cada plato. Si no es un experto gourmet y no está familiarizado con estas cuestiones, lo estará colocando en una situación comprometedora. En todo caso, sugiérale que pregunte al camarero en qué consiste determinado plato.

- No beba más allá de lo que ya sabe que son sus límites normales... ¡ni siquiera vino! No hay situación más deprimente que una mujer que se embriaga accidentalmente en su primera cita con un hombre.

- Esfuércese por mantener una conversación animada durante toda la noche. Elija de antemano determinados temas que puedan interesarle a él, y vaya recurriendo a ellos a medida que sea necesario. Recuerde que el silencio puede ser un enemigo mortal cuando dos personas que acaban de conocerse están tratando de comunicarse.

- Hable de personas y situaciones que le sean familiares a él... de lo contrario, al poco rato, y por mucho que usted le interese, será incapaz de mantener concentrada la atención en lo que usted le está diciendo.

- No corrija lo que él le diga, aunque esté cometiendo un error garrafal del cual usted esté consciente. Tampoco discuta; el propósito de la primera cita es comunicarse, no enemistarse.

- Si sale con él por primera vez, pero acompañada de otras parejas, sea amable con todos los integrantes del grupo y no centre su atención únicamente en él. Pase por alto cualquier comentario con el que no esté de acuerdo, y mantenga una actitud positiva durante toda la noche.

- En el automóvil, controle cualquier complejo de copiloto que usted pueda haber desarrollado ("para", "dobla en la esquina", "el semáforo está en rojo". etc.) y absténgase de orientarlo sobre la mejor forma para llegar a un lugar determinado. Mucho peor: no critique su forma de conducir... ni siquiera en broma. Tampoco haga comentarios al respecto ante otras personas.

- Al regresar a su casa, y si la hora es prudencial, puede invitarlo a tomar un café. No dé las gracias por la invitación como si estuviera agradeciendo un servicio que haya recibido. Es preferible comentar lo bien que lo ha pasado, lo mucho que que se ha divertido, la comida tan sensacional que prepara el chef del restaurante donde cenaron, etc. Si él conoce las reglas de la etiqueta, se unirá a usted en estos comentarios.

- El beso de despedida es una situación clásica que impuso Hollywood con sus películas de los años cuarenta y cincuenta. En realidad es un momento artificial, y el menos propicio para demostrar amor. Es preferible despedirse con un amable "hasta mañana" o "nos vemos pronto" que sentirse obligada a besar a altas horas de la noche, vencida ya por el sueño.

- ¿Una sugerencia de mayor intimidad ... ? Desde luego, la decisión es suya, pero en ningún momento se sienta obligada a pagar con sexo la invitación que un hombre le haya podido hacer. Además, es de pésimo gusto... por ambas partes.

COMO TOMAR LA INICIATIVA E INVITAR A UN HOMBRE INTERESANTE

La etiqueta actual considera que es apropiado (y hasta aconsejable) que una mujer tome la iniciativa e invite a un hombre a compartir cualquier tipo de actividad con ella. Sin embargo, estamos de acuerdo en que no todas las mujeres hemos desarrollado aún el grado de decisión que se necesita para romper de plano con el concepto tradicional de que es el hombre quien primeramente debe mostrar interés en una mujer, y que también depende de él iniciar una relación con ella... de cualquier tipo.

Ahora bien, si prefiere no apartarse aún de su posición de femenina pasividad y su intuición le garantiza que él está genuinamente interesado en usted, y que sólo necesita de un estímulo final para decidirse a invitarla a salir por primera vez... ¡entonces está en sus manos darle ese empujoncito definitivo que todo hombre necesita!

- Lo más convencional, desde luego, es invitarlo a cenar en su casa. Ofrezca una cena e invítelo... conjuntamente con un grupo pequeño de amigos íntimos. Durante una cena, con un número reducido de invitados que le permitan estar en control de la situación en todo momento, es posible estrechar relaciones de amistad con ese nuevo amigo que le interesa muy especialmente.

- ¿Prefiere ser más audaz? La próxima vez que coincida con él, encuentre la manera de mencionar que usted es una cocinera gourmet y que (tal plato) es su especialidad. Si observa en él una respuesta positiva (de actitud o de palabra) a su sugerencia velada, invítelo a él solo a probarlo. Sugiérale que la ayude en su preparación... ¡recuerde que casi todos los hombres tienen alma de chefs!

- Invítelo a ver una obra de teatro... o una exhibición de Arte interesante... o una exhibición de automóviles... Compre los boletos, mencione que tiene unas entradas que le regalaron, y pregúntele si quisiera acompañarla.

- Durante una conversación con él, mencione cuáles son sus intereses. Si alguno de ellos coincide con los de él, sugiera compartir algún tipo de actividad relacionada con el mismo. Si son los deportes al aire libre –en la playa, en la montaña, en la nieve, por ejemplo– no se inhiba para confesarle lo mucho que le gustaría practicarlos el próximo fin de semana.

■ Si ambos coinciden a la salida del trabajo, mencione que va en dirección a algún lugar determinado... una tienda, una librería, una casa de discos, una cafetería en el centro... aunque sus intenciones hubieran sido las de ir directamente para su casa para ver televisión. Es normal que usted le pregunte a él si quiere acompañarla... ¡una regla elemental de la cortesía!

■ ¡Hable de una nueva película u obra de teatro! Si detecta que él también se interesa en el film u obra, mencione la posibilidad de verlo juntos... Si está de acuerdo, fije inmediatamente una fecha próxima. Evidentemente, es importante que usted se mantenga debidamente informada con respecto a las nuevas películas y obras de teatro que se están estrenando.

■ Explíquele que está preparando un trabajo para la universidad (o para su oficina), y que necesita obtener determinada información de fondo... ¡Pídale ayuda!

■ Refiérase a la conveniencia de hacer ejercicios diariamente... dígale claramente que le encantaría hacerlos con él ("es más entretenido").

■ Ofrézcase para ayudarlo a terminar algún trabajo especial que esté realizando.

■ Comente con él que tiene que comprar un regalo para su padre (o para su hermano, tío... cualquier hombre en su familia) y que está totalmente desorientada en cuanto al tipo de obsequio que puede seleccionar. Mencione que la opinión de un hombre la ayudaría a tomar la decisión adecuada.

■ Si usted necesita que le expliquen cómo funciona su nueva cámara fotográfica, o cómo se instala su nuevo equipo de video, o que le informen sobre los beneficios que puede obtener de su nueva computadora personal... ¿por qué no se lo comunica a él? La etiqueta sugiere que un hombre preste siempre su ayuda a una mujer que lo necesite... y usted sugiere que ésa es la situación suya.

■ Si bien se supone que las mujeres no entendamos mucho de automóviles, sabemos que a todo hombre le fascina poder demostrar sus conocimientos en este campo. ¡Complázcalo! Insinúe que ha detectado un problema en el motor de su auto, pero agregue que aún no ha podido determinar exactamente qué es... ¡A buen entendedor, pocas palabras!

■ Muestre especial interés por alguno de sus *hobbies*... la carpintería, la pintura, coleccionar sellos o monedas... Mencione directamente que usted quisiera obtener mayor información sobre el mismo...

LA ETIQUETA DE LA MUJER DIVORCIADA

El índice de matrimonios que se divorcian es cada vez mayor, y las estadísticas a nivel internacional revelan una tendencia a que la cifra continúe aumentando en los próximos años. Esto ha obligado a que se establezcan una serie de normas de etiqueta para situaciones de este tipo, tanto en lo que se refiere a las relaciones entre los ex cónyuges y sus respectivas familias, como a amistades comunes.

Antes de ofrecer esta serie de reglas elementales de etiqueta, es importante enfatizar que la mujer-divorciada ha dejado de estar señalada por la sociedad con un estigma que, curiosamente, nunca se le asignó al hombre-divorciado. El hecho de que haya fracasado en su matrimonio (sea o no culpable) no significa que deba ser rechazada por la sociedad y, mucho menos, que no tenga todo el derecho del mundo a rehacer su vida sentimental junto a otro hombre. Indudablemente, el nuevo estado civil de la mujer al divorciarse sí requiere hacer algunos ajustes (económicos y emocionales, principalmente), y uno de los más importantes (y difíciles) es aprender a sobrevivir y seguir adelante ante el rechazo de personas que una vez brindaron una amistad que parecía sincera, y que ahora la retiran repentinamente.

- Una primera regla: mantenga todas las complejidades del divorcio para usted... se trata de una situación muy íntima que debe ser compartida con muy pocas personas. Estarle contando a todo el mundo los motivos que la llevaron al divorcio se convierte en una letanía aburrida que pocos están dispuestos a escuchar en esta época que vivimos.

- Por supuesto, una buena amiga, un familiar allegado, pueden servir como el clásico paño-de-lágrimas que todas las mujeres necesitamos cuando atravesamos una situación tan traumática como es un divorcio. Pero aún así, tenga consideración y no abuse de ese apoyo moral que le están brindando. Después de todo, considere que cada persona tiene su propia carga de problemas y que usted está agregando peso a la misma.

- Antes del proceso final del divorcio, habrán muchas personas que se le acercarán para tratar de buscar una solución conciliadora al conflicto conyugal. Si su decisión es definitiva (y debió verla en el momento en que decidió plantear el divorcio), debe mantenerse firme en la misma y no prestar mayor atención a estas consideraciones sentimentales y nostálgicas que sólo pueden prolongar la situación de la que usted ha querido escapar. "Prefiero no hablar de este tema, por favor" es una respuesta amable para estas personas, además de que sirve de barrera infranqueable para cualquier otro tipo de gestiones de reconciliación.

- No se sienta obligada (con nadie) a dar explicaciones sobre su decisión. Usted sólo tiene que justificarse con usted misma.

- Si hay niños en el matrimonio, éstos deben ser su prioridad. Infórmeles acerca de su decisión antes que a ninguna otra persona, de manera que usted pueda explicarles (según la edad), los motivos que ha tenido para divorciarse, y cuál va a ser la situación familiar una vez que el divorcio quede consumado. Recuerde que está involucrando en su explicación al padre de ellos, una persona importante en sus vidas; absténgase de hacer comentarios innecesarios que puedan hacer daño irreparable a la sensibilidad de sus hijos. Hay excelentes libros, escritos por sicólogos expertos en estas cuestiones, que pueden orientarla sobre la mejor forma de abordar con un niño un tema tan difícil como es éste.

- ¡Jamás sugiera que un hijo sea su aliado en el proceso del divorcio! Los hijos deben mantener una posición neutral en la situación, y su responsabilidad es hacer lo posible para que este principio elemental de la etiqueta se mantenga vigente.

- Durante el proceso del divorcio, evite encuentros directos y enfrentamientos con su esposo. Al decidir divorciarse, usted puso punto final a una situación que no tiene por qué prolongar ahora... aunque él insista en hacerlo.

- No caiga en la tentación de tener relaciones íntimas con su cónyuge, antes o después del divorcio. Puede ser una trampa emocional peligrosa, y el entusiasmo de un momento puede cegarla ante las realidades de toda una vida. Tenga presente que una cosa son los propósitos de enmienda, y otra la decisión de llevarlos a cabo. La distancia entre ambos conceptos es enorme.

- Una vez que una pareja ha tomado la decisión de divorciarse, lo correcto es que duerman en habitaciones separadas; de ser posible, el hombre debe mudarse a un hotel u otro apartamento, de manera que el contacto físico de la pareja sea el mínimo.

- Cuando un hombre toma la decisión de divorciarse de una mujer, ésta debe mostrar la dignidad de conceder el divorcio, siempre y cuando se tomen en consideración la división equitativa y justa de los bienes gananciales acumulados durante los años de matrimonio, así como la custodia de los hijos. En estos casos, lo indicado es contratar los servicios de un abogado para que sea éste quien trate todas estas cuestiones con su esposo. Negarse a conceder un divorcio por temor a la opinión que los demás puedan tener de la situación, o por el consabido "bienestar de los hijos", es una actitud equivocada que sólo hace más compleja una situación de por sí complicada.

- Si es él quien quiere el divorcio, y así se lo plantea, sostenga una conversación muy objetiva y realista sobre la situación, y analice si las causas que él expone tienen base o no. ¿Hay posibilidad de resolver el problema? Si la decisión persiste, ¡jamás suplique! Controle sus emociones y tome los pasos necesarios para evitar que la arrastre el torbellino del divorcio que le espera.

- Si la causa del divorcio es la infidelidad de uno de los cónyuges (la causa más común después de los problemas económicos, según las estadísticas internacionales), evite cualquier tipo de agresión hacia esa tercera persona. Tenga presente que la situación sólo les atañe a los cónyuges, y no a amantes que no hubieran existido si el cónyuge infiel no hubiera propiciado desde un principio la situación.

- Muestre su generosidad al compartir recuerdos personales con su ex cónyuge.... álbumes de fotografías, recuerdos de los niños, grabaciones, etc. ¡No envíe sutiles mensajes de nostalgia al entregar estos objetos!

- Por enconosa que haya sido la situación que llevó al divorcio a la pareja, durante las vistas del caso para que el tribunal conceda el divorcio definitivo, la relación de los cónyuges debe ser fría, pero correcta. Cualquier intercambio de palabras debe ser hecho por medio de sus respectivos abogados.

LAS RELACIONES DESPUES DEL DIVORCIO

- Aun cuando ambos ex cónyuges lleven vidas independientes, si hay niños del matrimonio, las tradiciones familiares deben continuar: celebración de cumpleaños, Navidades, vacaciones, etc. En estas ocasiones, ambos ex cónyuges deberán ponerse de acuerdo para determinar horarios y programas, de manera que los niños puedan compartir las fechas señaladas con ambos.

■ Observe disciplinadamente las fechas asignadas por el juez para las visitas del ex cónyuge a los niños. En esas ocasiones, procure que estén listos a la hora señalada, y sea algo flexible si la hora de regreso al hogar no se cumple al minuto. Entre ex cónyuges con hijos en común, es preferible que exista una relación de cordial comunicación y entendimiento que un cisma definitivo, cuyas peores víctimas son los niños en sí.

■ Si usted se vuelve a casar, evite todo contacto de su nuevo esposo con su ex. Si hay hijos, tenga presente que los niños son básicamente responsabilidad suya y que cualquier situación que ataña a ambos padres debe ser tratada directamente por éstos y no utilizando a los niños como intermediarios.

■ En fechas muy señaladas en la vida de uno de los hijos de un primer matrimonio (presentaciones en sociedad, bodas, etc.), es recomendable que el nuevo cónyuge se ausente discretamente, con cualquier pretexto válido. Pero si esto fuera imposible, la situación puede ser manejada con tacto y elegancia sin que se produzca ningún incidente desagradable.

■ Si durante (o después) del proceso del divorcio recibe la invitación de alguna persona que desconoce su nuevo estado civil, infórmele en la tarjeta que devuelva (con el R.S.V.P.) acerca de su divorcio, pero asegúrese de mencionar igualmente que está pasando la invitación a su ex: "Estoy encantada de aceptar tu invitación para el próximo martes en la noche; quizás no sepas que Alberto y yo nos divorciamos hace unas semanas, pero en todo caso estoy pasándole la invitación".

■ Cuando el motivo de la invitación es una ocasión íntima (una cena, por ejemplo), lo apropiado es que usted llame por teléfono a la anfitriona y le informe acerca de su divorcio. Mencione directamente que prefiere no ponerla en el compromiso de invitar a una mujer sola, pero que espera verla en otra oportunidad.

■ Un divorcio no significa –en forma alguna– que los matrimonios amigos de una pareja deban apoyar a uno de los ex cónyuges y rechazar al otro. Esto sugiere una actitud injusta y denota que las relaciones anteriores no eran totalmente sinceras y espontáneas. ¡Y ésta es una prueba de fuego social a la que debe someterse toda mujer divorciada... mientras más pronto, mejor! Lo más conveniente es hacer una lista de todas sus amistades casadas, e ir invitando a pequeños grupos de estos matrimonios a alguna ocasión íntima en su propia casa. Es una forma sutil (y efectiva) de probar quiénes son sus verdaderos amigos, de acostumbrarlos a su nueva imagen de mujer soltera-por-segunda-vez... y sugerir que usted espera que también la inviten en oportunidades futuras.

■ Es de pésimo gusto que los amigos en común de ambos ex cónyuges los inviten simultáneamente a una misma ocasión social... aun informándoles de que el ex también ha sido invitado. Lo más probable es que ninguno de los dos asistan a la ocasión, y ambos quedarán resentidos por su flagrante falta de tacto. Si se ofrece una reunión, lo indicado por la etiqueta es invitar a un solo ex cónyuge, pero informarle al otro acerca de su decisión, agregando la promesa de verlo próximamente.

■ Si ambos cónyuges coinciden accidentalmente en una misma reunión social, las reglas del buen gusto y del tacto se imponen. Un saludo amable es lo indicado, y que cada cual se incorpore al grupo que prefiera. Abandonar el lugar por despecho, o temor, denota una falta de educación total, y poca consideración hacia su anfitriona.

ANTIDOTOS CONTRA LA DEPRESION DESPUES DEL DIVORCIO

■ Una vez consumado el divorcio, ambos cónyuges deben hacer el esfuerzo máximo por reanudar sus vidas independientemente, y dejar atrás el pasado... haya sido éste feliz o traumático. Una de las mejores formas de cumplir con este requisito de recuperación emocional es involucrarse en el trabajo, o en alguna actividad que la obligue a mantener su mente ocupada. También un largo viaje (a lugares exóticos que jamás hubiera visitado con él) con una amiga, es aconsejable, siempre que esté segura de que la soledad no propiciará recuerdos nostálgicos que representen un retroceso en el proceso de curación que ya ha iniciado.

■ Considere la posibilidad de reanudar estudios que hubiera dejado interrumpidos.

■ Algunas artes constituyen una terapia formidable. Considere la Pintura, la Cerámica, escribir un libro...

■ ¡Haga ejercicios físicos! ¡Corra todas las mañanas! ¡Siga una dieta rigurosa que le devuelva el peso que tenía en el momento en que se casó por primera vez!

- ¡Cultive sus amistades... y amplíe el círculo de las mismas! Y ésta es, probablemente, la más valiosa de todas las recomendaciones que le pudieran ofrecer. Quiéralo o no, usted está de nuevo en circulación social... ¡y debe aprender a circular! Invite a sus amigos a reuniones especiales en su casa, salga con sus amigas a un cine o teatro, propicie reuniones para jugar a las cartas o para leer la nueva obra de teatro de un dramaturgo amigo. Sugiera a sus amistades-de-siempre que le presenten otras amistades... ¡Hágase cada vez más amigos!

¡DE NUEVO EN CIRCULACION!

- Al divorciarse, usted sólo le dijo adiós a un hombre ... ¡no a todos! Considere tener un grupo de amigos hombres... es posible que entre ellos descubra alguno que reúna las cualidades necesarias para mantener una relación estable con él.

- Apóyese en amigas muy íntimas para circular de nuevo. Si éstas realmente quieren su bienestar, propiciarán ocasiones en las que usted pueda conocer a hombres solteros (o divorciados, o viudos) con condiciones para ser buenos amigos. Pero usted también puede sugerirles que inviten a alguien que le interese en especial a cualquier tipo de reunión, de manera de propiciar un encuentro.

- No hay duda de que entre los hombres existe una especie de reto tácito a conquistar y seducir a toda mujer divorciada o viuda, principalmente en nuestra cultura hispánica. Erróneamente, muchos consideran que la mujer divorciada es una presa fácil para cualquier hombre... ¡y este tipo de asedio puede ser devastador para una mujer que está recuperándose del trauma provocado por un divorcio! Ante este tipo de individuo, se impone el clásico *parón tajante:* "No me interesas, déjame en paz", sin mayores contemplaciones. No, no es una falta a la etiqueta. Usted no es un objeto sexual, y esa actitud machista constituye en verdad una agresión hacia su persona. Usted, sencillamente, se está defendiendo y estableciendo los límites de la relación.

- Pero tampoco le tema a todos los hombres. Algunos están movidos por propósitos más creativos que llevar a una mujer a la intimidad, y usted puede compartir con ellos intereses comunes que pueden evolu-

cionar hacia situaciones de otro tipo... inclusive una relación sentimental. En este sentido, es preciso valerse de la clásica intuición
femenina ancestral... ¡no falla!

- Sí la invitan a usted sola a una reunión (o cena), lo correcto es que la
anfitriona tome en cuenta el hecho de que usted es una mujer divorciada e invite a otras personas solteras (hombres y mujeres) a la
ocasión. Será de pésimo gusto que usted fuera la única mujer soltera
(y sola) entre un grupo de matrimonios. Pero si esta situación se pro-
dujera en algún momento (por falta de tacto de la persona que la haya
invitado), no le preste atención alguna al hecho de estar sola, y actúe
con la mayor naturalidad posible. No, tampoco le importe mencionar
el hecho de que usted es una mujer divorciada, pero no convierta la
confesión en el tema principal de una conversación interminable con
todos los pormenores del divorcio, o en el tema de divagaciones
abstractas sobre las ventajas y perjuicios del divorcio, y los traumas
que presentan las mujeres que se deben divorciar. No es de buen
gusto.

- Desde luego, si la anfitriona es una de sus amigas allegadas, consulte
con ella la posibilidad de llevar a un amigo... "porque de esta manera
me voy a sentir mejor". Lo más probable es que no exista inconveniente alguno.

- La mujer soltera-divorciada tiene que aprender a valerse por sí
misma, y parte de su nueva independencia adquirida está relacionada
con la manera de trasladarse de un lugar a otro en la ciudad, sin ser
escoltada por un hombre. Lo ideal es tener un automóvil (sí, es aceptable que sea usted quien pase a recoger a su compañero en un lugar
determinado... siempre que éste sea puntual y no la obligue a estacionarse). De lo contrario, tome taxis... sobre todo para salidas en la
noche.

- Y llegamos al punto más álgido en el caso de la mujer divorciada que
comienza a circular de nuevo: ¿cuáles son los límites de intimidad a
los que debe llegar con un hombre? De nuevo estamos ante una
situación sumamente personal, que cada mujer debe decidir por sí
misma, de acuerdo con sus deseos y sus conceptos morales. Pero es
preciso tener en cuenta que una mujer divorciada ya ha cumplido con
requisitos sociales pre-establecidos en cuanto a virginidad y fidelidad, y que en esta nueva etapa de su vida no debe (ni puede) estar
regida por sentimientos de culpa y falsos pudores que puedan imponer límites arbitrarios a su condición de mujer.

ESAS FECHAS ESPECIALES... Y LOS SEGUNDOS MATRIMONIOS

Para muchos segundos-matrimonios, hay fechas especiales que presentan infinidad de complicaciones debido a la fragmentación de la familia inicial, y a la constitución de otro núcleo familiar, con el cual es preciso establecer nuevas costumbres y tradiciones... un proceso que (y muchas sabemos por experiencia propia) no siempre es fácil. Y es evidente que son las Navidades y las fiestas de fin de año las que resultan más complejas en su organización, sobre todo si hay hijos de los primeros matrimonios de uno (o los dos) cónyuges; con frecuencia ambos se ven involucrados en crisis familiares difíciles de resolver... declaradas o simplemente planteadas. Esta breve guía puede orientarla en las reglas de la etiqueta ante esas situaciones especiales con hijastros, padrastros y madrastras que a veces nos desconciertan:

■ En primer lugar, es preciso que ambos miembros de la pareja casada por segunda vez sea realista en sus expectativas en cuanto a las fiestas de fin de año. Es decir, si ha existido una situación de relativa tolerancia, o de fría cordialidad entre usted y los hijos de su esposo (o viceversa), por ejemplo, no espere que la situación se resuelva de la noche a la mañana, únicamente por la magia de las festividades. Por el contrario, los sicólogos están de acuerdo en que es en estas *fechas especiales* cuando más dificultades pueden presentarse a los segundos matrimonios debido a la nostalgia y complejos de culpabilidad que la época despierta en cada uno de los miembros de la familia. Así, si el regalo que eligió con tanto esmero para su hijastra no recibe la acogida que usted esperaba, acepte la situación. Es evidente (e inevitable) que en ella surjan comparaciones inconscientes con épocas pasadas en las cuales usted no formaba parte de su núcleo familiar... Hasta cierto punto, la considerará una intrusa, y su única forma actual de demostrar lealtad hacia esa imagen del pasado es rechazando sutilmente (o directamente) cualquier regalo o gesto amable que usted pueda tener con ella.

Muy importante: elija los regalos para sus hijos políticos sin esperar anotarse puntos a su favor en su lucha por superar cualquier conflicto que pueda existir en sus relaciones con éstos. No es la época más apropiada del año para ganar batallas sicológicas, ¡téngalo muy presente!

■ Esa lealtad del muchacho al núcleo familiar original –a la cual nos referimos en el párrafo anterior– se puede manifestar de muchas maneras diferentes. Y una de las más comunes es convertir cualquier invitación a una cena o fiesta durante las festividades, en motivo de conflicto. Analice con objetividad la situación: los días más señalados de fin-de-año son el 24, 25 y 31 de diciembre, así como el primero de enero. Hable con su esposo y decidan ambos el tipo de reunión que consideren más apropiado para satisfacer sus intereses personales... e inviten a la misma a los hijos políticos de ambos. Si rechazan la invitación a la cena de Nochebuena, por ejemplo, acéptelo con naturalidad... Entonces muestre la habilidad de invitarlos a un almuerzo, merienda o cena el Día de Navidad ("para entregarte el regalo que hemos elegido para tí"). De esta forma, el muchacho está cumpliendo con su necesidad de mostrar lealtad... pero también tiene la alternativa de quedar bien con su padre y con el nuevo núcleo familiar al que aún no decide integrarse.

■ Otra alternativa elegante es dejar de concentrar la atención de fin-de-año en esos días más señalados, y considerar todas las fechas de fin-de-año como ideales para ofrecer una reunión. Amplíe a otra perspectiva el simbolismo especial de la Navidad, y considere ofrecer su reunión de fin-de-año en un día cualquiera de la semana de Navidad... así evita toda situación de conflicto emocional en el muchacho y en su propio esposo.

■ Por supuesto, las reacciones a una amabilidad de su parte pueden ser de diferente tipo... dependiendo del carácter del muchacho y de las complejidades de la familia. Si estas fórmulas elementales de la etiqueta fallaran, entonces se requieren ajustes de otro tipo... y no es usted quien debe hacerlos o sugerirlos... tampoco es la fecha más apropiada para imponer reglas o aclarar situaciones.

■ Las festividades de fin-de-año constituyen la peor época del año para quejarse con su esposo sobre conflictos de familia que él, evidentemente, no puede resolver. Es posible que aún queden en él reminiscencias de complejos de culpa por haberse separado de su familia original, y cualquier queja puede acrecentar esa culpabilidad latente, con resultados casi siempre funestos. No contribuya a acentuar aún más los conflictos emocionales que pueda tener el hombre que usted ama.

■ Una solución ideal a los conflictos característicos de fin-de-año: a principios de diciembre cada cónyuge debe hablar con sus respectivos hijos para definir los planes a seguir durante las fiestas de fin-de-año. Cuando las familias originales están divididas, lo más conveniente es sugerir al muchacho que la Nochebuena la pase en la casa donde reside habitualmente, pero que el Día de Navidad asista a una cena-almuerzo o merienda con el otro grupo familiar.

■ Tenga presente que el Día 31 de diciembre no es el más apropiado para fiestas o reuniones íntimas de familia; lo más probable es que los hijos mayores hayan contraído compromisos personales para despedir el año, y ésta es una situación que debe ser considerada absolutamente normal. De cualquier forma, si usted va a ofrecer una fiesta o reunión para esperar el nuevo año, invite también a sus hijos políticos (si tienen la edad apropiada). De ellos depende entonces aceptar o declinar su invitación... pero usted ha cumplido con su deber familiar y con las reglas básicas de la etiqueta en situaciones de este tipo.

LA VIUDA Y LA ETIQUETA ACTUAL

La tristeza y la nostalgia que quedan después de la pérdida del esposo siempre es grande, y puede ser traumática... toda mujer que ha pasado por esta experiencia lo sabe. Sin embargo, es preciso aceptar que para el ser humano la muerte es tan natural como nacer, y considerarla no como el final de todo, sino como una etapa de transición hacia otros planos y dimensiones que aún nos son desconocidos.

El período de recuperación de la viuda depende en gran parte de su carácter, de sus perspectivas en la vida, y de la fé religiosa, un bálsamo espiritual formidable en muchos casos. Desde luego, el consuelo que puedan brindar familiares y amigos es un factor importante en su proceso de recuperación, y es por ello que resulta fundamental que sigamos una serie de reglas de la etiqueta cuando se pierde a su cónyuge:

■ Demuestre su interés por ayudar a una persona que ha enviudado... y esto no sólo se hace con palabras de consuelo, sino con hechos. Ofrézcase a realizar por ella cualquier tarea que no pueda hacer debido a su estado de depresión: ayúdela a organizar sus documentos legales (recuerde que muchas mujeres siempre han dejado estas cuestiones en manos de sus esposos, y de repente se tienen que enfrentar a un mundo que les es totalmente ajeno); sugiera que los niños se pasen unos días con usted, mientras se hacen los ajustes necesarios en el hogar... En este sentido, su ayuda puede ser sumamente valiosa, e infinitamente apreciada.

- Sabemos que el luto se lleva en el alma, pero algunas personas prefieren mostrar también el estado de ánimo que las embarga. Y aunque vestir de luto riguroso es una tradición en vías de desaparecer, la etiqueta sugiere actualmente que cada individuo actúe de acuerdo con sus más genuinos sentimientos. Es decir, si se considera que vestir de negro por un tiempo es una especie de tributo silente a la persona ausente, se debe hacer. Lo que sí es contrario a toda lógica es llevar luto en la ropa sólo por evitar comentarios negativos de amistades y familiares, e imponer el luto a otros miembros de la familia (especialmente a niños y jóvenes). Hay personas que prefieren no compartir externamente con otros el trauma íntimo que sufren por la pérdida del cónyuge, rechazan el luto... y esto es perfectamente aceptable.

- La etiqueta sugiere que las personas que deseen llevar luto observen la tradición por un mes, no más. Inclusive los sicólogos sugieren que la viuda debe reintegrarse a la normalidad de sus hábitos a la brevedad posible para evitar crisis y desajustes emocionales mayores.

- Ahora bien, si prefiere vestir discretamente por varios meses, evadiendo los colores intensos, hágalo. Es su prerrogativa, y nadie puede criticarla por este motivo.

- No es propio que la viuda se incorpore de nuevo al mundo social al que pertenecía ofreciendo una fiesta, desde luego. Lo correcto es ofrecer una serie de pequeñas cenas íntimas en su casa, de manera que sus amistades reciban el mensaje de que se ha superado la etapa traumática que siguió a la pérdida del cónyuge y que de nuevo está incorporándose al mundo social al que antes pertenecía. En estas reuniones debe evitarse toda alusión nostálgica a la persona ausente, y el deber de los invitados es contribuir a que imperen en las mismas un ambiente de optimismo en todo momento.

- Antiguamente, nadie podía considerar la posibilidad de escuchar música o ver televisión durante el período de luto... mucho menos ir al cine o asistir a una función de teatro. Las normas de entonces, en general establecían que la viuda se apartara de las cosas de este mundo, en solidaridad con el cónyuge que había perdido. La etiqueta ha variado notablemente en este aspecto, y sugiere que la viuda reanude sus actividades habituales tan pronto como ella misma lo estime conveniente. Si considera que el cine le proporciona un entretenimiento que necesita para olvidar la pena que la embarga, debe ir... ¡y olvídese del arbitrario qué-dirán!

- Tampoco la viudez puede (o debe) significar la renuncia a emociones sentimentales. Por el contrario, muchos sicólogos insisten en la importancia de comenzar rápidamente una nueva vida sentimental y sugieren la importancia de obtener un nuevo compañero que mitigue sus momentos de soledad. Desde luego, en todas estas cuestiones íntimas debe imperar siempre un sentido del buen gusto y de la propiedad. Sería mal visto que una viuda aceptara invitaciones de otros hombres a las pocas semanas de haber perdido a su cónyuge... pero es absolutamente correcto que lo haga transcurridos varios meses. Esta decisión no es criticable, y debe ser tomada únicamente por la viuda, de acuerdo con sus propios sentimientos, y sin la influencia de familiares recalcitrantes, en muchos casos sus propios hijos.

- En el caso de que existan hijos (de cualquier edad), es una norma de cortesía hacia ellos explicarles sus sentimientos, con toda la sinceridad y espontaneidad que el caso requiera. Recuerde que todas éstas son situaciones de alta tensión emocional en las que el tacto y la prudencia deben regir. Pero sí es fundamental tener presente que en ningún momento la viuda debe imponer límites a su vida íntima para evitar conflictos familiares de esta naturaleza.

- Cuando surge un nuevo hombre en la vida de una mujer viuda y con hijos, quizás lo más apropiado sea que ésta invite al hombre a una cena en la casa y que lo presente a sus hijos únicamente como "un buen amigo". Aun así, existe la posibilidad del rechazo por parte de los hijos, un rechazo que infinidad de siquiatras en el mundo entero califican de "arbitrario y egoísta", porque está basado en el bienestar propio y no tomando en consideración las necesidades de la madre. Esté preparada para estas situaciones de conflicto, y manéjelas según se vayan presentando. Sí, tenga en cuenta un factor muy importante: no trate de simplificar la situación iniciando unas relaciones ilícitas, a escondidas de sus hijos, sencillamente por "no querer lastimarlos". La verdad, se impone en todo momento.

■ ¿Deben mantenerse relaciones estrechas con la familia política? Esto depende en gran parte del tipo de relación que haya existido en vida del cónyuge. Si fueron unas relaciones amables y cordiales, no hay por qué interrumpirlas... inclusive en el caso de que la viuda decida casarse de nuevo. En esa situación, es importante que si existen niños, éstos mantengan el contacto constante con la familia de su padre. Pero si las relaciones con la familia política fueron siempre de tensión y rivalidad, no hay por qué prolongarlas más allá de los límites necesarios. De no presentarse una crisis que obligue a un rompimiento definitivo, lo correcto es limitar el contacto directo a llamadas y envío de tarjetas de felicitación en las fechas apropiadas (cumpleaños, Navidades, aniversarios, etc.).

LA VIUDA SE CASA DE NUEVO

■ Un nuevo matrimonio es una decisión trascendental para una viuda, y a la misma se debe llegar con cautela. En todo caso, es fundamental correr un velo sobre el matrimonio anterior y considerarlo como una etapa pasada de su vida que usted siempre recordará con amor y nostalgia... lo mismo que un buen capítulo que acaba de terminar en la novela que está leyendo.

■ Erradique de su mente cualquier complejo de culpa (¡pueden ser muy destructivos!) que pueda embargarla por la decisión que ha tomado.

■ Considere la posibilidad de firmar un contrato pre-nupcial en lo que a bienes se refiere, de manera que sus intereses personales, y los de sus hijos, queden protegidos en caso de divorcio o de muerte. Consulte la situación con un buen abogado.

■ La boda puede llevarse a cabo en una ceremonia religiosa, o notarial... es una decisión muy personal. La intimidad es lo aconsejable en estas situaciones de segundos matrimonios, aunque en las mismas (igual que en la recepción después de la boda) pueden participar los familiares y amistades más allegados a la pareja.

■ Si las relaciones con su primera familia política son óptimas, y si no ha existido ninguna oposición verbal a que usted contraiga matrimonio por segunda vez, lo indicado es que invite a algunos miembros de la familia a su nueva boda.

■ Sus hijos también deben asistir a la ceremonia... ¡pero no los fuerce en este sentido!

■ Una vez casada, evite comparar a su nuevo cónyuge con el anterior, tanto en sus hábitos diarios como en los momentos de mayor intimidad. Compartir el hogar con el fantasma de una persona ausente puede provocar situaciones intolerables y frustraciones constantes.

■ La sortija de compromiso del primer matrimonio debe ser guardada; a veces es apropiado regalarla a la hija (o hijo) mayor del primer matrimonio como un recuerdo de su padre.

■ ¡Es de pésimo gusto pasar la luna de miel en el mismo lugar al que se fue de luna de miel la primera vez! Se trata de vivir una nueva etapa en su vida, no de prolongar la que el destino interrumpió.

CAPITULO 15

LA ETIQUETA ACTUAL PARA LA MUJER QUE TRABAJA

Hasta no hace muchos años, el número de mujeres que trabajaban en la calle era limitado, sobre todo en España y en nuestros países hispanoamericanos. Los conceptos entonces vigentes eran otros y las prioridades de la mujer se inclinaban más hacia canalizar sus ambiciones de felicidad en el matrimonio y formar una familia estable.

Por supuesto, no todas las mujeres se conformaban a vivir en ese mundo limitado, e infinidad de ellas se rebelaron (consciente o inconscientemente... esto no lo vamos a analizar aquí) contra esta tradición discriminatoria arbitraria y, emprendieron carreras profesionales exitosas, lograron éxitos intelectuales notables, e impusieron la presencia femenina en un mundo que hasta entonces era prácticamente dominado por los hombres, y en el que imperaban –desde luego– normas de comportamiento absolutamente masculinas.

Ese estado de cosas es muy diferente en la actualidad. Y sin que este capítulo se convierta en un panfleto feminista, es preciso mencionar que los logros sociales alcanzados por las mujeres en las últimas dos décadas han sido muchos... su evolución trascendental. Desde luego, aún queda

mucho terreno por conquistar, y en este sentido todavía se están librando batallas en muchas partes del mundo. Pero no hay duda de que avanzamos decididamente en la dirección de la igualdad definitiva con el hombre, y con seguridad en el nuevo milenio recién comenzado la diferencia de sexos en el campo de los negocios y profesional será una situación arcaica que sólo estudiarán con interés los sociólogos del futuro.

Lógicamente, las normas de etiqueta-entre-hombres han debido adaptarse a la presencia femenina en los centros de trabajo en estos últimos años; también nosotras hemos debido aprender a desenvolvernos en un mundo machista al que prácticamente hemos tenido que forzar nuestro ingreso... con todas las complejidades que esto implica. Muchas arbitrariedades-de-antaño han desaparecido... o al menos han cedido y se esconden hoy detrás de falsas fachadas de comprensión y tolerancia. Otras, lamentablemente subsisten y no sólo desconciertan a la mujer que por primera vez se enfrenta a una situación de franca competencia con el hombre, sino que en ocasiones hacen que la balanza de la justicia sea forzada en decisiones que la perjudican... y grandemente.

El propósito de este capítulo es familiarizarla con una serie de reglas importantes de la etiqueta para la mujer que trabaja... desde la ejecutiva que dirige una empresa y que tiene numerosos subalternos bajo su dirección, hasta la secretaria eficiente que se ve asediada por el clásico Don Juan de oficina, que pone en peligro la posición que ésta ha alcanzado a base de talento, disciplina, y esfuerzo constante.

¡REGLAS GENERALES SOBRE LA ETIQUETA EN LA OFICINA!

- Sea siempre puntual, tanto para llegar al trabajo como para asistir a una cita de negocios. Recuerde que la puntualidad no reconoce fronteras.

- A la hora de marcharse de la oficina, no comience a recoger sus objetos personales con media hora o veinte minutos de anticipación. No sólo es una falta de etiqueta (con su jefe, con sus compañeros que no lo hacen...), sino que denota poco interés en su trabajo. Muchos jefes toman este elemento en consideración al hacer recomendaciones de aumento de salario o para evaluar futuras promociones.

- Mantenga su área de trabajo siempre ordenada y atractiva. Antes de marcharse de la oficina, asegúrese de que no quedan papeles pendientes sobre su escritorio... guárdelos en una gaveta hasta el día siguiente. Tampoco deje papeles tirados en el piso (demuestra poca consideración hacia el personal de limpieza)... échelos en el cesto de la basura. Si tiene plantas (¿las permiten en su centro de trabajo?), ¡cuídelas! Si su escritorio no lo limpian como usted prefiere, límpielo usted, sin hacer comentarios de ningún tipo (usted, sin duda, puede hacerlo mejor que nadie).

- No se pinte las uñas, ni se maquille, ni se peine, en horas de trabajo... ¡ni siquiera cuando no tenga nada que hacer! Hágalo en el cuarto de baño y en momentos que no interfieran con su trabajo.

- Si fuma (y está aceptado que fume en su centro de trabajo) limpie usted misma su cenicero... periódicamente. El olor a nicotina puede resultar ofensivo para otras personas a su alrededor.

- Si no se acepta fumar en interiores, no lo haga (ni siquiera en el baño).

- Su escritorio no es el lugar para comer; ¡abténgase de hacerlo! Muchas empresas tienen un comedor para empleados; de lo contrario salga a la calle y coma en un lugar apropiado.

- Si en su oficina se acostumbra que los empleados tomen café (varias veces durante el día), y se acepta que el mismo sea bebido en el escritorio, una vez que termine limpie su taza o deshágase del vaso desechable. No se ofrezca a ayudar a una compañera en esta tarea... no es correcto; pero tampoco acepte que se lo hagan a usted.

- Si pide prestado algún efecto de oficina a un compañero, asegúrese de devolverlo tan pronto haya terminado con él. No lo mantenga en su escritorio "hasta que él vuelva a necesitarlo"... es una falta de cortesía mayor. Siempre dé las gracias por la atención que ese compañero ha tenido con usted.

- ¡Escape de los consabidos chismes-de-oficina! Constituyen una falta absoluta a las normas de la etiqueta, pero además pueden involucrarla en conflictos de los cuales a veces es difícil escapar ilesa. Si alguien insiste en contarle un chisme, rechácelo desde el primer momento. Un "No me interesan las cuestiones personales de los demás" a tiempo puede evitar infinidad de situaciones embarazosas y posibles catástrofes sociales.

- Mientras trabaja, mantenga todas las gavetas de su escritorio cerradas. Tampoco trate de hacer varias tareas diferentes al mismo tiempo; sobre su escritorio, una sola cosa a la vez. De esta manera puede lograr ese orden que tanto aprecian los jefes en sus empleadas.

- No suba los pies sobre las sillas, mesas, o gavetas. Es poco femenino y señal de pésimo gusto.

- Si tiene que hablar, hágalo en voz baja. ¡Sea breve!

- ¡No escuche la radio (ni siquiera música clásica) mientras trabaja!

- No se detenga frente al escritorio de un compañero por el simple hecho de que en ese momento no tiene nada que hacer. Denota falta de consideración hacia ese compañero (él sí puede estar atosigado de trabajo), y está mal visto por sus jefes. Evite que le llamen la atención innecesariamente.

- Al pedir cualquier favor en la oficina, siempre use la frase mágica "Por favor". Al obtener una atención, no se olvide de dar las gracias.

- Si es a usted a quien le piden el favor, y puede hacerlo, muestre su amabilidad... aunque le esté tomando un tiempo que considere valioso.

- Sea firme con el insoportable Don Juan de oficina. Se trata de un personaje deshonesto, mentiroso, y poco moral cuya única meta es agregar nuevos nombres a su ya larga lista de conquistas. ¿Cómo? Evite todo tipo de camaradería con él, trátelo con fría cordialidad, y sólo para asuntos relacionados con el trabajo. Muy importante: no acepte de él absolutamente nada... ¡ni siquiera un almuerzo inocente en compañía de otras personas!

■ Jamás trate a su jefe por su primer nombre. Es una muestra de respeto y de etiqueta el llamarlo "Señor Almeida" o "Señora Miller"; igualmente, estará estableciendo límites en el trato de él hacia usted. En el caso específico del jefe-hombre, esta regla elemental de la etiqueta actual puede evitar también cualquier intención de conquista por su parte.

■ Si su jefe le llama la atención en público por cualquier error cometido, guarde silencio. Después, en privado, hágale saber –con tono firme, pero amable– que usted prefiere que todo comentario sobre su trabajo le sea hecho en privado, no en presencia de sus compañeros.

■ Nunca entre en una oficina, aunque la puerta esté abierta, sin antes tocar.

■ No lleve sus problemas personales al trabajo... Es una frase que escuchamos con frecuencia pero que no todas ponemos en práctica. Pero la recomendación sí encierra mucho de la consideración que podemos mostrar hacia los demás, y por eso debe ser incluida hoy entre sus normas de etiqueta en la oficina.

■ Tampoco se refiera usted a sus problemas personales delante de sus compañeros; no los involucre en su vida íntima.

■ Si habla por teléfono por algún motivo personal, insistimos, sea lo más breve posible. Si esto es imprescindible, hágalo en un tono bajo, de manera que sus compañeros de trabajo no puedan oírla. En general, evite que sus amistades la llamen al trabajo, aunque sea una norma tácitamente aceptada entre sus compañeros de oficina.

■ Cuando sea usted quien reciba una llamada telefónica para un compañero ausente, anote el mensaje en un papel y colóquelo directamente sobre su escritorio... no repita el mensaje en voz alta (puede ser comprometedor para su compañero). No olvide incluir la hora en que recibió la llamada.

■ Al dirigirse a un compañero, no emplee términos muy familiares ("mi vida", "queridita", "muñeco", "mi amor"). ¡Tampoco los acepte! Simplemente repita su nombre cuando alguien la llame con uno de estos epítetos. ¡Establezca usted los límites de la familiaridad!

■ Recuerde que la discreción debe regir, siempre, su comportamiento en la oficina.

LA ETIQUETA DE LA MUJER EJECUTIVA

- Proyecte siempre la imagen de una ejecutiva femenina, y no la de una mujer dura, ambiciosa de poder, y con actitudes masculinas... porque considere que éstas son las mejores armas para competir en el difícil mundo de los negocios, casi siempre controlado por hombres. La regla de oro: vista y maquíllese siempre en la forma apropiada para cada ocasión; mantenga la moderación en todo momento.

- Una buena ejecutiva es amable con sus empleados y con sus compañeros profesionales porque en ningún momento estima que la cordialidad puede ser síntoma de debilidad ni de falta de control sobre una situación determinada.

- La discreción es otra de las cualidades inherentes a toda buena ejecutiva. Absténgase de hacer comentarios innecesarios, evite las críticas personales, y mantenga una actitud positiva y optimista en todo momento (aun en medio de las crisis más formidables a las que tenga que enfrentarse).

- ¡Elija el mejor personal! En este sentido, debe apartarse de todo tipo de sentimentalismos y compromisos adquiridos para seleccionar al personal que realmente sea eficiente y capaz de desarrollar un trabajo productivo.

- La oficina de la mujer ejecutiva debe tener la apariencia de una oficina, y no la de una habitación personal. Se admiten los detalles femeninos (un buen cuadro, unas flores, las fotografías de su esposo y niños, por ejemplo), pero en general los muebles deben ser los apropiados para una mujer profesional.

- Si las necesidades de su trabajo le sugieren invitar a almorzar o cenar a un hombre, invítelo... directamente, sin tomar en cuenta su condición de mujer. Haga usted misma las reservaciones en el restaurante apropiado, tome usted el control de la situación en cuanto a la selección de la mesa, platos del menú, vinos... y después pida la cuenta y páguela (aunque él insista en hacerlo). Si su percepción femenina le indica que su invitado es una persona con prejuicios en este sentido, establezca de antemano los arreglos pertinentes con el restaurante en cuestión para que le envíen la cuenta a su oficina, o liquídela más tarde.

- Si debe viajar por motivos de negocios, no lleve a su familia con usted. La mujer ejecutiva debe estar consciente de que ésta es una de las responsabilidades adquiridas al competir en el mundo de los negocios... con hombres.

■ Al hacer las reservaciones de hotel para su viaje de negocios, exija siempre habitaciones sencillas (para usted sola)... aunque viaje con otras mujeres ejecutivas.

■ Lleve una lista detallada con todos los gastos incurridos en el viaje (guarde siempre los recibos pertinentes). Al regresar a su empresa, podrá presentar la lista de gastos para que la suma le sea debidamente reembolsada.

■ ¡No se valga de artimañas y encantos femeninos para obtener ventajas sobre un compañero o un competidor! Si realmente lleva el concepto de mujer-ejecutiva bien definido en su mente, preferirá competir con sus rivales en un plano de igualdad, sin recurrir a estratagemas poco éticas que pongan en tela de juicio su verdadera capacidad profesional.

■ En las reuniones de ejecutivos, sea puntual... ¡siempre! Recuerde que por años se ha considerado que la impuntualidad es una característica femenina, y aún hoy no hemos logrado desplazar este concepto absurdo y discriminatorio de la mente de muchos hombres.

■ Al hacer una exposición sobre determinado caso o situación, mantenga bajo control sus emociones y su intuición femenina; limítese a exponer la situación tal y como usted la ve... en síntesis, con énfasis, proponiendo siempre soluciones.

¡ASI VISTEN LOS EJECUTIVOS (HOMBRES Y MUJERES)!

Mark Twain, el formidable escritor norteamericano del siglo pasado (1835-1910), es el autor de la frase "La ropa hace al hombre... un hombre desnudo jamás ha influido en esta sociedad en que vivimos". Su concepto sigue válido en nuestros días, y hoy todos estamos de acuerdo en que la ropa apropiada para un momento determinado puede comunicar confianza en nosotros mismos, estimular nuestra creatividad y entusiasmo, y causar la impresión adecuada en un primer encuentro con otra persona... sin duda, la más indeleble.

Este concepto de Twain está especialmente vigente en el mundo de los ejecutivos. Los hombres y mujeres de negocios saben que la primera impresión puede significar el éxito o fracaso de una operación comercial, la contratación para un nuevo trabajo... la promoción que se ha estado esperando. Si una empresa determinada cuenta con tres candidatos con calificaciones profesionales similares para ocupar una misma posición, por ejemplo, lo más probable es que se decida por el que mejor primera impresión haya causado. Porque no hay duda de que un ejecutivo elegante proyecta una buena imagen para la compañía para la cual trabaja, y ésta es una cualidad que es altamente apreciada por todas las empresas en el mundo. Si el ejecutivo es capaz de provocar un primer impacto positivo, tiene ganado el primer encuentro en cualquier batalla que pueda librar.

¿Cómo se logra causar esa primera impresión impactante y decisiva?

- Vístase en una forma que pudiéramos llamar "creativa"; es decir, incorporando en su vestuario sus toques personales de buen gusto y su concepto de la armonía... pero respete siempre las reglas implícitas (en lo que a ropa se refiere) que se observen en el lugar para el cual trabaja. En caso de duda, es preferible que esa "creatividad" que sugerimos se incline hacia el lado conservador.

- Algunas empresas son más flexibles en lo que se refiere al vestuario de sus ejecutivos (hombres y mujeres). En todo caso, deben observarse reglas inflexibles de limpieza y cuidado de la ropa: los trajes y vestidos siempre planchados, con todos sus botones; las camisas, pañuelos y corbatas impecables; los zapatos siempre muy limpios; las medias (en el caso de las mujeres) en perfectas condiciones; el cabello cortado al largo que sugiera la moda, pero sin excesos de ningún tipo; los hombres siempre afeitados y bien peinados; las mujeres debidamente maquilladas, pero sin excesos; las uñas, muy limpias y cortadas... Todos estos elementos reflejan, inconscientemente, lo que usted piensa de su propia imagen... y todos igualmente influyen en la impresión que usted provoca en otros. ¡Un ejecutivo pulcro proyecta siempre la imagen de un triunfador!

- Hasta hace algunos años, mientras la mujer luchaba denodadamente por incorporarse al mundo ejecutivo dominado por los hombres, muchas ejecutivas vestían con el clásico traje de dos piezas, que no es más que una adaptación femenina muy fiel al diseño del traje formal masculino tradicional. Afortunadamente, la mujer ejecutiva de hoy ha dejado de querer lucir como un hombre, y su ropa muestra más estilo en sus diseños y en sus colores. La etiqueta actual rechaza que una mujer tenga que vestirse como un hombre –únicamente con trajes azules, grises y marrones– para mostrar poder y triunfar en el campo ejecutivo. Ser femenina en todo momento, hasta durante un momento de crisis empresarial, jamás puede tener una connotación sexual. ¡Téngalo presente!

■ Desde luego, esto tampoco quiere decir que la mujer deba quemar sus trajes ejecutivos de dos piezas, porque aún son utilizables. Estos siempre van a estar de moda entre las mujeres de negocio, porque sugieren autoridad... y muchas mujeres se niegan a perder esa imagen ejecutiva. ¡Pero suavice la dureza que indudablemente el dos-piezas proyecta con accesorios realmente femeninos, incluyendo un buen perfume-solo-para-mujeres! ¡Sea muy creativa en este sentido... imponga su estilo!

■ La ropa de una mujer ejecutiva jamás debe ser ceñida, con escotes profundos, demasiado corta... y en ninguna forma puede sugerir se-xualidad. Tampoco los zapatos deben tener tacones muy altos; es preferible el tacón mediano, que combina con todo y es aceptable en todas partes.

■ Muchos hombres visten el traje-de-negocios como si se tratara de un uniforme, y no es raro comprobar que en algunas empresas, casi todos sus ejecutivos visten en forma similar (en diseño y colores). Esto demuestra una falta de creatividad absoluta, porque se puede vestir adecuadamente, ser elegante... ¡y ser diferente a la vez! La cre-atividad puede demostrarse en la selección de los géneros para la con-fección de los trajes, en los colores, y en los accesorios que se lleven. Siempre es preferible invertir en uno o dos trajes de calidad, que en varios de confección inferior. Asimismo, una buena colección de cor-batas elegantes –de diferentes colores y diseños– flexibiliza increíble-mente el vestuario del ejecutivo de hoy. ¡Oriente a su hombre!

■ Tanto los hombres como mujeres ejecutivos deben tener presente que el entalle de la ropa que lleven es esencial para causar una buena impresión en los demás. Una chaqueta que no tenga la caída debida, o una falda (o unos pantalones) demasiado ancha, no sólo constituyen un síntoma de mal gusto, sino que proyectan una imagen desgarbada y una actitud de descuido que muchos rechazan.

■ Un detalle final a tomar en cuenta por el hombre y la mujer ejecu-tivos: con trajes que tengan un diseño (líneas, cuadrados...), elija blusas (o camisas) de color entero. En todo caso, el pañuelo (o la corbata), sí pueden llevar un diseño.

LA ENTREVISTA PARA OBTENER UN EMPLEO... ¿QUE HACER? ¿QUE NO HACER?

■ Presente un *resumé* (o *curriculum vitae)* conciso, profesional, pero que refleje toda su experiencia, logros, y estudios realizados. Sea muy objetiva al seleccionar las palabras de su *resumé;* evite todo tipo de adjetivos calificativos, adopte un tono impersonal.

■ No presente a su empleador-en-potencia una copia fotostática de su *resumé...* entregue el original.

■ Si le entregan un formulario para que lo llene, sea concisa y responda únicamente lo que le preguntan. Adjunte su *resumé* a la planilla al entregarla a la persona que la está entrevistando.

■ Obtenga una información elemental sobre la empresa a la cual va a solicitar un empleo. Si es una Agencia de Publicidad, por ejemplo, investigue cuáles son las principales cuentas que maneja... Si es una oficina de Exportación, con qué países son sus relaciones comerciales... En el caso de un Canal de Televisión, cuáles son sus programas de mayor teleaudiencia. De esta forma, usted no estará siendo entrevistada por un individuo que le es totalmente ajeno, sino por alguien que está relacionado con tales cuentas, con determinados países, o con programas que quizás hasta sean sus favoritos...

■ ¡Vístase apropiadamente para su entrevista! Lo recomendable es un traje de dos piezas (color neutro); y una blusa espectacular, pero que no compita en diseño o color con su rostro. Maquíllese adecuadamente; evite los excesos. La misma sugerencia puede ser aplicada a su peinado. Sea moderada al aplicarse el perfume... unas gotitas son suficientes. Si sigue estos pasos, el entrevistador, inconscientemente, imaginará cómo usted lucirá una vez que esté desempeñando la posición que está solicitando.

■ Adopte una actitud amable ante su entrevistador; muestre su cordialidad al estrechar su mano. No se siente hasta que no se lo mencione él (o ella), y mantenga en todo momento la postura correcta.

■ La timidez puede ser su peor enemiga en una entrevista en la que usted está solicitando un empleo. Actúe en una forma natural, preste atención a todo lo que él tenga que decirle, y esté lista para responder correctamente a cada una de sus preguntas. Evite cualquier expresión que pueda sugerir familiaridad... no es correcto, aunque él (consciente o inconscientemente) la invite a que lo haga.

- A una pregunta vaga ("¿Podría decirme algo acerca de su vida...?", por ejemplo), responda en una forma muy profesional. Refiérase, inmediatamente, a su experiencia en el campo relacionado con el empleo que está solicitando, mencione las posiciones que ha desempeñado, y haga especial referencia a la última, explicando los motivos que la han llevado a considerar un cambio de empleo.

- Evada cualquier tipo de crítica –velada o directa– sobre cualquiera de sus empleadores. No sólo es de muy mal gusto, sino que es calificada negativamente por todo entrevistador. En estos casos, sea elegantemente hipócrita y hable positivamente de todos.

- Recuerde que todas las preguntas que le hagan y que comiencen con un "¿Por qué?", requieren una respuesta elaborada. Lo que usted pueda expresar estará siendo evaluado por su entrevistador, quien concederá puntos especiales a su creatividad de expresión, a su espontaneidad, a su facilidad al sintetizar conceptos... ¡inclusive a su capacidad de improvisación bajo una situación de evidente tensión!

- Muchos entrevistadores sorprenden a sus entrevistados al preguntarles, de repente, sobre cuál considera que es su punto más negativo. No lo tome como una falta de etiqueta, sino como un recurso sicológico para detectar su grado de auto-estimación. "Ninguno" es una respuesta que los entrevistadores consideran insincera, falsa. ¡Evítela! Es más apropiado especificar que "a veces me involucro en más actividades de las que puedo atender", por ejemplo, porque en efecto es una cualidad negativa, pero al menos usted está demostrando que está consciente de ella... ¡el primer paso para superarla!

- Es evidente que un empleador-en-potencia no deberá hacerle preguntas relacionadas con su vida personal, pero sí le interesará su estado civil, su edad (no mienta), nacionalidad, y cuántos hijos tiene. También puede preguntarle acerca de su salud. Ahora bien, preguntas de otra índole pueden (¡y deben!) ser evadidas con amabilidad y firmeza... si tiene deudas, su opinión sobre la liberalidad sexual, la estabilidad de su matrimonio... No se marche de una entrevista sólo por el hecho de que de alguna manera sienta que están invadiendo su privacidad. La mujer elegante de hoy sabe sortear estas situaciones y no apartarse de la dirección que ha tomado para alcanzar sus metas.

- Es correcto que usted pregunte cuál es el salario ofrecido... y esta pre-

6 PREGUNTAS EMBARAZOSAS... ¿COMO RESPONDERLAS?

1
¿Por qué quiere cambiar de empleo? ¿No se siente satisfecha en el lugar donde está trabajando?

RESPUESTA: Si lleva más de un año en la empresa, puede mencionar que usted ha comprendido que las oportunidades de obtener promociones son limitadas, y que usted tiene la intención de hacer carrera en el campo en el que ahora se desenvuelve. Asegúrese siempre de incorporar en esta exposición alguna frase positiva hacia la empresa para la cual trabaja; evite cualquier tipo de crítica.

Si sólo lleva unos meses trabajando para la compañía, es natural que este hecho llame la atención a su entrevistador. Lo más acertado en estos casos es admitir que cometió un error al aceptar el empleo que desempeña actualmente (no es lo que usted esperaba)... ¡y ahora quiere corregirlo! En ningún momento mencione una situación de conflicto personal con un jefe o compañero, ni haga una crítica directa a la política de la compañía para la cual está trabajando.

2
¿Está usted casada?

RESPUESTA: Si ése es el caso, no hay nada embarazoso en responder afirmativamente a la pregunta. Pero si tiene un compañero con el cual aún no se ha casado, limítese a responder que es soltera (o divorciada, o viuda), porque legalmente estará diciendo la verdad, y su estado civil no tiene por qué interferir con su eficiencia y productividad en el trabajo.

3
¿Qué tal son sus relaciones con sus compañeros de trabajo? ¿Podría ser usted considerada "una persona conflictiva"?

RESPUESTA: Es evidente que todas las empresas prefieren contratar personas de buen carácter y temperamento pacífico, neutrales en muchos aspectos, y que ofrezcan pocos problemas debido a choques de personalidad que pueden tener con otros compañeros. Una respuesta afirmativa a esta pregunta la descalificaría inmediatamente para obtener el empleo que está solicitando. La etiqueta actual sugiere una respuesta que evada en sí la propia pregunta. Puede referirse a la forma en la que usted manejó una situación "difícil" que se presentó con un compañero de trabajo, (¡pero nunca un jefe!) en la cual él llegó a ser después su mejor amigo. "Sólo necesitaba comprensión y estímulo" es una frase que puede resultar mágica, porque no sólo puede ser verdadera sino que pone de manifiesto su espíritu de cooperación y su capacidad para resolver situaciones complejas.

4
¿Qué considera usted que puede aportar a nuestra empresa?

RESPUESTA: De nuevo, imponga su actitud positiva ante una pregunta con implicaciones evidentemente negativas. Mencione su capacidad y experiencia en primer lugar. Después, sugiera su entusiasmo, su dinamismo, su productividad... Y no se limite únicamente a ofrecer una lista de sus buenas cualidades; agregue que su intención es hacer carrera en la empresa en la que ha solicitado empleo, un hecho que su futuro empleador indudablemente apreciará, ya que la estabilidad en un empleo, y la fidelidad a un campo de trabajo no es muy común en la actualidad.

5
¿Considera usted que las mujeres son iguales a los hombres, y que están capacitadas para desempeñar las mismas funciones?

RESPUESTA: Ante una pregunta de este tipo, usted debe ofrecer una respuesta cortés, precisa... pero firme. Sugiera que la diferencia entre el hombre y la mujer se limita únicamente a la configuración física, y a las limitaciones naturales que esto impone. ¡Punto! Inmediatamente refiérase al campo intelectual, que es el que usted debe dominar en una oficina.

En este sentido, haga valer su criterio de que la mujer que ha recibido el entrenamiento adecuado, y desarrollado la experiencia necesaria, puede desempeñar cualquier tipo de trabajo... siempre que se le ofrezca la oportunidad. Concluya sugiriendo que usted espera que se le conceda la posibilidad de demostrar en la práctica lo que ahora está diciendo.

6
¿Qué opina usted de la maternidad? ¿Piensa tener un hijo en los próximos años?

RESPUESTA: Muchas empresas tienen como política limitar el número de mujeres que se contratan debido a las licencias por maternidad que deben conceder a las empleadas que quedan embarazadas (establecidas legalmente). Tomando este hecho inevitable como base, es conveniente mencionar que usted considera que la maternidad, siempre que esté planificada, es un estado positivo al que debe aspirar toda mujer. Sin embargo, el hecho de que usted está solicitando un empleo pone de evidencia que su prioridad es profesional y que cualquier necesidad emocional de ser madre ha quedado aplazada. Su posible empleador agradecerá su sinceridad, y usted siempre puede cambiar de opinión una vez que el empleo sea suyo.

gunta debe ser respondida en forma directa por su entrevistador. Las respuestas evasivas como "de usted depende", "vamos a ver", y otras similares, son poco profesionales. Precíselo amablemente a darle esta información, y hasta esgrima la mejor de sus sonrisas... ¡pero sea firme!

■ Si es preciso, ante estas evasivas con referencia a su posible salario, mencione la suma que usted espera obtener para aceptar el empleo que está considerando. Estime una cifra razonable, para que la misma esté dentro de las posibilidades de la compañía para la cual desea trabajar.

■ Pregunte igualmente por los beneficios adicionales que ofrece la empresa... seguros de vida, médicos, vacaciones, días libres, etc.

■ Si la posición le es ofrecida durante la misma entrevista, y usted está de acuerdo con las condiciones que su entrevistador ha mencionado (incluyendo su nuevo salario), acéptela. Dé las gracias por la rapidez con que se ha tomado una decisión tan importante, y pregunte cuándo será su primer día de trabajo (confirme el horario de trabajo).

■ Si la entrevista ha finalizado, no se sienta inhibida a preguntar cuándo tendrá una respuesta sobre su decisión. Es lo correcto... ¡hágala!

■ Compruebe mentalmente que usted no se ha olvidado de hacer ninguna pregunta; es de pésimo gusto volver después sobre sus pasos para tocar un tema que no fue cubierto.

■ Despídase amablemente, y manténgase consciente de todos sus movimientos para evitar cualquier posible accidente al tropezar con un mueble. La tensión a veces nos coloca en situaciones terriblemente embarazosas.

■ No, no es correcto enviar una nota agradeciendo la entrevista.

■ Tampoco es apropiado estar llamando constantemente a la persona que la entrevistó para saber si finalmente le van a dar empleo. Puede hacerlo una vez, pasados algunos días... Pero en caso negativo, es función del entrevistador mostrar la cortesía elemental de comunicarle oficialmente que su solicitud ha sido declinada en esta oportunidad (con cualquier pretexto amable).

USTED, SU JEFE, Y LA ETIQUETA ACTUAL

No hay duda de que hay jefes con personalidades complejas, francamente difíciles; algunos tienen personalidades totalmente neuróticas, que a veces llevan a sus empleados al borde de la exasperación. Huir y cambiar de trabajo no siempre es la solución acertada ante este tipo de situación. Y la práctica demuestra que, a veces, si el empleado realiza una serie de ajustes en su enfoque de lo que está sucediendo, y pone en práctica una serie de reglas básicas de la etiqueta, las tensiones ceden y el ambiente se vuelve más tolerable, si no normal.

- Ante un jefe hostil, con actitud de pequeño tirano, es apropiado enfrentársele amablemente. Hágale saber que desea sostener una conversación en privado con él, y en la misma confiésele –muy objetivamente– que usted siente que él ha traspasado los límites de la relación jefe/empleado en su comportamiento consistentemente agresivo hacia usted. Sugiérale que le haga saber en ese momento si tiene alguna queja en especial sobre su comportamiento o eficiencia en la oficina, pero pídale al mismo tiempo que modifique su actitud hacia usted. Evite una respuesta inmediata de su parte; una vez que haya expuesto su situación, dé las gracias, y retírese. Un jefe consciente e interesado en el bienestar de la empresa, meditará sobre su exposición y hará los ajustes correspondientes. De lo contrario, en sus manos está tomar otro tipo de acción.

- Otro tipo de jefe insoportable es el que es incapaz de delegar responsabilidades en usted, al extremo de que usted llega a sentirse herida en su auto-estimación. De nuevo, una conversación en privado es lo correcto... y ésta debe tener las características de diálogo (usted quiere establecer comunicación con su jefe, recuérdelo). Evite palabras que encierren conceptos absolutos, como "siempre" o "nunca", y manifieste su opinión de que usted siente que no tiene la oportunidad de mostrar su iniciativa y su capacidad de trabajo en los proyectos de su departamento. No se queje... presente sugerencias y alternativas. ¡Ofrezca una mayor cooperación!

- Un jefe silente, incapaz de mostrar sus emociones, que se comunica únicamente por medio de monosílabos, puede alterar el sistema nervioso de la persona más ecuánime. En estos casos, la etiqueta recomienda plantearle –en tono amistoso, pero correcto– preguntas de trabajo que no puedan ser respondidas simplemente con un "sí" o un "no", sino que deban ser elaboradas. De esta manera, usted está obligando sutilmente a su jefe a romper su barrera del silencio... y en muchos casos, éste es el inicio del diálogo en el futuro.

Si no logra romper el hermetismo de su jefe, si ni siquiera levanta éste la vista para establecer contacto visual con usted, entonces lo acertado es sugerir que regresará en otro momento en que él pueda disponer de un minuto para responder sus preguntas.

■ La situación con un jefe indeciso es más fácil de manejar. Preséntele diferentes alternativas como solución a una situación determinada, y amablemente recomiéndele una... la que usted considere más acertada. Desde luego, emplee frases previamente elegidas, tales como "yo sugeriría", "quizás usted prefiera", "Permítame mencionarle", "es posible que". Apártese de los "Mi opinión es que", "Yo haría". El efecto de rechazo que provocaría sería instantáneo.

■ Si sólo recibe críticas por su trabajo, especialmente ante sus compañeros, hable en privado con su jefe y menciónele amablemente que estas críticas en público la afectan, ya que usted está poniendo todo su interés y su esfuerzo en hacer lo que él le pide. Enfatice en esa conversación que usted le agradecerá que cualquier comentario sobre su trabajo sea hecho siempre en privado. En algunos casos, es aconsejable mencionar a su jefe que usted quisiera que él prestara especial atención a su trabajo en la próxima semana para que también pueda comprobar sus aciertos. Evite una confrontación. Es preferible decir lo que debe, pero no esperar un cambio de actitud inmediato por parte de su jefe. Siempre dé las gracias por la atención que le ha prestado.

■ Curiosamente, a veces, un jefe-mujer puede ser la peor espina para una empleada, sobre todo si muestra una actitud de desconfianza, o si es francamente hostil. A pesar de los avances que las mujeres hemos logrado en el campo profesional, hay que reconocer que la lucha ha sido ardua, que aún persiste, y que un jefe-mujer encuentra hostilidad y rechazo en muchos lugares, lo que la obliga a hacer ciertos ajustes en su personalidad que, lógicamente, pueden reflejarse en su trato con sus propios empleados. Ante estos casos, el halago mesurado es su mejor arma para derribar esa barrera protectora que a veces rodea a la mujer-jefe.

En alguna oportunidad que sea propicia, menciónele lo que usted aprecia la experiencia que ella ha alcanzado, y enfatice el hecho de que está aprendiendo de ella. Muchas mujeres llevan encerrada a una maestra en su interior, y el hecho de que usted asuma la posición de alumna la coloca en otro plano (dejará de verla como una rival en potencia y la considerará como una aliada)... y sus relaciones mejorarán, notablemente.

■ Hay jefes que comparten todas sus intimidades con sus empleados...

desde sus conflictos sicológicos más íntimos, hasta sus problemas conyugales. ¡Cuidado! Estos jefes están traspasando abiertamente los límites de las relaciones profesionales para caer en un plano personal, y se aprovechan del hecho de que usted constituye su audiencia cautiva para obligarla a escuchar sus problemas. ¿Qué hacer? Es posible que usted misma –sin darse cuenta– haya estado estimulando en su jefe esa "amistad". Para poner fin a una situación de este tipo, la única alternativa elegante es ser muy directa al inicio de uno de esos momentos de familiaridad. Explíquele que sus problemas personales la preocupan mucho; y que, como usted no tiene manera de ayudarlo, preferiría que no le expusiera sus conflictos personales.

■ La situación más difícil en una oficina se presenta cuando un jefe se aprovecha de su jerarquía y trata de seducir a una empleada (el clásico *abuso sexual* del que tanto se habla en la actualidad). Ante esta situación, es preciso actuar con cautela y con pasos muy firmes... si su interés es conservar su empleo y evitar situaciones complejas que pueden afectar hasta su vida personal:

(1) ¿Está segura de que con su actitud (o vestuario) no es usted quien está provocando una reacción de este tipo en su jefe? Si admitiera que es así, inmediatamente haga los ajustes para neutralizar cualquier sugerencia que pueda haber estado haciendo inconscientemente.

(2) Si éste no es el caso, cuando se produzca la próxima insinuación de carácter sexual por parte de su jefe, menciónele francamente que usted no está interesada en él (muy importante), y que ese tipo de situación (el comportamiento de él) va en contra de las normas establecidas en la oficina.

(3) Si la situación persiste, infórmele con la mayor seriedad, que se va a ver obligada a utilizar los canales oficiales dentro de la empresa para hacer saber su comportamiento. Estos canales pueden ser el Jefe de Personal de la compañía, el jefe superior al suyo, inclusive el Presidente de la empresa. Como regla general, esta amenaza directa surte el efecto deseado. Pero de cualquier forma, es conveniente considerar un traslado para otro departamento. Su propio jefe, al verse rechazado, puede propiciar el cambio. Hágale ver que es lo más conveniente para solucionar la situación de conflicto que se ha creado.

(4) También estudie esta otra posibilidad: muchos hombres consideran que es casi una obligación que se espera de ellos el tratar de seducir a las mujeres que están a su alrededor... ya sean amigas, empleadas, o simplemente conocidas. ¡Es un hábito machista que no desaparecerá hasta dentro de algunas generaciones! Por lo tanto, es muy posible que su rechazo inicial, firme, sirva para establecer las líneas de comportamiento entre usted y él... y que lleguen a desarrollar relaciones profesionales totalmente correctas y eficientes.

■ Todas estas recomendaciones de la etiqueta actual se aplican igualmente a la situación en que la mujer-empleada se ve asediada por un compañero de trabajo con alma de conquistador. ¡Sígalas! Tenga presente que el amor en la oficina no sólo equivale a caminar sobre un terreno quebradizo, lleno de trampas, sino que socialmente es de pésimo gusto. Si surgiera una relación sentimental formal con un hombre en su oficina, lo ideal es que uno de los dos cambie inmediatamente de trabajo (el hecho de que trabajen en departamentos diferentes no deja de complicar la situación... téngalo presente).

■ Estas situaciones –ya sea la presentada por un jefe con alma de tirano, como el que solamente critica, o el que insiste en conquistarla– son altamente explosivas. Por lo tanto, es una regla elemental de la etiqueta el abstenerse de hacer comentarios con sus amigas sobre la situación que confronta... ¡mucho menos con compañeros de trabajo! La solución debe ser resuelta por usted, únicamente por usted.

■ Una recomendación final que debe observar toda mujer elegante: ¡no llore en público... jamás en la oficina! Asumir el papel de víctima, buscando el apoyo y la compasión de sus jefes y compañeros, es una falta capital a los preceptos de la etiqueta actual.

COMO QUEJARSE DE SU JEFE

Ya hemos considerado que de la actitud positiva o negativa de un jefe en gran medida depende el ambiente que predomina en el centro de trabajo respectivo. Por supuesto, si todo intento de diálogo con el jefe en cuestión ha fracasado, si se ha llegado a crear un ambiente de franca tensión que sólo puede desencadenar en una crisis definitiva (que usted pierda su empleo, por ejemplo), entonces no hay otra alternativa que acudir a un jefe superior y exponerle todos los pormenores de la situación para ver si es posible:

■ Encontrar una solución a la situación planteada;

■ Conseguir un traslado para otro departamento o división; o...

■ Comprobar que la única solución es cambiar de empleo, lo más rápidamente posible.

La etiqueta actual sugiere las siguientes reglas a seguir ante situaciones de este tipo:

■ Si la empresa para la cual usted trabaja tiene un Jefe de Personal, hable con él y expóngale la situación que usted (y quizás otros en el mismo departamento) está confrontando. Sea breve, mantenga sus emociones bajo control, y logre hacer una exposición objetiva de los pormenores del caso. No hay duda de que éste es el enfoque más profesional que usted puede darle a una situación que siempre es conflictiva... y peligrosa. Los Jefes de Personal de la mayoría de las empresas son individuos neutrales, personas de confianza de los Gerentes o dueños de las empresas, con los cuales mantienen un diálogo constante para informarles sobre las relaciones entre sus empleados. El es la persona indicada para resolver estas crisis –a veces temporales– que surgen en infinidad de empleos.

■ Si los empleados de su empresa forman parte de un sindicato, entonces es aconsejable exponer la situación al representante correspondiente, quien puede servir de intermediario, directamente con el jefe en cuestión, o con la empresa (si se tratara de una situación más difícil).

■ No trate de involucrar en el conflicto a otros compañeros... ni siquiera acepte el apoyo de éstos, a menos que sea absolutamente imprescindible, y ellos se lo hayan brindado espontáneamente.

■ A veces hay soluciones más fáciles, en muchos casos más efectivas: confiarle los problemas que usted está confrontando, en una forma muy objetiva, sin críticas, a un amigo-en-común con su jefe. Quizás este amigo-en-común pueda interceder por usted, propiciar una reunión, y aclarar cualquier malentendido que haya podido surgir. Recuerde que una aclaración a tiempo puede solucionar un conflicto en ciernes.

■ Cuando ninguna de estas sugerencias surten el efecto que usted espera, entonces lo profesional es hablar primeramente con el jefe con el cual confronta el problema, y mencionarle que usted desea conversar con su jefe inmediato superior, en presencia de él. Solicite formalmente esa reunión, y si la misma no es concedida en los próximos días, entonces usted puede solicitarla directamente.

■ Al exponer la situación creada, limite sus quejas a cuestiones profe-

EL GRAN LIBRO DE ETIQUETA

sionales; apártese de todo comentario que pueda ser considerado como evidencia de un conflicto personal. Ese no es el caso, y usted no quiere proyectar la imagen equivocada.

■ Desde luego, una situación de conflicto llevada a estos extremos, sólo puede conducirla a una encrucijada:

(1) O la situación original se disipa y todo vuelve a su normalidad; o

(2) Usted percibe el apoyo del jefe superior a su jefe inmediato, y comprende que debe buscar un nuevo empleo, ya que el resentimiento que ha creado en su jefe, y la imagen de "empleada difícil" que ha proyectado (aunque la razón haya estado siempre de su parte), le hará la vida insoportable. ¡Tome una decisión!

COMO PEDIR UN AUMENTO DE SALARIO

Estoy convencida de que muchas personas no obtienen lo que quieren en la vida simplemente porque no aplican las reglas de la etiqueta al pedirlas. La experiencia así me lo ha demostrado, y una de las situaciones en las que esto se pone más en evidencia es en el momento de solicitar un aumento de salario, reclamar una promoción... ¡porque hay normas de la etiqueta para hacerlo que son –innecesariamente– pasadas por alto!

Muchos consideran que pedir un aumento de salario equivale a exigir un derecho (una actitud negativa que, inicialmente, rompe las normas del buen gusto... ya que se parte de la base que usted ha permitido que un derecho que le corresponde haya sido violado). Otros asumen una actitud inicial derrotista, y no hay nada menos elegante que una persona que proyecte una imagen negativa que inspire compasión. Lo correcto es adoptar una actitud decidida, expresar honestamente (y abiertamente) lo que usted siente sobre una situación determinada (que la está afectando), y exponer asimismo lo que desea, en la forma más objetiva posible. Estas recomendaciones pueden orientarle:

■ Elija el momento más propicio para pedir su aumento de salario. Esta percepción especial para determinar el instante adecuado para exponer un tema a una persona (no solamente el del aumento de salario, sino otros) es una habilidad natural que resulta sumamente útil al observar las normas de la etiqueta actual. Pero todos tenemos ese sentido básico del "momento propicio"... ¡sólo hay que desarrollarlo!

■ Pida una entrevista personal con su jefe (o con la persona de la cual dependan estas cuestiones... quizás el Jefe de Personal, si se trata de una empresa en la que trabajan muchos empleados). De cualquier forma, es conveniente que su jefe inmediato esté consciente de cuáles son los pasos que usted está dando. Manténgalo informado.

■ Preste atención a estos cinco elementos fundamentales que van a contribuir a que usted proyecte la imagen más positiva posible:

(1) la postura; adopte la correcta.

(2) su expresión facial; debe ser relajada.

(3) El tono de su voz (bajo, relajado).

(4) La elección de las palabras (moderadas, que nunca puedan ser interpretadas como beligerantes).

(5) El contacto visual: es importante mirar directamente a los ojos de su interlocutor.

■ No se excuse por el tiempo que está tomando para exponer su punto de vista con respecto a su salario; usted está en su perfecto derecho de manifestar sus ambiciones dentro de la empresa, e inclusive mencionar los logros que haya obtenido (recomendaciones por trabajos bien hechos, estudios adicionales que pueda haber realizado después de haber sido contratada, etc.).

■ Mencione, muy objetivamente (sin emociones) los motivos por los cuales usted considera que merece un aumento de salario (o una promoción), y exprese su deseo de que su caso sea considerado por la empresa. Evite palabras que puedan ser interpretadas como débiles... "me gustaría...", "quisiera...", "sería conveniente...", "Ojalá pueda ser posible...". Sustitúyalas por otras que reflejen mejor su decisión: "Quiero", "prefiero", "espero". Es profesionalmente correcto adoptar esta actitud firme-pero-amable ante el empleador, aunque tampoco debe olvidar la cortesía que siempre debe imperar en un diálogo.

■ Al concluir su entrevista, siempre dé las gracias. Es apropiado que mencione el hecho de que espera una respuesta, aunque considere que esto es obvio.

■ No espere una decisión inmediata a su petición. Cualquier modificación de salarios en una empresa, o movimiento de empleados, debe ser aprobado por jefes superiores.

■ Concédase un tiempo prudencial para recibir una respuesta a su petición, la cual le debe llegar directamente de la persona con la cual se entrevistó, ya sea personalmente o mediante una comunicación oficial. En caso afirmativo, agradezca en la misma forma el hecho de que su petición haya sido considerada y aprobada. En caso negativo, usted de cualquier forma se ha anotado tantos a su favor: ha demostrado que es una empleada con opinión propia, con un alto concepto de sí misma (¡tiene madera de ejecutiva!), sabe exponer y mantener sus puntos de vista; y no se siente inhibida ante situaciones que por lo general intimidan a otros empleados.

¿AMAR... EN LA OFICINA? ¡NO!

La etiqueta –y así lo hemos mencionado a lo largo de todo este libro– insiste en que una de las normas fundamentales de la elegancia es mostrar consideración hacia los demás, sobre todo hacia las personas que tenemos constantemente a nuestro alrededor. Cuando el amor surge en un centro de trabajo, esa relación entre dos compañeros necesariamente complica las relaciones de las personas que de una forma u otra se ven involucradas en las complejidades de la situación... quieran o no: surgen los consabidos favoritismos, se divulgan los secretos-de-empresa, se alteran las prioridades establecidas, surgen los comentarios mal intencionados, y –en muchos casos– la intriga predomina.

Con el hecho evidente de que cada día es mayor el número de mujeres que deciden trabajar en la calle –muchas veces ocupando posiciones ejecutivas y compitiendo en el mismo campo de los hombres– también cada vez es más frecuente el caso de parejas enamoradas que trabajan para la misma empresa. Algunas compañías inclusive especifican en sus reglamentos concernientes al personal el hecho de que dos cónyuges no pueden trabajar simultáneamente para ellas... por lo tanto, hasta cierto punto tienen el control de la situación en el momento de la contratación de su personal. Pero cuando los miembros de la pareja aún no se han casado, y llevan una relación sentimental oculta e informal, ese control empresarial cesa, la posibilidad de que se presenten conflictos se multiplica, y los mismos se reflejan en los compañeros de trabajo y en la productividad general de la compañía.

La regla de oro de la etiqueta en este sentido es:

■   ¡No es elegante amar en la oficina!

Veamos por qué, y cuáles son los ajustes que se deben hacer en casos de esta naturaleza, tanto por la pareja en cuestión, como por sus compañeros de trabajo:

- Evite desarrollar una situación de extrema familiaridad con sus compañeros de trabajo, por simpáticos que éstos le sean. Mantenga en todo momento una actitud cordial, pero formal. La familiaridad descontrolada propicia otras oportunidades... ¡Recuérdelo!

- ¡No provoque! El temperamento del hombre hispano es apasionado, egoísta... ¡Y prefiere no dejar pasar una oportunidad que se le pueda presentar para demostrar su hombría! Modere cualquier actitud de su parte que pueda ser interpretada como coquetería.

- Detenga con firmeza cualquier insinuación que le sea hecha por un jefe o compañero de trabajo. No siempre es necesario recurrir al rechazo rudo, sino que a veces es más efectivo apelar al sentido común del individuo: "Este es nuestro lugar de trabajo... no quiero poner en peligro mi empleo, ni el tuyo". Pero además, amablemente hágale saber que no tiene interés en él.

- Si le es imposible controlar sus emociones y sentimientos, considere la posibilidad de que usted (o él) cambie de trabajo.

- Esta situación se complica muchísimo más si uno de los dos miembros de la pareja es casado, y la otra va a convertirse en su amante.

- Recuerde que en este tipo de situación, si la empresa decide tomar una acción al respecto, por lo general es la mujer la que lleva la peor parte... sus posibilidades de ser despedida son mayores.

- Además, considere la situación tan difícil que se creará para usted si ha caído en la trampa del romance-en-la-oficina y, después de cierto tiempo, desea terminarlo. No sólo tendrá a un hombre despechado entre sus compañeros de trabajo, sino que... ¿es posible romper con el jefe, si su relación ha sido con éste?

- Si usted es una simple espectadora de un romance-en la-oficina, manténgase en esa posición. Niéguese a intervenir o participar, en cualquier forma, en esta situación de alta tensión y peligro general.

- No acepte confesiones íntimas, ¡ni de él ni de ella! Tampoco haga comentarios al respecto, y mucho menos critique lo que está sucediendo. Una actitud de silencio es siempre la más acertada.

EL TELEFONO EN LA OFICINA

El teléfono es uno de los instrumentos más necesarios en el mundo de los negocios, además de que su uso se ha generalizado con el auge de los

LAS LLAMADAS TELEFONICAS ENTRE EJECUTIVOS

En algunos países, existe una etiqueta tácita para que dos ejecutivos sostengan una conversación telefónica, y es el deber de sus respectivas secretarias el lograr que se observen estas normas aceptadas de la cortesía a nivel profesional.

■ En general, un ejecutivo pocas veces hace una llamada telefónica directamente. Lo usual es que le informe a su secretaria el nombre de la persona con la que desea hablar, y que sea ésta la que busque su teléfono en el directorio personal de su jefe (debe ser siempre mantenido al día, con cambios y adiciones) para entonces marcar el número.

■ Si la llamada se hace a una persona que ocupa una posición inferior a la suya (un jefe subalterno, por ejemplo), la secretaria debe cerciorarse de que la persona que tiene en la línea, antes de ser pasada a su jefe, es aquélla con la que éste desea hablar. De lo contrario, manténgase en la línea hasta que conteste la persona solicitada.

■ Así, la persona de posición inferior debe estar lista en la línea para hablar directamente con el ejecutivo que hizo la llamada,

teléfonos celulares. Seguir las normas de la etiqueta actual al utilizarlo es muy fácil:

■ Si usted responde llamadas que entran directamente de la calle, mencione siempre el nombre de su compañía al contestar, seguida de una frase de saludo: "Empresas Unidas, buenos días"... "buenas tardes" o "buenas noches". Guarde silencio y espere a que la persona que se ha comunicado sea quien inicie la conversación.

■ Cuando una empresa es muy grande, y el sistema de extensiones telefónicas internas es amplio, al contestar mencione el nombre de su sin que éste tenga que esperar por ella.

- La situación se complica cuando dos ejecutivos, ambos con secretarias, hablan por teléfono. En estos casos, la secretaria del ejecutivo con una posición inferior debe aceptar poner a su jefe en la línea de manera que pueda hablar directamente una vez que la llamada sea pasada al ejecutivo que la hizo. El deber de la primera secretaria es saludar brevemente a la persona a quien hizo la llamada. Por ejemplo: "¿Señor Unanue...? Buenas tardes... le paso al Señor Mendieta, muchas gracias".

- Si ambos ejecutivos comparten un mismo nivel de autoridad (los dos son Presidentes de empresa, o Directores... o Gerentes Generales...), entonces las secretarias llegan tácitamente a un acuerdo de conectarlos a ambos en la línea, simultáneamnete, de manera que los dos pueden hablar directamente sin necesidad de la participación de ninguna de ellas.

- Por supuesto, puede presentarse el caso en que resulta imposible determinar cuál de los dos ejecutivos ocupe una posición más importante... el que hizo la llamada telefónica, o el que la recibe. Ante estas situaciones, lo correcto es que la secretaria del ejecutivo que recibe la llamada compruebe que quien hizo la llamada está listo para hablar directamente con su jefe.

- En el caso de mujeres ejecutivas, a menos que la diferencia de posición sea muy evidente, lo correcto es que el ejecutivo hombre reciba directamente la llamada de la mujer. Es una norma de cortesía y amabilidad que se mantiene vigente en la etiqueta hoy.

departamento y el suyo. De nuevo, espere a que la persona que se comunicó inicie la conversación. Ejemplo: "Departamento de Embarques... Lydia Díaz...".

- El tono de su voz debe ser siempre amable, pero sin mostrar familiaridad alguna.

- No admita bromas por teléfono, ni trate de averiguar la identidad de la persona que llamó... Sencillamente espere a que exprese el motivo de su llamada, y tome los pasos que éste requiera... transferir la llamada a otro departamento o persona, obtener un dato determinado, anotar un mensaje...

■ Si la persona a quien llaman no puede contestar el teléfono en ese momento, tome debidamente el recado. Anote el nombre correcto de la persona que hizo la llamada (pídale que lo deletree si no lo entiende con facilidad), el motivo de la misma, el mensaje, número de teléfono al que la llamada debe ser devuelta... y usted incluya su nombre y la hora en que la llamada fue hecha, de manera que la persona interesada pueda estar al tanto de quién tomó el recado en cuestión.

■ Si se vé obligada a pedirle a la persona que hizo la llamada que aguarde en la línea, emplee un tono amable y la frase "por favor". No permita que una llamada quede pendiente –de esta manera– por más de dos minutos... es una falta de cortesía. Es preferible pedir que la misma sea repetida en unos minutos. Recuerde dar las gracias.

■ Si es usted quien hace la llamada, identifíquese inmediatamente y exprese el motivo de la misma.

■ No haga llamadas personales a centros de trabajo; tampoco las reciba. Sólo son aceptables en situaciones de emergencia.

■ En el caso de que quiera hablar con una persona determinada, mencione su nombre y lo que desea.

El caso específico de las secretarias...

■ Recuerde que las secretarias tienen el deber de proteger la privacidad de sus jefes y evitar que éstos atiendan muchos asuntos diferentes al mismo tiempo. Por supuesto, la secretaria siempre debe ser amable, pero firme y eficiente en sus funciones. Si éste es su caso, al responder el teléfono de su jefe mencione el nombre del mismo ("Oficina del Doctor Jiménez Morales") y permita que la persona que hizo la llamada sea quien hable.

■ Pregunte su nombre, e identifique el motivo de la llamada... si no ha sido explícita inicialmente.

■ Si su jefe muestra flexibilidad a recibir todo tipo de llamadas, pásela... pero antes infórmele el nombre de la persona y el motivo por el cual quiere hablar con él. Será su jefe quien decidirá si va a tomar la llamada, o pedir que lo llamen de nuevo... o sugerirle que tome el mensaje para él devolver la llamada más tarde.

■ Como puede apreciar, el jefe es quien decide si acepta una llamada o no. Por lo tanto, usted debe seguir las normas de la etiqueta y ser un tanto ambigua para informar si su jefe está o no en la oficina. Confirmar que está ("Sí, se lo paso en seguida...") cuando después él va a preferir devolver la llamada en otro momento, no sólo lo coloca a él en una situación embarazosa, sino que usted será partícipe de la misma. Es preferible ser amablemente tajante, y breve: "Un momentito, por favor...". En este caso, usted no ha revelado ningún tipo de información, de modo que bien puede pasar la llamada a su jefe... o pedirle a la persona que llamó que deje el mensaje.

■ Si usted es quien habla con la secretaria de un ejecutivo determinado, acepte que éstas son normas de la etiqueta, y adhiérase a las mismas. Repita su llamada un poco más tarde... o deje el mensaje para que la misma le sea devuelta.

■ Mientras habla por teléfono, no interrumpa la llamada para hablar con el personal de oficina, aunque se trate de un asunto de trabajo. En general es muestra de mala educación sostener dos conversaciones al mismo tiempo, pero además, cuando se trata de cuestiones de trabajo, puede escapársele algún detalle importante, vital para la empresa para la cual trabaja.

■ Muchas empresas pequeñas tienen una máquina automática que responde las llamadas que entren y permiten dejar un breve mensaje. ¡No le tema a las máquinas! Espere al sonido de la señal, y mencione su nombre, el motivo de la llamada, y el número donde puede ser localizada. Colgar, sin dejar grabado un mensaje, es de pésima educación. Peor aún es confesar después que, en efecto, usted hizo la llamada pero que decidió colgar ("no me gusta hablar con máquinas") es casi una grosería... no encierra ningún sentido del humor.

■ Haga sus llamadas de trabajo en horas apropiadas; es decir, dentro del horario normal en la oficina. Es de pésimo gusto recibir una llamada de trabajo para solicitar una información determinada, por ejemplo, cinco minutos antes de que cierre la firma a la cual se está llamando. No sólo el momento sicológico es negativo, sino que usted estará mostrando muy poca consideración hacia la persona a quien haya llamado.

■ Evite dar quejas por teléfono; son más efectivas por escrito. En todo caso, nunca utilice la agresión ni frases insultantes. La corrección es la mejor forma de comunicarnos, hasta en los momentos más desagradables.

■ Las llamadas de trabajo se hacen a la oficina, nunca a la residencia privada de la persona. Invadir la privacidad de un individuo para tratarle una cuestión de negocios, es una falta absoluta a la etiqueta (las situaciones de absoluta emergencia están excluidas, por supuesto).

■ ¡Jamás coma o beba mientras habla por teléfono!

■ Si una llamada de teléfono por cuestión de asuntos de trabajo se prolonga más de lo debido, usted está en su perfecto derecho de excusarse y mencionar que debe hacer otra cosa. Hay situaciones que evidentemente requieren una entrevista personal y que, por lo tanto, no pueden ser resueltas mediante una simple llamada telefónica. Hágalo saber, amablemente.

■ Cuando recibimos una llamada de larga distancia, casi sin darnos cuenta consideramos la distancia y nos asalta la duda acerca de si la persona que está del otro lado de la línea nos está escuchando bien o no. En esta situación, el ajuste sicológico nos lleva a hablar en un tono de voz más alto... y a veces hasta gritar. ¡No, no es correcto! Con los adelantos en los sistemas de comunicación internacional, casi todas las llamadas telefónicas de larga distancia son hechas vía satélite, de manera que son perfectamente audibles. Aplique las mismas normas de la moderación en el tono de su voz que utiliza para cualquier otro tipo de llamada.

■ Y unas palabras finales: el teléfono no es un monstruo que devora empleados. No le tema; póngalo a su servicio. Acostúmbrese a usarlo debidamente, y obtenga de él todas las facilidades que ofrece.

LA FIESTA DE NAVIDAD EN LA OFICINA

La fiesta de fin de año en la oficina es una tradición que persiste en todos los países del mundo... y todo parece indicar que continuará vigente por muchas décadas, a pesar de los comentarios que escuchamos cada año en su contra. Algunas empresas ofrecen esa reunión especial de Navidad para sus empleados, cubriendo todos los gastos que la misma pueda representar, así como la decoración de la oficina. En otras, son los propios empleados quienes contribuyen hacia un fondo en común para pagar por los costos de la fiesta navideña. De cualquier forma, la reunión de fin de año constituye una oportunidad de confraternidad entre todos los empleados de una misma compañía, aunque la ocasión exige observar una serie de reglas importantes de la etiqueta actual para asegurarnos de que sea un éxito.

■ En primer lugar, si no está de acuerdo con esta tradición, acéptela como algo inevitable e intégrese al entusiasmo que pueda mostrar el resto de sus compañeros. No se señale entre ellos negándose a asistir, o mostrando abiertamente su inconformidad. Contribuya económicamente con la parte proporcional que le sea señalada, y trate de disfrutar la ocasión al máximo.

■ Quienes organicen la fiesta de fin de año en la oficina deben tener presente que, una vez que todos los planes sean definitivos (lugar, hora, tipo de comida a servir, duración, intercambio de regalos...), los mismos deben ser presentados al jefe para que éste los apruebe. El es el responsable de la ocasión... aunque esté delegando la responsabilidad a otros empleados.

■ En las empresas grandes, que disponen de un amplio salón de conferencias o una gran sala para reuniones, éstos son los lugares indicados para celebrar la fiesta de fin de año. En todo caso, es el jefe quien debe decidir un punto tan importante como éste, tomando en cuenta las reglas de la compañía.

■ Sí es importante tomar en cuenta que deben evitarse las fiestas-por-departamentos; es preferible que todos los empleados de una misma empresa se integren a una gran fiesta en común.

■ ¿Para los empleados solamente... o también para los cónyuges? Esta es una decisión personal del jefe, o de la Gerencia de la empresa. Muchas compañías prefieren que la fiesta de Navidad se limite a sus empleados; otros consideran apropiado que los cónyuges sean igualmente invitados. Cualquiera de las dos decisiones es correcta.

Las invitaciones

■ Deben ser hechas por escrito, y cursadas entre todos los empleados de la compañía, sin omisión alguna. En las grandes empresas, esta responsabilidad le atañe al Departamento de Personal.

■ Lo más correcto, desde luego, es que la invitación sea impresa y enviada con dos semanas de anticipación al domicilio personal de cada uno de los empleados. Pero esta formalidad no siempre puede (o debe) ser observada. Una hoja impresa (o mecanografiada, o fotocopiada) con toda la información acerca de la reunión es suficiente. Mencione en la misma invitación el nombre de la persona responsable de la organización del evento, su número de extensión telefónica, y cualquier especificación adicional necesaria (cantidad a contribuir para el fondo común, forma en que se realizará el intercambio de regalos...).

¿Qué ropa llevar a la Fiesta de Navidad?

- Si la reunión se ofrece en horas de trabajo (o inmediatamente después), lo apropiado es llevar la misma ropa que se ha usado durante el día. No es correcto ir a la casa para un cambio rápido.
- Ahora bien, si la fiesta tuviera lugar por la noche (o si la empresa concediera la tarde libre, por ejemplo), entonces sí es apropiado un cambio de ropa. Vístase de acuerdo con la hora en que se ofrezca la reunión.

¿Qué servir?

- Lo ideal es presentar un *buffet* (de acuerdo con las limitaciones de espacio o económicas de cada caso), y ubicar la bebida en un lugar aparte (siempre comisionando a una persona para que controle su consumo).
- Además de bebidas alcohólicas, deben incluirse vinos, ponches de frutas, de huevo, o cualquier otra bebida tradicional de las festividades de fin de año (para las personas que así lo prefieran).
- Es apropiado servir en platos de cartón (elija siempre los más resistentes) y utilizar cubiertos de plástico. Los vasos también pueden ser de cartón o plástico. Asegúrese de ubicar recipientes grandes para que todos los invitados puedan depositar en ellos los platos y cubiertos ya usados... es la responsabilidad de cada participante.
- Cerciórese de disponer de suficientes servilletas de papel, las cuales deben estar al alcance de todos los invitados.

¿Música... y baile?

- De nuevo, la decisión es del jefe o de la Gerencia de la empresa. Algunas compañías prefieren que la fiesta de fin de año se limite a una reunión entre todos sus empleados, y evitan toda posibilidad de baile (implica cierto grado de familiaridad que no siempre es correcto). En otras, este requisito no es tan importante. En general, si la fiesta es ofrecida en el mismo centro de trabajo, debe evitarse que los invitados comiencen a bailar. Recuerde que la oficina sigue siendo oficina, aunque las fechas contagien de entusiasmo a todos los empleados.

■ Es apropiado que se toquen villancicos y música relacionada con las festividades; también se acepta otro tipo de música. Si la empresa está de acuerdo, se puede contratar un grupo musical para que anime la ocasión; también se pueden pasar cintas (o cassettes) previamente grabadas.

Cómo comportarse en la reunión

■ ¡Circule! La fiesta de fin de año es una oportunidad para estrechar relaciones con todos los compañeros de trabajo, y con sus jefes. No adopte la posición de espectadora, ni se siente en un rincón ansiosa de que llegue el momento de regresar a la casa. Intégrese a diferentes grupos... y (¡muy importante!) no forme parte de uno de ellos por más de diez minutos (a menos que la totalidad de invitados sea pequeña).

■ ¡Cuidado con la bebida! La ocasión invita a beber, y si no se mantiene el control en este sentido, es fácil embriagarse. El espectáculo que se puede presentar, desde luego, es deprimente... también puede perjudicarla en lo que a su imagen de trabajo se refiere. ¡Moderación, en todo momento!

■ No converse sobre temas de trabajo, ni sobre problemas, ni sobre asuntos familiares, ni sobre política... La conversación en una fiesta de fin de año debe ser intrascendente y agradable en todo momento.

■ Permanezca en la reunión el tiempo que considere prudente... ni más, ni menos: media hora es el mínimo... dos horas, el máximo.

■ Por supuesto, los jefes deben asistir a la fiesta de fin de año, y circular entre todos los empleados. No hacerlo podría interpretarse como una descortesía mayor, ya que demuestra falta de consideración hacia el personal de la empresa. Lo correcto es que se presenten con sus cónyuges (aunque los cónyuges de los demás empleados no hayan sido invitados), y que se integren a la reunión por un mínimo de una hora.

■ Si la fiesta de fin de año es muy formal, el jefe (con su cónyuge) debe

PARA SERVIR CON LOS TRAGOS... ¡QUESOS!

Cuando se sirven bebidas suaves y dulces, nada más adecuado que acompañarlas de quesos, especialmente si éstos son suaves y delicados. A continuación le ofrezco una selección de los mismos:

■ **Carré, Carré Frais o Crème Carré.** Son variedades de uno de los quesos franceses más cremosos. Su sabor es de una delicadeza extraordinaria. Pueden comerse solos, espolvoreados con azúcar, o con crema espesa.

■ **Fromage Blanc.** Un queso de crema sin madurar, incomparable. Parecería un helado (sin el exceso de dulce), y se come frío.

■ **Gournay o Neufchatel.** Son dos quesos franceses muy parecidos entre sí, y similares a los *Carrés* ya mencionados.

■ **Petit Suisse.** Es lo más parecido al queso de crema común... pero su sabor es infinitamente más delicado.

■ **Brie, Coulommiers, Olivet.** Se parecen mucho, pero el *Brie* es el aristócrata indiscutible de todos los quesos. Cuando está bien maduro es muy suave, de sabor indescriptiblemente delicado, muy aromático.

■ **Camembert.** ¡Otro de los grandes quesos franceses! Exquisito, muy cremoso, pero debe ser seleccionado con cuidado (adquiéralo únicamente en establecimientos de prestigio).

■ **Bel Paese.** Es uno de los quesos italianos más populares en todo el mundo. Va bien con todo.

■ **Suizo.** No hay quien no conozca y aprecie este queso grande, firme, elástico, lleno de agujeros, y de gusto suave que vagamente recuerda a las nueces.

■ **Gruyère.** Otro queso maravilloso elaborado en Suiza. Es de consistencia firme, con sabor y aroma muy marcados.

■ **Pont l'Eveque.** Lleva siete siglos siendo admirado, y nadie lo ha podido imitar. Es suave, amarillo, y de sabor penetrante.

ubicarse junto a la entrada del salón donde se ofrezca la reunión, para dar la bienvenida a cada uno de los empleados y estrechar sus manos (veinte minutos en la línea de recepción es suficiente).

- No convierta el momento de la despedida en un acontecimiento al que todo el mundo deba prestarle atención. Limítese a felicitar a su grupo más íntimo, y abandone el lugar discretamente.

- No olvide felicitar a su jefe y darle las gracias por la fiesta; aunque usted haya sido la organizadora de la reunión, él es el responsable de la misma, y quien la autorizó.

CAPITULO 16

LA ETIQUETA EN ESAS SITUACIONES ESPECIALES...

CUANDO VIAJAMOS...

Mientras estamos de viaje es, probablemente, cuando más oportunidades se nos presentan de mostrar nuestro sentido de la etiqueta y cómo podemos adaptar ciertas normas esenciales de ésta a cualquier tipo de situación que se nos pueda presentar. Porque si bien es verdad que algunas reglas de etiqueta varían de un país a otro, hay conceptos que son universales y que están aceptados por todos... la consideración hacia los demás es un derecho y un privilegio internacional.

■ En primer lugar, es preciso que un viaje sea planificado con suficiente anticipación, de manera que se puedan hacer las reservaciones (hoteles, aviones, barcos, tours, etc.) pertinentes y evitar inconvenientes de última hora.

■ El itinerario a seguir es fundamental... confecciónelo cuidadosamente, y con la asesoría de un especialista que pueda orientarle

debidamente (un encargado de turismo o un agente de viajes... por ejemplo).

■ A menos que prefiera incorporarse a un recorrido guiado con un itinerario ya establecido (en el que todos los detalles del viaje son atendidos por las personas que dirigen el grupo), es conveniente que en su itinerario personal permita cierta flexibilidad en las fechas, de manera que pueda realizar cualquier ajuste que sea necesario. Por supuesto, una vez confirmadas todas las fechas y reservaciones, ya es más difícil (y costoso) hacer cambios.

■ También debe prestar atención al equipaje que va a llevar en su viaje. En este sentido, es importante tener en cuenta que sólo debe elegir lo imprescindible para sentirse cómoda y verse elegante. Sólo las estrellas de cine siguen viajando con un equipaje excesivo, porque inclusive los miembros del *jet set* internacional comprendieron hace tiempo que era preferible mantener apartamentos en diferentes sitios estratégicos del mundo, que viajar con infinidad de maletas y enfrentarse a los engorros naturales que esto conlleva.

- Tome en cuenta la época del año en que va a viajar, y los lugares que desea visitar; así, la ropa que puede ser apropiada para llevar en las islas griegas, por ejemplo, no es la más indicada para cenar en un buen restaurante de París, Madrid, o Londres.

- ¿Viaja sola, o acompañada? Cuando una viaja sola, la consideración debe ser con una misma... yo la interpreto como elegir los mejores hoteles que nuestro presupuesto permita, seleccionar horarios que no exijan acostarse muy tarde o levantarse muy temprano, visitar aquellos lugares que realmente sean de nuestro interés... Pero cuando se viaja acompañada, esa consideración debe ser extendida y compartida también con la persona que nos acompaña, ya sea nuestro cónyuge, un familiar, o una amiga...

- Al viajar en compañía de otra persona familiar o amiga), es preciso tener presente que antes de tomar cualquier decisión, lo correcto es llegar a un acuerdo, ¡y nunca incurrir en imposiciones! En este sentido, es evidente que se debe observar una tolerancia máxima –por ambas partes– de manera que todas las preferencias puedan ser complacidas.

- Si la acompañan niños, la organización de su viaje debe incluir aún más detalles. En este sentido, casi todas las aerolíneas ofrecen ayuda especial en cuanto a la selección de asientos para los niños, comidas y entretenimientos (sobre todo si son bebés). Al hacer su reserva, informe que estará viajando con niños (especifique las edades). De cualquier forma, esté consciente que sus posibilidades de experimentar cualquier pequeño contratiempo aumentan considerablemente... ¡Esté preparada para ello!

1
EN EL AEROPUERTO

- Preséntese en el mostrador indicado con la suficiente antelación; una hora es lo común cuando se trata de vuelos nacionales, pero en el caso de vuelos internacionales, es preferible estar en el aeropuerto con hora y media de anticipación a la hora fijada para la partida del vuelo (mucho más en estos momentos en que se observan tantos cuidados para evitar situaciones de terrorismo).

- Presentarse a última hora en el aeropuerto, es una falta de consideración hacia todos (empleados, maleteros, personal de a bordo del avión)... incluyendo el resto de los pasajeros, que quizás experimenten algún retraso en sus horarios de viaje si la aerolínea decide demorar el vuelo por unos minutos para que usted pueda tomarlo.

- El orden en una fila nunca debe ser alterado, por mucha prisa que usted (u otra persona) tenga. Si alguien trata de interrumpir ese orden, usted está en su legítimo derecho de llamar la atención a esa persona, en una forma amable pero firme.

- A veces sucede que al llegar al mostrador de la aerolínea en el aeropuerto, le informan que el vuelo ha sido retrasado, cancelado... ¡o sobrevendido! La etiqueta actual aconseja enfrentarse con paciencia y cierto grado de resignación a todas estas situaciones que son provocadas por las complejidades de un tráfico aéreo mundial cada vez más intenso, aunque siempre reclamando sus derechos. Protestar y gritar al empleado aéreo es de pésimo gusto y resuelve poco; las decisiones no son tomadas por él, y usted estará presentando su reclamación a la persona equivocada.

- Pida hablar con un supervisor, exponga la situación en que se encuentre, y espere una solución aceptable que él pueda ofrecerle. En casos de retraso, le pueden ofrecer el almuerzo o cena en el aeropuerto (los gastos cubiertos por la aerolínea, desde luego). Si se trata de una cancelación de vuelo, o si éste ha sido sobrevendido (a un número mayor de pasajeros que la capacidad del avión), la obligación de la línea aérea es asignarle un próximo vuelo, o hacerle un ajuste en efectivo y de vuelo gratis como especie de multa por haber vendido posiciones que en realidad no estaban disponibles.

- Limite las maletas que va a consignar a dos, y observe el peso autorizado por las líneas aéreas. En la mano, limítese a llevar el equipaje-de-mano autorizado, que pueda ser ubicado luego en los compartimentos superiores de la cabina del avión, o debajo de los asientos. Llevar más equipaje-de-mano que el autorizado causa (si logra pasarlo al avión) una serie de inconveniencias a los demás pasajeros, de los cuales usted también será su víctima.

- Asegúrese de mencionar –en el momento de elegir su asiento– si prefiere la sección de fumar o de no-fumar; ventanilla o pasillo.

- Al abordar el avión, observe el orden sugerido por los empleados de la aerolínea, quienes generalmente invitan a abordar primeramente a los pasajeros que ocupen los asientos en la parte posterior del avión, para de esta manera evitar congestiones innecesarias en los pasillos.

- En el momento de abordar el avión, tenga listos su billete y tarjeta de embarque para evitar demoras en el proceso.

2
EN EL AVION

■ Una vez en el avión, ubique su equipaje de mano en los compartimentos superiores de la cabina, o debajo de su asiento.

■ Siéntese inmediatamente en el número de asiento que le ha sido previamente asignado. Cualquier dificultad en este sentido, consulte con
la aeromoza.

■ Observe las estrictas órdenes de cabina al despegar o aterrizar: cinturones abrochados, respaldar en su posición vertical, cigarrillos
extinguidos (en los vuelos que permitan fumar), aparatos electrónicos
apagados, etc.

■ Preste atención a la información de seguridad que le ofrecerá la aeromoza... salvavidas, puestos de emergencia, caretas de oxígeno...

■ Si desea levantarse de su asiento, y debe interrumpir a las personas a
su lado, hágalo amablemente; dé las gracias. Repita la misma rutina
de cortesía al regresar a su asiento. Hágalo todas las veces que sea
realmente necesario.

■ Al comer, observe las reglas de la buena mesa, tomando en cuenta el
espacio limitadísimo del que dispone.

■ Fume únicamente en las secciones permitidas. Si su asiento se halla
en la sección de no-fumar, y un pasajero insiste en encender un cigarrillo, mencióneselo a la aeromoza (no al pasajero), quien se encargará de solucionar la situación.

■ Después de visitar el baño, cerciórese de que todo esté en orden.

■ Si durante el vuelo proyectan una película y usted no tiene interés en
ella, siga leyendo o conversando (en voz baja). No tiene por qué apagar su luz individual, pero si es de día sí es una muestra de consideración que permita cerrar la portezuela de su ventanilla para evitar la
claridad excesiva.

3
CUANDO SE TOMA UN CRUCERO

■ La variedad de cruceros internacionales que se ofrecen hoy es realmente increíble... ¡para todos los gustos y presupuestos! Infórmese con un buen agente de viajes, y elija el que prefiera.

- Es importante hacer las reservaciones con suficiente antelación; recuerde que una empresa naviera no ofrece la misma frecuencia de itinerarios de una compañía de aviación.

- Al preparar su presupuesto de gastos de viaje, tenga presente que el precio del crucero no incluye propinas, consumo de bebidas y licores, impuestos, ni excursiones locales en los puertos que se visiten.

- Si viaja sola, el precio de su camarote será un poco más elevado... a menos que no le importe compartirlo con otra pasajera que se encuentre en su misma situación. Esto es siempre un riesgo, ya que si por algún motivo, su carácter no fuera del todo compatible con el de su compañera de viaje, el crucero pudiera convertirse en una experiencia negativa.

  Si viaja acompañada, la situación puede ser mucho más agradable; desde luego. En todo caso, pida a su agente de viajes que le muestre un plano del barco en el que va a realizar su crucero y que le señale la posición exacta de la cabina que va a ocupar, de manera que pueda orientarse al abordar la nave.

- Es importante, también, que antes de abordar el barco se le asigne un sitio en el comedor (su sitio durante todo el tiempo que tome la travesía); generalmente, la empresa naviera hace estas asignaciones automáticamente. Si viaja sola, sugiera que la ubiquen en una mesa de pasajeros que igualmente viajen solos, con los cuales puede entablar una agradable amistad.

Al abordar el barco

- Preséntese en el muelle por lo menos dos horas antes de la señalada para que el barco zarpe. A veces los trámites de migración y aduanas pueden complicarse, sobre todo si es preciso examinar el equipaje de mano antes de abordar (trate de que éste sea mínimo).

- Cerciórese de que todo su equipaje esté debidamente identificado con etiquetas que incluyan su nombre y dirección, así como el número del camarote que previamente le ha sido asignado. De esta manera, los maleteros que lo lleven abordo podrán ubicarlo directamente en su camarote. Ofrezca una propina por este servicio: aproximadamente un dólar por cada maleta, con un mínimo de cinco dólares (o su equivalente en moneda nacional). Anote el número de identificación del maletero por si fuera necesario identificarlo en el caso de tener que hacer cualquier tipo de reclamación.

Una vez en el barco

- Diríjase inmediatamente a su camarote y compruebe que su equipaje ya ha sido ubicado en él. Examine el cuarto de baño (a menos que su camarote incluya uno privado), y trate de memorizar la forma más conveniente de llegar hasta los salones comunes para todos los pasajeros del barco... una operación, que a veces se hace un poco difícil, debido al laberinto de pasillos y escaleras que presentan los grandes trasatlánticos de hoy.

- El Jefe de Camareros, en el comedor, le confirmará su mesa y su horario para comidas (generalmente dos sesiones en los grandes barcos). No le ofrezca una propina por este servicio.

- Déle rienda suelta a su espíritu aventurero y explore cada rincón del barco, observando los letreros que limitan las zonas prohibidas a los pasajeros.

- Antes de zarpar, los grandes barcos generalmente abren su oficina de cambio de moneda para que los pasajeros puedan hacer los cambios correspondientes a la moneda del primer puerto que será visitado.

- Identifique al director (o directora) social del crucero... un empleado cuya función es lograr la armonía entre todos los pasajeros y dirigir actividades sociales para que todos se mantengan entretenidos durante la travesía (exhibición de películas, espectáculos en vivo, tours locales en los puertos que se visiten, fiestas... incluyendo la llamada "Fiesta del Capitán", que toma lugar la última noche del crucero y que por lo general resulta un acontecimiento espectacular).

Cómo vestir durante un crucero

- En las mañanas se impone un ajuar deportivo, casual... puede llevarlo al comedor para desayunar, y para tomar parte en las actividades matutinas que ofrezca el barco. Si el barco atraca a un nuevo puerto en la mañana, elija piezas que le resulten cómodas para las excursiones en tierra.

■ ¡No olvide su traje de baño! Muchos barcos tienen piscina y áreas de descanso apropiadas alrededor de la misma, con servicio de bar y sillas en cubierta. También incluya una bata de baño para regresar a su camarote.

■ Antes de la hora del almuerzo, es imprescindible el primer cambio de ropa del día. Vista algo más formal, pero igualmente deportivo (los hombres deben llevar un traje de chaqueta, con corbata). En el caso de que la comida se sirva en forma de *buffet,* en la cubierta del barco, su atuendo puede ser más casual. Los pantalones-para-mujer son ideales a esta hora, sobre todo si antes o después del almuerzo se va a tomar parte en alguna excursión local (implica estar bajando y subiendo escalerillas para desembarcar, abordar, etc.).

■ Por la noche, a la hora de la cena, se impone un atuendo formal de noche. Incluya en su equipaje por lo menos un traje de noche, varias faldas largas que pueda intercambiar con blusas apropiadas, pantalones elegantes... y los accesorios de rigor, incluyendo un bolso de noche para fiestas formales que se ofrezcan a bordo.

■ En los cruceros por regiones tropicales, los hombres deben incluir en su equipaje varios trajes de colores pálidos y de tela ligera (para el día); y por lo menos dos trajes de color oscuro para actividades de noche. No olvide incluir una buena selección de corbatas. En los cruceros por regiones nórdicas o australes, la ropa siempre debe ser más formal... el clima así lo reclama.

■ En algunos cruceros, es de rigor que el hombre vista con *smoking* (con chaqueta blanca o negra, según la temporada) para tomar parte en las diferentes actividades nocturnas. Su agente de viajes puede informarle anticipadamente sobre este requisito.

■ Durante el día, en el barco, es correcto llevar *shorts,* camisas y pulóveres, así como zapatos de tenis y otros modelos deportivos.

¿Qué propina se debe dar?

■ En los cruceros de una semana (o menos días), lo usual es que la propina se entregue la noche antes de llegar al último puerto.

■ Lo indicado es darle a los diferentes camareros (comedor, camarote, piscina, cubierta, etc.) el equivalente a uno o dos dólares por día. Entrégueselos en un sobre cerrado, y no olvide incluir una breve notita dando las gracias por los servicios que ha recibido. Fírmela.

■ Si durante la travesía ha firmado las cuentas para liquidarlas la noche anterior al arribo al último puerto, calcule entre un 15% y un 20% del importe total como la cifra indicada para entregársela al camarero del bar como propina.

■ En los cruceros que toman más de una semana, lo correcto es entregar la propina en dos ocasiones: al final de la primera semana, y la noche antes de arribar al último puerto.

■ Muy importante: a los oficiales de la tripulación del barco no se les ofrece propina alguna.

La etiqueta con sus compañeros de travesía

■ Una gran parte del éxito de su crucero depende de las relaciones que entable con sus compañeros de viaje, y éste es un detalle que tiene muy en cuenta el director social del barco, quien se encargará de presentarla a diferentes grupos de pasajeros y de comprobar que usted se siente a gusto en todo momento (sobre todo si viaja sola).

■ La experiencia demuestra que estas amistades-de-abordo pocas veces perduran después de que la travesía ha terminado. Sin embargo, durante la misma, el grado de intimidad que se logra llega a ser sorprendente (quizás debido al hecho de que la convivencia en un espacio limitado es bastante íntima). Disfrute de estos encuentros casuales, pero no espere fidelidad de una relación cuya única base ha sido la de compartir momentos agradables durante unas vacaciones. Desde luego, siempre hay excepciones.

■ Evite incorporarse únicamente a un mismo grupo de pasajeros... tome la iniciativa para entablar nuevas amistades; aproveche la informalidad de la situación que siempre ofrece un crucero e inicie una conversación con cualquier pretexto apropiado.

■ Si viaja con niños, imponga cierta disciplina a éstos, aunque sin restricciones arbitrarias. Demuestre de esta forma su consideración hacia los demás compañeros de viaje. Además, tenga en cuenta que un barco ofrece infinidad de situaciones que pueden representar peligro para un niño al que no se le imponen ciertos límites.

■ Al finalizar el crucero, es correcto que entregue tarjetitas con su dirección y teléfono a aquellas personas con las que mayor afinidad haya tenido. Si las mismas aparecen en algunas de sus fotografías, es un gesto amable de su parte que les envíe un duplicado como recuerdo de la travesía compartida. Y recuerde que el grado de amistad futuro entre esas personas y usted depende de esta nueva etapa de las relaciones, en la que el contacto personal diario ya no es constante.

▪ La noche antes de atracar al último puerto, tenga listo todo su equipaje e infórmese acerca de las instrucciones para desembarcar (horario, forma de entregar la documentación de migración, aduanas, etc.).

▪ Al llegar a su destino, sea puntual y cumpla con los horarios y rutinas establecidas.

4
EN EL HOTEL

▪ Al llegar al hotel, diríjase directamente a la Recepción, para formalizar su registro. Mencione la reserva ya hecha, y entregue cualquier documento de identificación pertinente. El portero o maletero se harán cargo de su equipaje hasta que esté lista para ser conducida a su habitación.

▪ En el caso improbable de que usted haya hecho una reserva, y la misma no esté registrada en la Recepción del hotel, solicite una entrevista con un jefe superior, el único que podrá resolver la situación. Por ello es conveniente que en toda reserva confirmada exista un documento impreso que así lo confirme (pídalo a su agente de viajes).

▪ El botones (o maletero) la llevará hasta su habitación, comprobará que todo esté en orden, y ubicará sus maletas en el lugar apropiado. Sus servicios deben ser compensados con una propina (aproximadamente el equivalente a un dólar por maleta).

▪ La habitación debe mantenerse en orden, lo mismo que el cuarto de baño. Antes de salir de ella, compruebe que todas las toallas están en el cuarto de baño, y que las luces han quedado apagadas.

▪ No suba exageradamente el volumen del televisor (o radio); muestre cortesía con los demás huéspedes vecinos.

▪ Si ordena alguna comida del restaurante para que le sea servida en su habitación, firme la cuenta y dé una propina al camarero (el 20% del consumo total es lo usual). También puede agregar la propina a la cuenta que le ha sido presentada, y liquidarla en el momento de marcharse del hotel.

▪ La empleada que limpia su habitación no espera una propina hasta su último día de permanencia en el hotel (generalmente el equivalente a un dólar por cada día que ha permanecido en él).

■ Al salir del hotel, siempre deje la llave en la Recepción. Al regresar, solicite la llave y pregunte por cualquier mensaje que haya podido recibir. Este servicio no tiene que ser compensado con una propina.

■ Al marcharse del hotel, llame a un botones para que recoja su equipaje mientras usted liquida su cuenta en la Caja.

■ Pídale un taxi al portero, y retribúyalo con una propina (generalmente el equivalente a un dólar). El maletero también debe ser recompensado (el equivalente a un dólar por maleta).

5
EN EL TAXI

■ Salude al entrar, y una vez acomodada en su asiento, mencione la dirección a la cual se dirige. Hable en voz alta y sea clara en su pronunciación para evitar cualquier equivocación.

■ Al llegar a su destino, pregunte cuánto es y proceda a pagar (aún dentro del taxi). Compruebe que la cantidad que el taxista le ha pedido coincide con la que está indicada en el taxímetro (si lo hubiera), más los suplementos normales por zonas, hora, o número de maletas.

■ Si llevara maletas, es el taxista quien debe bajarlas. En algunos países se estila dar una propina adicional al taxista; en otros no...

6
EN EL TREN

■ Muestre su sentido de la cortesía al subir o bajar de un tren, pero también proyecte firmeza y decisión al tomarlo. En algunas ciudades, el tren sólo se detiene junto al andén por breves minutos, durante los cuales deberán bajar pasajeros y subir otros. Esto provoca unos momentos de inevitable confusión que usted puede controlar si de antemano ha determinado dónde se hallará el vagón en el que viajará (puede preguntarlo anticipadamente a un empleado de la estación).

■ Las escalerillas del tren no siempre son las más apropiadas para mostrar su elegancia y estilo, debido a la separación entre los escalones... pero trate. Una pierna primero, después la otra... repita la operación hasta que llegue a la plataforma del vagón. Si cuenta con

CAMILLE LE CARRE

la ayuda de un maletero, éste deberá llevarle las maletas hasta su compartimento o asiento asignado (se mantiene la costumbre de ofrecer como propina el equivalente a un dólar por maleta).

- Si en el tren los asientos son asignados por números, cerciórese de ocupar el que le corresponde. De lo contrario, ocupe el que prefiera, de acuerdo con las limitaciones de su billete (primera clase, vagón con camas, etc.). Esté consciente de que otras personas van a ocupar los demás asientos del compartimiento.

- Comer en un vagón de ferrocarril donde exclusivamente viajan pasajeros es una costumbre aceptada y generalizada (sobre todo en los países europeos), pero no deja de ser una falta a la etiqueta. Si se trata de viajes largos, el tren incluye siempre un vagon-comedor y una cafetería, de fácil acceso, donde se sirven desayunos, almuerzos y cenas. Es preferible comer en estos lugares.

- Pero si resulta imposible llegar al vagón-comedor (o éste no hubiera sido incorporado al tren), entonces es aceptable comer en el mismo compartimento en que se viaja. Inclusive, casi todos los trenes tienen empleados que venden emparedados y golosinas, los cuales constantemente están recorriendo el tren, de un extremo a otro.

- No, no es necesario ofrecer de lo que usted coma a sus compañeros de compartimento, a los cuales usted no conoce. En este sentido, la relación entre pasajeros puede oscilar entre la más fría y ajena, hasta una de ambiente francamente cordial.

- Los compartimentos con camas de dormir (muy diferente a los vagones dormitorios) son muy solicitados en Europa, por lo que es conveniente hacer reservaciones con la antelación debida. Estos vagones están identificados, y en algunos países hasta el nombre del pasajero con la debida reservación aparece en la puerta del compartimento. Los asientos, a determinada hora, se convertirán en literas... el conductor es quien se ocupa de todo este proceso.

- Una vez que las camas sean presentadas, le entregarán una almohada, sábana, y pequeño cobertor. Cada pasajero deberá acostarse en el sitio asignado en su billete. Mantenga este equipo a mano, muestre consideración hacia sus compañeros de viaje que aún no se hayan levantado, y hable en voz baja.

- A determinada hora del día siguiente, el conductor volverá a transformar las camas en asientos.

- En los vagones-dormitorios, el pasajero viajará de noche en pequeños compartimentos que incluyen una cama formal (generalmente dos, en forma de litera, un lavabo, así como espacio para colgar la ropa). Temprano en la mañana el conductor le llevará el desayuno que se haya ordenado la noche antes a su compartimento (la propina acostumbrada es el equivalente a un dólar por servicio presentado).

AL CONDUCIR EL AUTOMOVIL

- La primera regla en la etiqueta es seguir fielmente los reglamentos del tránsito, por el cual se rigen todos los que conducen un vehículo de motor.

- Además, mantenga siempre su automóvil en óptimas condiciones... no sólo mecánicas, sino en su aspecto en general.

- Evite tocar el claxon, a menos que sea absolutamente indispensable. El ruido está considerado como un elemento capaz de contaminar el medio ambiente... y nuestras ciudades están altamente contaminadas en este sentido.

- Ceda amablemente el paso a los peatones despreocupados... aunque el derecho de vía sea suyo.

- Conduzca siempre su automóvil por la derecha, y a la velocidad que establece la ley. Ir demasiado despacio es tan peligroso y revela tanta falta de consideración hacia los demás automovilistas, como ir a velocidades excesivas. En ambos casos, las posibilidades de accidentes aumentan considerablemente.

- Antes de doblar en una intersección, o cambiar de senda, haga las indicaciones de rigor. Una decisión inesperada de su parte puede confundir a otros automovilistas, y provocar accidentes.

- Si va a detener su automóvil, hágalo paulatinamente... de esta forma, el automovilista que lo sigue podrá reaccionar adecuadamente.

- Mantenga siempre una distancia prudencial entre el automóvil que conduce y el que tiene delante.

- Al conducir de noche: encienda siempre las luces de su automóvil al ponerse el Sol (hasta su salida, al día siguiente).

- Si llueve (o nieva): aunque las regulaciones del país en que usted reside no lo especifiquen así, encienda las luces de su automóvil... Es una muestra de consideración hacia los demás automovilistas, quienes podrán determinar mejor su ubicación.

CAMILLE LE CARRE

- Las luces altas de carretera sólo se deben usar cuando la vía delante de usted está despejada... y no inciden directamente en un automovilista que se dirige en sentido opuesto al suyo.

- Recuerde que también las luces altas de carretera inciden en el espejo retrovisor del automóvil de la persona que conduce delante de usted... ¡Bájelas!

- Abroche siempre el cinturón de protección que llevan los automóviles. Está comprobado que muchos accidentes que pudieron haber sido fatales no lo son debido a que el automovilista en cuestión ha llevado puesto el cinturón de seguridad. En muchos países, en la actualidad esta norma de seguridad es obligatoria.

- Al estacionarse, muestre consideración hacia los demás automóviles que están estacionados alrededor suyo. Evite golpearlos (aunque sea ligeramente) con las defensas de su automóvil, o con las puertas del mismo al ser éstas abiertas.

- No ocupe más del espacio que normalmente le corresponde cuando se estacione en un sitio debidamente marcado al respecto.

- La radio en el automóvil es un objeto personal; por lo tanto, no suba su volumen de manera que convierta al vehículo en un verdadero auto-parlante.

- Si conduce con niños, asegúrese de que todas las puertas y las ventanillas del automóvil estén debidamente cerradas, e imponga el orden necesario para que todos viajen debidamente sentados, y con sus cinturones de seguridad abrochados. Los niños muy pequeños deben sentarse en asientos especiales, asegurados con correas y los cinturones adecuados.

- Si su automóvil tiene aire acondicionado, regule la temperatura de manera que ésta sea agradable a todos (ése es el propósito del aire acondicionado, y no congelar a quienes lo favorecen).

- A veces es preferible no abrir totalmente las ventanillas... el aire fuerte que entra por las mismas estropea el peinado de quienes viajan en el automóvil. En todo caso, pregunte antes de hacerlo.

- ¡Conduzca en todo momento con una actitud defensiva, no agresiva!

- Si va a conducir en un país que no es el suyo, obtenga previamente la licencia de conducir internacional. Puede obtener información al respecto en la misma agencia que expide la licencia de conducir nacional. Asimismo, infórmese debidamente cuáles son las regulaciones del tráfico en ese país. Y –muy importante– obtenga un mapa de la ciudad donde va a conducir.

LA ETIQUETA ACTUAL EN PUBLICO

En capítulos anteriores, ya hemos considerado las reglas de la etiqueta actual a seguir en ceremonias y ocasiones especiales (bodas, cenas, fiestas, bautizos...). Pero las normas de la cortesía y el comportamiento correctos deben estar igualmente presentes en todo momento de nuestras vidas. A veces nos preocupamos tanto de nosotros mismos, que nos olvidamos de una realidad absoluta:

■ Si sembramos consideración y respeto hacia los demás, nos veremos recompensados en igual forma por nuestra actitud.

Además, ¿se ha detenido usted alguna vez a analizar qué es más fácil (¡y mucho más sano!): mantener una actitud optimista y positiva en la vida o permitir que el egoísmo y la agresividad nos consuman?

A continuación le ofrecemos una serie de normas de la etiqueta actual que deben ser observadas en lugares públicos.

1
EN LA CALLE

■ Camine a un ritmo normal. Correr es siempre de mal gusto (a menos que usted esté practicando *jogging);* caminar muy despacio sólo se reserva para ocasiones en las que usted esté paseando. Lógicamente, si le resulta imprescindible caminar con cierta lentitud, entonces ocupe la senda interior de la acera (a la izquierda, la que corre junto a los edificios).

■ Al caminar por la acera, evite formar grupos numerosos que impidan el paso a los demás peatones.

■ A la entrada de un establecimiento comercial, en una escalera, en los pasillos de un supermercado o tienda, no se detenga para conversar... los demás también necesitan pasar.

■ Muy importante: si tropieza con alguien, discúlpese.

■ Muestre siempre su cortesía hacia las personas impedidas (ciegos, lisiados, individuos en sillas de rueda...).

■ No deje caer al piso colillas de cigarrillos ni papeles; busque siempre el lugar apropiado para echarlos. Si no lo hubiera, guárdelos hasta encontrar el sitio indicado.

■ Recuerde que el paraguas (cerrado o abierto) puede ser un arma peligrosa en manos de una persona descuidada. Evite que pueda dañar con él a otra persona.

■ Al ponerse (o quitarse) un abrigo en público, controle sus movimientos para evitar que los mismos puedan molestar a las personas que se encuentran a su alrededor. Si al extender los brazos toca inconscientemente a la persona que está a su lado, discúlpese.

■ Cruce las intersecciones por las esquinas, preferiblemente en aquéllas donde haya señales de tráfico. No sólo es una medida de seguridad que la protegerá a usted misma, sino que es la manera de demostrar su consideración a los automovilistas y hacia los policías que vigilan al tránsito.

■ Si va a cruzar una intersección regida por un semáforo, espere a que la luz verde esté a su favor. Evite cruzar en el momento en que la luz está cambiando...

■ Las señales de un policía de tránsito siempre deben ser respetadas.

■ Si necesita orientación, lo más correcto es dirigirse a un policía u oficial de tránsito. De lo contrario, puede preguntar a una persona cualquiera. En todo caso, discúlpese por interrumpir lo que está haciendo ("Perdón"), y pídale ("Por favor") que la oriente en cuanto a la dirección que busca. Siempre dé las gracias; la sonrisa nunca está de más.

2
EN EL OMNIBUS

■ En la parada de ómnibus, debe observarse el orden de la fila que se forma para tomarlo. No trate de pasar por delante de otra persona que aguardaba con anterioridad; tampoco permita que otros se le anticipen a usted.

■ Si lo establecido es pagar al chófer al abordar el ómnibus, tenga lista su moneda, preferiblemente el cambio exacto, para facilitar la transacción (en algunas ciudades esto es un requisito obligatorio). De cualquier forma, evite entregar billetes de denominaciones altas que requieran un cambio complejo.

■ Si está pagando por varias personas, indique el número de pasajeros... en voz alta.

■ Una vez en el interior del ómnibus, siéntese inmediatamente. Si todos los asientos estuvieren ocupados, camine hacia la sección posterior del vehículo y manténgase de pie. Dejar despejado el pasillo de acceso es una muestra de consideración hacia los demás pasajeros.

■ No deje caer ningún objeto por las ventanillas.

■ Si la acompañan niños, en todo momento mantenga usted el control de la situación. Es una norma de seguridad para los niños, y una muestra de su consideración hacia los demás.

■ Al aproximarse a su destino, hágalo saber con la suficiente anticipación, ya sea tocando un timbre o informándoselo al asistente del chófer. No se baje hasta que el vehículo esté completamente detenido.

3
EN EL METRO

■ Al comprar el billete o ficha de acceso, procure tener el cambio exacto. Si es un pasajero frecuente, a veces es preferible adquirir varios billetes o fichas a la vez para evitar la inconveniencia de repetir la operación cada vez que se va a viajar en metro.

■ Al aproximarse el tren a la plataforma donde se espera, apártese del borde y evite empujar a los demás pasajeros. Una vez detenido el tren, las puertas del mismo se abrirán, y entonces se puede proceder a abordarlo en la forma más rápida y correcta en que esto sea posible. Recuerde que el tren no se pone en marcha nuevamente hasta que todas las puertas queden completamente cerradas... ¡no interrumpa esta operación!

■ Aunque el recorrido que vaya a hacer sea breve, no interrumpa el flujo normal de pasajeros deteniéndose frente a la puerta. Camine hacia el interior del vagón y manténgase atenta al llegar a la estación o parada de su destino.

■ En lugares de tanta aglomeración de público, las palabras "Perdón", "Con permiso" y "Gracias" deben ser repetidas constantemente.

■ Al dejar el tren, un "Con permiso" expresado en voz alta y con firmeza es mucho más efectivo que cualquier tipo de empujón. Aléjese del vagón tan pronto lo abandone, de manera que no obstruya el paso al resto de los pasajeros que necesiten abandonarlo (o abordarlo), según sea el caso.

4
EN LA IGLESIA

Ante todo, tenga presente que la iglesia es un sitio de recogimiento y de contemplación, no un lugar para conversar. No sólo es de mal gusto importunar a otros con comentarios innecesarios, sino que éstos denotan falta de respeto e irreligiosidad.

- Para visitar la iglesia, vista apropiadamente. Las mujeres deben evitar las faldas muy cortas, los escotes profundos y los diseños audaces, así como los brazos desnudos. El uso del velo ya no es de rigor en todas las iglesias, pero continúa vigente en muchas. En estos casos, siga la tradición local.

- Los hombres, igualmente, deben vestir sobriamente y llevar la cabeza descubierta en todo momento (excepto en los templos de aquellas denominaciones en que se requiera lo contrario).

- Si llega tarde a una ceremonia religiosa, ubíquese en la parte posterior del templo, evitando por todos los medios interrumpir a los demás.

- Si es preciso marcharse de la iglesia antes de que concluya el servicio religioso, hágalo con la mayor discreción posible. En el caso específico de una boda, un bautizo, o una ceremonia de confirmación, discúlpese (después) con la persona que la invitó.

- Los saludos fraternales durante la misa deben limitarse a las personas que se hallen a su alrededor, sin que usted tenga que moverse del lugar en que se encuentra. No trate de alcanzar más allá de sus posibilidades normales.

- Al dirigirse al altar para comulgar, si tiene que interrumpir a otras personas, hágalo con la mayor discreción posible, siempre pidiendo permiso. Lo mismo se aplica al regresar al lugar donde esté sentada.

- Si en su Iglesia se acostumbra a cantar de un himnario, y éste es presentado en las diferentes bancas, trátelo con cuidado y devuélvalo al lugar donde lo encontró una vez que haya terminado el servicio religioso.

- En la iglesia, rece para sí (o en un tono casi inaudible). El rezo es una elevación muy íntima, y no debe ser compartida con nadie.

5
EN EL CINE Y EL TEATRO

■ Imprescindible: ¡ser puntual! Cuando una persona llega tarde a una representación, una vez que ésta ha comenzado, tiene que interrumpir a los demás espectadores para que éstos le cedan el paso y ella pueda acomodarse en un sitio disponible. ¡Es una falta de consideración absoluta hacia sus semejantes! Algunos teatros no permiten que el público que llegue tarde tenga acceso a sus asientos hasta el primer intermedio.

■ Al caminar por los pasillos de un cine o teatro, lo normal es que la mujer lo haga unos pasos delante del hombre, y siguiendo al acomodador. Al llegar a la fila determinada, también la mujer es quien pasa primero.

■ En muchos países, el acomodador recibe una pequeña propina. Es el hombre quien se ocupa de estas cuestiones, pero si usted está sola (o con una amiga) llévela preparada y entréguesela discretamente al acomodador al darle las gracias.

■ Si es preciso interrumpir a otros espectadores para llegar hasta su asiento, pida permiso y dé las gracias... de una forma muy impersonal, desde luego.

■ Insistimos en que el silencio en una sala pública debe ser absoluto. Cualquier comentario pertinente debe ser reservado para después de la presentación.

■ También las normas de la etiqueta se demuestran en el momento de aplaudir. Hágalo cruzando las manos y sonando la palma de las manos, una contra la otra, aunque sin provocar sonidos estrepitosos. Emplee la moderación en este sentido, y por mucho que le haya complacido una actuación determinada, no se exceda en aplausos. Los vítores de "Bravo" cédaselos a los hombres... es de mal gusto ver a una mujer lanzando gritos a un escenario.

■ Para funciones de teatro, a veces es conveniente llevar binoculares. Estos permiten captar detalles de la presentación y gestos que de otra manera quizás pasarían inadvertidos. ¡Comparta sus binoculares! En silencio, ofrézcalos a las personas que la hayan acompañado a la función, pero no a espectadores que le sean ajenos, aunque estén sentados a su lado.

■ Si su acompañante ha llevado binoculares al teatro, es correcto que se los pida prestados... pero devuélvalos al cabo de unos minutos. Tenga presente que a una persona ajena no se le debe pedir prestados los binoculares.

■ La misma regla se aplica al programa.

■ Una función de teatro no es el lugar apropiado para comer golosinas; espere al intermedio, cuando cualquier sonido que usted pueda hacer al comer, no moleste a los demás espectadores.

■ En el cine se ha hecho una costumbre el comer palomitas de maíz durante el desarrollo de la película, así como beber refrescos de soda. Si así lo prefiere, hágalo... pero procure que en ninguna forma moleste al resto de los espectadores. Eche los residuos en el recipiente destinado a la basura.

■ En el intermedio, es correcto abandonar su asiento para reunirse con los demás espectadores en el vestíbulo del teatro o cine. El hombre nunca deberá dejar sentada a la mujer que lo acompaña en la butaca del teatro mientras él disfruta del intermedio. Lo correcto es que la escolte y le preste atención durante esos minutos.

■ Una mujer acompañada de un hombre tampoco debe abandonarlo en la butaca, mientras ella disfruta del intermedio. Ambos han ido al teatro juntos, y deben observarse las reglas de etiqueta entre dos compañeros.

■ Una mujer que haya asistido al teatro sola, o con amigas, sí puede disfrutar a solas del intermedio.

■ Durante el intermedio, preste atención a la señal de que la función va a comenzar de nuevo. Regrese inmediatamente a su asiento, para evitar interrupciones posteriores.

■ No abandone el teatro hasta que sea tirado el telón final. Es de pésimo gusto salir corriendo durante los aplausos finales para llegar antes que los demás al área de estacionamiento de automóviles, o para encontrar un taxi disponible.

■ Lo mismo se aplica a una función de cine... En la actualidad, los créditos de los técnicos que participaron en la filmación son presentados al final de la película. Cuando el público se pone de pie en el instante en que aparece la palabra FIN, está interrumpiendo que los demás espectadores aprecien estos créditos fílmicos. Es posible que no sean de vital interés para algunos, pero otras personas sí consideran que se trata de una información interesante. Una vez más, muestre su consideración.

■ Los abrigos, bolsos y cualquier otro objeto personal que sea llevado a un cine o teatro deberán ser mantenidos sobre sus piernas, no en el asiento más próximo, ni sobre el respaldar del asiento que tiene delante. En algunos teatros pueden ser dejados en un departamento especial, contra una ficha marcada; ofrezca una propina al recogerlos.

■ Si algún objeto personal se le ha caído, y no lo encuentra en un primer intento discreto para recogerlo, espere al final de la función para buscarlo (una vez que las luces se hayan encendido y no interrumpa a los demás espectadores).

■ ¿Escenas comprometedoras... o un lenguaje vulgar en la obra o película que está viendo? En primer lugar, es posible evitar de principio una situación de este tipo, seleccionando un programa más apropiado (siempre es conveniente mantenerse al tanto de las críticas que publican los diarios y revistas). Pero si ya es demasiado tarde, lo correcto es aceptar la situación que se ha presentado (sobre todo si está acompañada), sin comentarios.

■ Si está acompañada de un hombre especial, y considera que la situación en la pantalla está fuera de tono con el tipo de relación que lleva con él, sencillamente dígale que prefiere marcharse... cualquier pretexto es aceptable ante una situación de este tipo, incluyendo el clásico dolor de cabeza repentino.

6
EN LA TIENDA Y EL SUPERMERCADO

■ Es preferible ir de compras sin niños, pues éstos requieren siempre una atención especial que puede interrumpir el proceso normal de ver, comparar, y decidir. Si es imprescindible la compañía de los niños, manténgalos bajo control en todo momento. No hay situación que demuestre mayor desconsideración hacia los demás que abstraerse en una compra mientras los niños corren libremente por los pasillos de una tienda, manosean las mercancías, y gritan escandalosamente.

■ Evite empujar a los demás con los paquetes que pueda haber adquirido, o con el carrito del supermercado. Igualmente, proteja un espacio vital a su alrededor y evite que el mismo sea invadido por otras personas, obligándola a apresurarse en sus decisiones de compra.

■ Si utiliza una escalera automática, al llegar a un piso apártese inmediatamente de la misma para permitir que los demás puedan circular libremente. Es una falta de cortesía elemental permanecer junto a la escalera, interrumpiendo la salida, mientras decide hacia qué lugar dirigirse.

■ Muestre corrección hacia las personas que la atiendan, pero exija el mismo trato para usted. En ningún momento caiga en situaciones de familiaridad con el personal de venta ("¿Crees que me queda bien?", "¿Te gustaría en otro color..?", etc.). Emplee el "usted" en lugar de "tú"... comprobará las limitaciones tácitas que usted estará imponiendo con este tipo de tratamiento.

■ Cualquier queja debe ser hecha directamente en el Departamento de Quejas, o al Gerente del almacén en cuestión. Gritarle a un empleado por un error que éste haya podido cometer, o por mostrar descortesía equivale a perder el control de sí misma y mostrar una falta total de tacto.

■ Al pagar a la cajera, indique siempre si prefiere hacerlo con dinero en efectivo o con una tarjeta de crédito. Esta información inicial facilita toda la rutina que requiere la transacción, y es una muestra de consideración hacia el empleado que le está cobrando.

■ Cualquier devolución de mercancías debe ser hecha dentro de un tiempo prudencial. Es conveniente siempre conservar los comprobantes de compra de cualquier objeto que pueda haber adquirido, el cual puede resultar fundamental en el momento de la devolución. Desde luego, si está devolviendo algo que le fue regalado, es obvio que no tendrá ese comprobante. En esos casos, especifíquelo así. Un empleado amable, en una tienda de reputación, se tomará el interés debido por resolver la situación.

■ Al circular por los pasillos de una tienda, muestre cuidado para no dañar las mercancías que estén exhibidas en los anaqueles vecinos. En la mayoría de los establecimientos se considera que una mercancía dañada (aunque se trate de un accidente) es una "mercancía adquirida".

■ Si es usted empleada de una tienda, vista apropiadamente... aunque en muchos establecimientos los empleados llevan un uniforme y un gafete que los identifica como tales.

7
CON LOS EMPLEADOS DOMESTICOS

■ Un buen empleado doméstico debe ser cultivado con el mismo esmero que si se tratara de una planta en vías de extinción. La cortesía y la amabilidad deben estar siempre presentes en el trato con él, así como es evidente que se debe evitar todo tipo de familiaridad.

- Evite sostener conversaciones privadas (en persona, o por teléfono) delante de sus empleados domésticos. Igualmente, respete el derecho a privacidad de éstos.

- "Por favor" y "Gracias" son dos palabras de las que nunca se abusa en el trato con los empleados domésticos.

- En el momento de la contratación es que el empleador debe exponer todas las obligaciones inherentes al trabajo que el empleado está considerando. No olvide mencionar –igualmente– sus derechos: horarios, salario, días libres, vacaciones, seguros...

- Absténgase de hacer cualquier comentario que pueda tener una implicación personal hacia su empleado.

- Si es necesario sugerir alguna variación en el comportamiento del empleado, hable en privado con él y menciónele claramente cuáles son sus expectaciones. En todo momento, sea amable y discretamente cordial.

- Un trabajo representa un esfuerzo realizado por una persona, y éste requiere una remuneración económica. Su empleado espera, desde luego, la remuneración acordada por la labor que realiza. Sea puntual en entregársela en el momento que le corresponda. Cualquier demora en este sentido es una falta obvia de consideración elemental hacia esa persona que le está rindiendo un servicio.

- Esté al tanto de esas fechas especiales, y halague a su empleado con una felicitación o con un pequeño regalo (día de cumpleaños, Navidad, Madres ...). A veces, ofrecer un día libre puede tener resultados maravillosos en sus relaciones con su empleado.

- Y recuerde: una frase amable en el momento apropiado ("Esto está bien hecho") es siempre un estímulo infalible para toda persona que realiza una labor. ¡No la escatime!

LA ETIQUETA ACTUAL EN EL HOSPITAL

Cuando una persona se enferma y debe ser hospitalizada, nuestra visita no sólo es una muestra de consideración hacia el enfermo, sino que puede representar para éste un estímulo en medio de su decaimiento natural, el cual apreciará altamente. Las reglas de la etiqueta que se refieren a la visita a la clínica u hospital son estrictas; ¡obsérvelas!

- Antes de dirigirse al hospital, asegúrese de cuáles son las horas en que se permiten las visitas a los enfermos.
- Muchos hospitales sólo permiten dos visitantes al mismo tiempo en la habitación del enfermo, y esto lo controlan las enfermeras encargadas por medio de tarjetas, que se expiden en el centro de control de la sala, o en la recepción del hospital (deben ser devueltas una vez que el visitante abandona el hospital).
- La visita a un enfermo nunca debe prolongarse indefinidamente... aunque sea el propio enfermo quien se niegue a dejarnos partir. Media hora es un promedio apropiado. Ahora bien, si el paciente está muy grave, o se está recuperando de una operación quirúrgica reciente, no permanezca en su habitación por más de cinco o diez minutos.
- La mayoría de los hospitales siguen normas inflexibles en lo que se refiere a la alimentación de las personas ingresadas. Por lo tanto, no lleve comidas (de ningún tipo... caramelos, chocolates, galletitas). Si insiste en llevar un presente (no es imprescindible), elija unas flores, revistas, un buen libro... Una pequeña planta, fácil de cuidar, es siempre apropiada.
- El enfermo puede agradecer la atención personalmente, mediante una llamada telefónica, o enviándole una breve notita.
- Durante la visita al enfermo, hable en voz baja.
- Como regla general, no fume. Usted se encuentra en un espacio limitado y cerrado, y el olor a nicotina puede molestar a otros. No lo haga aunque el enfermo esté fumando y le ofrezca un cigarrillo.
- Ejerza cierta discreción al preguntarle al enfermo por su estado de salud. El "¿Se siente mejor?" es suficiente; así no colocará al enfermo en la posición difícil de tener que hablar de su enfermedad cuando en realidad lo más probable es que quiera olvidar el estado en que se encuentra.
- Si usted es la enferma, evite contar detalles de su enfermedad, y mucho menos los pormenores de la operación quirúrgica a la que ha sido sometida, por ejemplo. La morbosidad –consciente o inconsciente– siempre denota falta de gusto y de tacto.
- Y si usted está visitando a una persona enferma, apártese de hacer las

comparaciones. El "Eso no es nada... A mí...", y comenzar con una explicación morbosa de una enfermedad que se haya podido experimentar, es de mal gusto y falta elemental a las reglas de la etiqueta. La conversación intrascendente y agradable es la más apropiada para estas visitas rápidas, en las que siempre debe existir un ambiente de optimismo y positivismo en general.

- Si usted es la paciente, mantenga su pulcritud en todo momento. Una se puede sentir muy mal (en ese caso, no reciba visitantes), pero tampoco puede mostrar falta de consideración hacia los demás mostrando una imagen negativa, de decaimiento y depresión. Maquillarse ligeramente, peinarse, aplicarse una buena crema en la cara y en el cuerpo, y un perfume sensacional pueden hacer milagros por su imagen... ¡hasta por su estado de salud!

- Si debe hospitalizarse por una operación de cirugía plástica, no reciba visitantes... ¡ni siquiera a las amigas más íntimas!

- Si comparte la habitación con otro paciente, evite el exceso de visitantes y las conversaciones en voz alta. Si recibe un visitante (o varios) y su compañera de habitación está sola, preséntelos. Si ella está acompañada, no es necesario hacer las presentaciones de rigor.

- No monopolice el receptor de la televisión, si comparte el mismo con su compañera de habitación. Preguntarle si prefiere ver determinado programa, antes de sintonizarlo, es una forma de ser amable y muestra su elegancia (lo mismo se aplica a la radio). Elija programas neu-

---

MUY IMPORTANTE

Muchas personas se intranquilizan o deprimen ante una situación de enfermedad grave, o de muerte inminente. En estos casos, la tendencia general casi siempre es abandonar al amigo o familiar enfermo, y excusarse bajo el falso pretexto de que no se toleran las situaciones de este tipo. Si usted realmente estima a un amigo enfermo de gravedad, si quiere tener con él una última atención elegante, visítelo y proyecte su optimismo objetivo, sin falsedades. Ese esfuerzo especial de su parte, y esa sinceridad en momentos trascendentales pueden tener un valor muy grande para la persona enferma.

trales, de efectos dramáticos mínimos.

■ Igualmente, si comparten un mismo teléfono, sea breve en todas sus conversaciones.

■ Al terminar en el cuarto de baño, compruebe siempre que todo queda en orden para que así lo encuentre su compañera de habitación.

LOS FUNERALES...

Una muerte es siempre una experiencia traumática, sobre todo si la persona fallecida era un familiar querido, un amigo, o una persona con la cual acostumbrábamos a tratar en el mundo de los negocios. Sin embargo, es preciso tener en cuenta que los funerales son igualmente acontecimientos sociales que deben ser regidos por las normas de la etiqueta.

■ Si la persona fallecida es un miembro inmediato de nuestra familia, es imprescindible que un miembro de la familia se encargue de hacer los arreglos pertinentes con la funeraria, servicio religioso, cementerio, etc. Esta persona debe mantener la calma en todo momento y actuar en una forma objetiva, ya que estará tomando decisiones que representarán gastos, a veces considerables. Y antes de iniciar sus pasos en ese sentido, es importante que se sostenga una breve reunión entre los miembros más importantes y responsables de la familia, para determinar las responsabilidades económicas de cada uno, hasta que se aclaren situaciones de cuentas de bancos, seguros, herencia, etc. de la persona fallecida.

■ Otro miembro de la familia debe encargarse de compilar una lista de las personas más allegadas para informarles del fallecimiento. Esto puede hacerse por teléfono, con los demás familiares y amigos más íntimos.

■ Si una de estas personas muy allegadas reside en otra ciudad, o en el extranjero, igualmente debe ser notificada por teléfono... inmediatamente.

■ Asimismo, se debe enviar una notificación del fallecimiento a los periódicos, los cuales por una tarifa determinada publican una esquela con toda la información al respecto, incluyendo la funeraria donde el cadáver ha sido expuesto, si se aceptan flores o no, la fecha y hora del entierro. La esquela familiar es firmada por los miembros inmediatos de la familia de la persona fallecida, y todos los diarios más importantes tienen modelos –de diferentes tamaños y precios– que pueden orientar en el momento de la selección.

■ Desde luego, la esquela familiar puede no ser la única. Se acostumbra que si la persona fallecida trabajaba en una posición importante para una empresa determinada, ésta también publique su esquela (firmada con el nombre de la empresa). Pero también los amigos de la persona fallecida pueden publicar otras esquelas como muestras de luto y dolor.

1
EN LA FUNERARIA

■ Velar a los muertos es una costumbre que se remonta en la Historia a épocas ya difíciles de definir... y la tradición ha llegado hasta nuestros días, aunque simplificada por las necesidades y conceptos impuestos por la dinámica de la vida moderna.

■ Hasta no hace muchos años, la tradición requería que los muertos fueran velados en su propia casa... con todos los traumas emocionales que esto provocaba, sobre todo en el caso de que hubiera niños en la familia. Afortunadamente, las funerarias han venido a ofrecer un servicio tan eficiente en este sentido, con un personal tan especializado, que ya son muy pocas las personas que insisten en continuar esa tradición obsoleta (en algunos países, inclusive los reglamentos sanitarios lo prohiben).

■ A menos que al anunciar el fallecimiento de una persona se especifique que sus funerales serán estrictamente privados (únicamente para miembros inmediatos de la familia), se espera que todos los amigos, compañeros y conocidos del difunto asistan a la funeraria o al entierro (o a ambos).

■ También en este sentido, las reglas de la etiqueta son actualmente mucho más flexibles. Antes era costumbre que tanto los hombres como mujeres que asistían a un velorio, vistieran un traje o vestido oscuro (preferiblemente negro). En la actualidad se puede llevar ropa de cualquier color, evitando siempre los colores estridentes y los diseños exagerados que, lógicamente, no van con la formalidad y sobriedad de la situación. También se exige discreción en cuanto al uso de joyas y accesorios, los cuales deben mantenerse en un mínimo. Discreción es el término de rigor en este sentido

- Las personas más allegadas al difunto (o los familiares de éste) suelen enviar arreglos especiales de flores a la funeraria, así como sus compañeros de trabajo, asociados de negocios, y los miembros de clubes o instituciones a los que éste perteneciera.

- Antes de encargar las flores a una floristería, es preciso asegurarse del nombre de la funeraria en la que el cadáver ha sido tendido, así como del nombre del difunto. También es importante estar pendiente de la hora fijada para el entierro, para evitar que la ofrenda floral llegue tarde.

- Algunas familias –por decisión propia o siguiendo los deseos de la persona fallecida– no aceptan recibir flores en la funeraria. En muchos de estos casos se solicita que la ofrenda sea entregada en efectivo a una institución benéfica determinada, destinada a decir misas por el alma del difunto.

- Los familiares de la persona fallecida deberán llevar un registro de las ofrendas recibidas, de manera que más tarde puedan enviar una breve notita de agradecimiento a todos. Muchas funerarias grandes tienen organizado el recibo de las flores de tal manera que automáticamente registran el nombre de la persona que las envió, y finalmente le entregan una lista completa de ofrendas recibidas a los familiares del difunto.

- El comportamiento de todas las personas asistentes al velorio debe mantenerse dentro del mayor respeto. Hablar en voz baja, y evitar situaciones ajenas al momento, es un requisito indispensable.

- Al llegar a la capilla en la funeraria, los visitantes deben dirigirse directamente hacia el lugar donde se encuentran los familiares más cercanos de la persona fallecida. El pésame debe limitarse a unas breves palabras que expresen su pesar ("Lo siento" es muy apropiado), y a menos que usted sea alguien muy allegada a la familia, evite prolongar su saludo con comentarios emotivos que sólo lograrán exacerbar el dolor de todos los afectados.

- Una vez expresado el pésame, retírese hacia los asientos que se colocan junto a la capilla.

- A menos que usted haya tenido algún tipo de relación muy cercana con la persona fallecida, no es correcto arrodillarse junto al cadáver para rezar. Las plegarias pueden ser hechas en conjunto, y dirigidas por un sacerdote.

■ ¿Cuál es el tiempo prudencial para permanecer en la funeraria? Entre una y dos horas, no más.

■ Antiguamente era costumbre que los familiares del difunto lo velaran durante todo un día y su noche. Hoy, cada día es mayor el número de personas que prefieren permanecer en la funeraria hasta una hora determinada (generalmente las 9 p.m.) y entonces retirarse a sus casas para regresar al día siguiente, temprano (a las 7 a.m.). Esto no debe interpretarse –en ninguna forma– como una falta de respeto o de amor hacia la persona fallecida. Es, simplemente, aceptar que el dolor moral hace estragos incalculables en nuestro organismo, y que es preciso reparar las energías perdidas con el sueño.

2
EN EL ENTIERRO

■ Muchas personas allegadas a la persona fallecida insisten en asistir al entierro (aunque ya hayan expresado su pésame a los familiares en la funeraria). Para hacerlo, tenga presente que el lugar de reunión para el cortejo fúnebre es la propia funeraria, una hora antes de la salida del mismo. Sí, hoy se acepta que las mujeres asistan a la ceremonia del entierro.

■ Generalmente el cortejo fúnebre es precedido por un servicio religioso en el que usted puede tomar parte o no, dependiendo de su preferencia religiosa.

■ El carro fúnebre inicia el cortejo, seguido por un carro (o varios) especial donde se depositan todas las ofrendas florales recibidas. Le sigue el automóvil que conduce a los miembros inmediatos de la familia del difunto, y detrás de ellos (uno tras otro) siguen los automóviles de los demás familiares y amigos.

■ Una vez en el cementerio, uno de los familiares inmediatos del difunto determinará quiénes cargarán simbólicamente el féretro hasta la tumba; el grupo (entre cuatro y diez personas) está generalmente integrado por hombres.

■ Es posible que alguien pronuncie una elegía de despedida la persona fallecida; no se aplaude, por emotiva que ésta haya sido.

■ Al terminar el entierro, los acompañantes se despedirán de los familiares de la persona fallecida, y abandonarán el lugar en la forma más discreta posible.

■ Si el cadáver es cremado, las cenizas son entregadas a los familiares inmediatos en una pequeña urna para que éstos las conserven o las esparzan en algún lugar apropiado.

LOS ANIMALES Y LA ETIQUETA ACTUAL

Si tiene animales en su casa o apartamento, es indispensable que éstos estén debidamente entrenados para que se observen ciertas reglas elementales de higiene y buena conducta. Además...

■ Tenga presente en todo momento que –lo mismo que sucede con los niños– los animales deben estar regidos por una disciplina. Permitir que actúen a su antojo es una falta elemental a las reglas de la etiqueta. Entrénelos para que obedezcan voces de mando y respeten los límites que se le impongan (desde muy pequeños).

■ En las casas donde hay animales, la limpieza debe ser frecuente y exhaustiva... es la única forma segura de evitar olores desagradables y la presencia de cualquier tipo de insecto o parásito. También es conveniente que se usen fragancias atomizables para refrescar el ambiente (hay muchas en el mercado).

■ Los gatos tienen costumbres diferentes, y prefieren una vasija con arena de cualquier tipo para hacer sus necesidades. De cualquier forma, esta arena debe ser limpiada con frecuencia y cambiada periódicamente para evitar olores desagradables.

■ Los hábitos de comida de los animales deben ser igualmente establecidos y controlados por sus amos. Nada más perjudicial para la disciplina de un perro que la costumbre de presentarle la comida y dejarla ante él indefinidamente si no la ingiere inmediatamente. En primer lugar, la comida puede deteriorarse y producir olores desagradables. Además, puede atraer a otros animales, así como alterar los hábitos digestivos de su mascota. Muy importante:

(1) Sirva la comida a su mascota a una misma hora todos los días.

(2) Déjela servida durante quince minutos o media hora, ¡no más!

(3) Si transcurrido este tiempo prudencial aún no ha sido ingerida, retírela hasta la siguiente hora de comida.

(4) Recuerde que cuando pequeños, los animales comen con más frecuencia y que es conveniente alimentarlos varias veces en el día. Ya de adultos, una sola vez es suficiente.

Esta es la única forma de establecer hábitos de comida positivos en su mascota, sobre los cuales sea usted quien mantenga el control en todo momento. Lógicamente, los horarios de sus animalitos para hacer sus necesidades físicas estarán regidos por la alimentación, y de esta manera usted puede regularlos de acuerdo con sus propios horarios de trabajo, estudios, etc.

■ Si vive en un apartamento y tiene un perro, por ejemplo, es imprescindible que lo saque a caminar a determinadas horas para que el animal se ejercite y para permitirle la oportunidad de que haga sus necesidades físicas. Llévelo siempre con los arreos debidos; es una forma de protección para el animal y para evitar que pueda molestar a cualquier persona. Procure que camine por la calle, junto al borde de la acera, de manera que cualquier desperdicio pueda ser eliminado por los equipos de recogedores de basura.

■ Los animales y las visitas no son compatibles... aunque la visita le asegure que le fascinan. Disponga de un lugar apropiado para mantener su mascota en estas situaciones.

■ Vacune regularmente a sus mascotas; cumpla con los requisitos del departamento de control de animales.

■ Tampoco los animales deben ser llevados de visita a otras casas, por muy bien entrenados que estén. Es incorrecto preguntar a una persona que se va a visitar si le importaría que llevara con usted a su perrito o gatito, ya que la estaría colocando ante la difícil situación de tener que aceptar (para no ofenderla) o negarse (para defender sus propios intereses).

■ ¿Un animal embarazado? Asígnele un lugar determinado en la casa para que se acostumbre al mismo; ése será el lugar donde va a parir. Cerciórese de que le está dando la alimentación adecuada, y en este sentido es el veterinario quien mejor puede aconsejarla (quizás le recomiende un complemento de vitaminas). Una vez que nazca la cría, manténgala dentro de determinados límites, preferiblemente los que asignó originalmente a su mascota embarazada.

■ Si va de viaje, comprometer a una amiga o familiar para que cuide de sus animales domésticos es una decisión muy personal que usted debe analizar cuidadosamente. No hay duda de que se trata de una gran responsabilidad para la persona que quede al tanto de sus animales, además de un trabajo. Considere también la alternativa de hospedarlos en un hotel-para-animales (hay muchos en casi todas las ciudades de España y América Latina), por una tarifa determinada. En todo caso, asegúrese de explicar cuidadosamente las instrucciones en lo que se refiere a la alimentación del animalito (horarios, medicamentos, tipo de comida, a la que está acostumbrado, etc.).

■ Los animales domésticos deben ser examinados periódicamente por el veterinario, para eliminar la posibilidad de parásitos v la presencia de insectos...

■ No permita que los niños molesten a los animales con sus juegos.

■ Igualmente, se deben cumplir reglas estrictas en lo que se refiere a su aseo, ya sea en un establecimiento especializado o en la propia casa. Utilice siempre los productos apropiados (champús y talcos que suavicen su piel, productos atomizables contra las plagas, etc.). Desde luego, los perros de determinadas razas requieren cortes especiales de pelo, los cuales deben ser realizados únicamente por un estilista capacitado.

■ Si decide llevar su mascota de viaje, compruebe con anticipación que será admitida en el hotel donde usted haga su reservación. Asimismo, adquiera jaulas especiales para su transporte, e infórmese sobre cualquier restricción que pueda tener la línea aérea por la que considera viajar, o el país que va a visitar. Haga su reservación a tiempo, e informe que está viajando con un perro, gato...

■ Su veterinario puede aconsejarla en lo que se refiere a la alimentación de su mascota antes del viaje. También puede ofrecerle algún tipo de sedativo que la relaje para evitar al máximo la excitación que puede provocarle el sentirse en un ambiente que le es desconocido.

■ Una última recomendación: tener una mascota no constituye una obligación... es un privilegio que produce una satisfacción personal, ¡inmensa! Por lo tanto, si no está segura de que puede atenderla en la forma debida y satisfacer sus necesidades físicas y emocionales, es preferible no tenerla.

APENDICE I

HABLEMOS DE VINOS...

¿QUE SIGNIFICAN ESTOS TERMINOS?

■ **ACABADO:** Es esa sensación que perdura en la boca una vez que el vino es bebido. Si el *acabado* es perfecto, no deja sabor amargo; tampoco provoca acidez. Lo que permanece es una agradable sensación de calor en la boca. El *acabado* es una característica que –lamentablemente– pocos vinos alcanzan.

■ **ACIDEZ:** Es un término que se utiliza para referirse al sabor fuerte del vino. Todos los vinos necesitan un determinado grado de *acidez,* sin el cual sería débil. Pero si ese grado de *acidez* es alto, el vino no resulta agradable al paladar.

■ **AROMA:** Es el conjunto de fragancias que encierra todo vino. El *aroma* de un vino describe las características de la uva de la cual fue elaborado.

■ **AUSTERIDAD:** Se refiere a la sequedad de un vino blanco, y es empleado con referencia al *Chablis* y a otros *vinos de Borgoña.*

- **BALANCE:** El término hace referencia al equilibrio armónico que existe entre los elementos fundamentales de un vino... *sequedad, aroma, bouquet, cuerpo y acabado.* En los vinos de alta calidad, cada uno de estos elementos complementa el otro... ninguno debe sobresalir.

- **BOUQUET:** Equivale al *aroma* del vino, pero se diferencia de éste en que el *bouquet* se refiere a la esencia del vino que es lograda durante el proceso de envejecimiento del mismo (el *aroma,* en cambio, es la esencia de la uva). MUY IMPORTANTE: *bouquet* es un término que no se utiliza cuando nos referimos a los llamados "vinos nuevos"; es decir, de elaboración más reciente.

- **COLOR:** ¡Cuidado con los vinos de apariencia turbia! El color del vino debe ser siempre transparente, absolutamente transparente. Un buen vino blanco, seco, tendrá una ligera tonalidad amarillo-verdosa; en los vinos dulces se detectan algunos destellos dorados. Los vinos tintos son ligeramente violáceos cuando jóvenes, y van adquiriendo sus tonos marrones característicos a medida que envejecen.

- **CONTENIDO DE ALCOHOL:** Se refiere al índice de alcohol que contiene el vino, el cual debe oscilar entre un 9% y un 13%. Los vinos blancos, con un contenido de alcohol más alto, por lo general tienen más *cuerpo.* Es importante tener presente que los vinos con bajo *contenido de alcohol* deben consumirse pronto ya que no envejecen bien.

- **CUERPO:** Está determinado por la sensación que el vino produce en la lengua, donde se hallan las papilas gustativas que nos permiten percibir los sabores.

■ **FINEZA:** Es un término subjetivo que se emplea para referirse a las diferentes cualidades de un vino: *cuerpo, color y terminado.* La *fineza* resume esa calidad exquisita que sólo tienen los mejores vinos.

■ **FLORIDO:** El término se refiere a la ligera fragancia a flores que tienen algunos vinos, la cual puede ser detectada, por ejemplo, en algunos *vinos del Norte de Italia,* así como en los *vinos alemanes de Mosel.*

■ **PERLAJE:** Es el rosario de pequeñas burbujas de los vinos espumosos que al llegar a la superficie de la copa no estalla sino que se adhiere a las paredes formando una especie de corona.

■ **PIERNAS:** Un término usado sólo por los grandes conocedores de vinos. Se refiere a la marca que el vino deja en la copa al ser bebido y volver a asentarse. El vino de más cuerpo, el más espeso, se asienta con mayor rapidez.

■ **SECO:** Especifica la ausencia de sabor dulce en un vino.

■ **SEDIMENTO**: Es el depósito (o residuo) que dejan algunos vinos, generalmente los que mejoran su calidad al envejecer.

(1) En los vinos blancos el *sedimento se* presenta en forma de cristales en el fondo de la botella;

(2) en los vinos tintos puede adoptar la forma de una corteza o de hojuelas de tonalidades marrón. El sedimento en un vino es una buena señal... dice mucho sobre su calidad. Pero cuidado: si el vino es servido en un restaurante, este sedimento no debe pasar a la copa. La forma de asegurarse de esto es pedirle al camarero que lo "decante"; es decir, que lo pase a un recipiente de boca ancha, de manera que el vino "respire".

■ **VAINILLA:** Sugiere ese ligero sabor a vainilla que adquieren algunos vinos debido a la "vanilina" que está presente en el roble del que se fabrican los barriles en los que el vino es almacenado. También este sabor es más intenso cuando el barril es joven... La *vainilla* puede ser detectada en algunos *vinos de Burdeos y de Borgoña.*

CLASIFICACION

A

■ **ALSACIANO:** Blanco, seco... elaborado en Francia, en la provincia de Alsacia, junto al río Rín.

■ **AMONTILLADO:** Se trata de un jerez español, con ligero

bouquet y *sabor* a nueces. Es un vino seco. Su nombre sugiere que imita el sabor de los vinos de Montilla, en la región española próxima a la ciudad de Córdoba.

B

■ **BARDOLINO:** Vino tinto italiano; es muy ligero. Su color es casi rosado, y es elaborado en la ciudad de Bardolino (en las proximidades de Verona, en el Norte de Italia). Generalmente se toma muy joven, y tiene sabor a frutas.

■ **BAROLO:** Es producido en la región del Piemonte, casi en la frontera de Italia con Francia. Es un vino tinto, de color muy intenso. Está considerado como uno de los mejores vinos europeos.

■ **BARSAC:** Es un vino blanco, elaborado en la región de Burdeos (Francia), con ligero sabor a frutas.

■ **BEAUJOLAIS:** Tinto. Es producido en la región de Borgoña (al norte de Lyon, Francia). Se sirve fresco, y se bebe mientras es muy joven.

■ **BLANC DE BLANCS:** Es un vino blanco, elaborado con uvas blancas. Tradicionalmente el término "Blanc de Blancs" ha identificado a un tipo de champagne, aunque actualmente el nombre es empleado por otros vinicultores. Se refiere a un champagne que es elaborado exclusivamente de uvas *chardonnay.*

■ **BORDEAUX:** Tinto o blanco, elaborado en los alrededores de la ciudad francesa de Burdeos, una de las regiones vinícolas más importantes de Francia. Se considera que es un vino elegante.

■ **BORGOÑA:** Tinto o blanco. Elaborado en la región de Borgoña, (no lejos de París, Francia). Los *vinos de Borgoña* generalmente son el resultado de la mezcla de diferentes vinos de un área determinada, por lo que la reputación del fabricante es muy importante al ser elegido. Los *vinos tintos de Borgoña* son elaborados con uva *pinot noir;* los *vinos blancos* con uva *chardonnay.*

C

■ **CABERNET SAUVIGNON:** Es un vino tinto, fuerte, producido en California (Estados Unidos). Muchos lo consideran el mejor vino elaborado en ese país. Como su nombre sugiere, en su elaboración sólo se emplean las uvas *cabernet sauvignon.*

■ **CASILLERO DEL DIABLO:** Excelentes vinos chilenos, elaborados por "Concha y Toro" empresa creada en Chile en 1883 por el Marqués de Concha y Toro. El *vino tinto* es producido con uvas *cabernet sauvignon* y añejado por dos años. Su cuerpo es extraordinario. El vino blanco es añejado por un tiempo limitado. Suele servirse frío.

- **CAVA:** Vino espumoso español elaborado en Cataluña por el *método champanés* tradicional, muy similar al champagne francés, aunque de precio más bajo. El *cava* puede ser *brut, brut natural, seco, semiseco* y *dulce,* según la cantidad de vino añejo o azúcar agregada. El *cava brut* es ideal para acompañar platos de carnes y pescados. Para platos a base de salsa, es más apropiado el *cava seco.* Los postres se sirven con *cava semidulce,* y cualquiera es ideal como aperitivo. Las marcas más conocidas de *cava* son *Codorniú y Freíxenet,* aunque existen muchas otras.

- **CHABLIS:** Blanco, seco. Es elaborado en la ciudad del mismo nombre –cerca de París (Francia)– exclusivamente con uvas *chardonnay.* Su color es ligeramente pajizo.

- **CHAMBERTIN:** Tinto, elaborado en la región de Borgoña (Francia). Era el vino preferido por Napoleón y su corte. Su precio es elevado.

- **CHAMPAGNE:** Es el vino por excelencia, elaborado en la región de Champagne, junto a la ciudad de Reims (Francia). En su elaboración se utilizan determinadas variedades de uvas, y su calidad depende principalmente de la firma que lo manufactura. Tal es el orgullo que Francia tiene en la elaboración de su champagne, que la producción anual en litros en la elaboración de su champagne es controlada por el gobierno, para cerciorarse así de su calidad y evitar la saturación del mercado internacional (vea la *Etiqueta del Champagne,* página 224). Puede ser servido con cualquier tipo de comida, incluyendo los postres.

- **CHIANTI:** Tinto. Es elaborado en la región de Toscana, al sur de Florencia (Italia). Se bebe joven y es considerado como un vino refrescante, probablemente el más popular de los vinos tintos italianos.

- **CLARET:** Es un término que se utiliza indistintamente para identificar al vino francés de Burdeos. Ver **BORDEAUX**.

- **CLICQUOT:** Vea *Etiqueta del Champagne* (página 224).

- **CODORNIU:** Vea **CAVA**.

- **COGNAC:** Es uno de los *brandys* franceses de más alta calidad, producido en la ciudad de Cognac, en el suroeste de Francia.

Generalmente se deja envejecer en barriles de roble por un tiempo determinado (entre dos y cinco años).

■ **CONCHA Y TORO:** Vea **CASILLERO DEL DIABLO**.

■ **CONDE DEL MAULE:** Vino blanco chileno, elaborado con la uva *sauvignon blanc*. Se debe servir frío. También en la región de San Clemente (Talca, Chile) se elabora el *Conde del Maule tinto*, muy apropiado para servir con platos a base de carne. Debe servirse a temperatura ambiente.

■ **CORTAILLOD:** Rosado. Es producido en la región junto al Lago Neuchatel (Suiza), y está considerado como el mejor vino suizo.

■ **COTE DE BEAUNE:** Tinto o blanco. Elaborado en la región conocida como Cote d'Or, cerca de Borgoña (Francia). Es un vino suave.

■ **COTE DE NUITS:** Tinto. Elaborado en la región de la Cote d'Or (Francia).

■ **COTE DU RHONE:** Vino tinto. Elaborado en la región junto al río Ródano entre Lyon y Avignon (Francia).

D

■ **DEZALEY:** Es un vino suizo blanco, seco, y elaborado con las uvas de la región norte del Lago Lemán (Ginebra), al este de Lausana.

F

■ **FINO:** Jerez español, seco. Generalmente se bebe muy joven.

■ **FREIXENET:** Vea **CAVA**.

G

■ **GRAND DAME:** Vea *Etiqueta del Champagne* (página 224).

■ **GRAVES:** Estos vinos pueden ser tintos o blancos, y son elaborados en la región de Burdeos (Francia). Su sabor oscila entre seco y semi-dulce.

H

■ **HERMITAGE:** Vino tinto, uno de los mejores vinos elaborados en el valle del río Ródano (Francia). Su sedimento característico hace necesario que sea decantado antes de ser servido. Su calidad mejora a medida que envejece.

J

■ **JEREZ:** Elaborado en la región próxima a Jerez de la Frontera (España). Vea **AMONTILLADO, FINO** y **MONTILLA**.

■ **JOHANNISBERG:** Vino blanco, alemán. Es elaborado de las uvas que crecen en las márgenes del río Rín. Ofrece un excelente *bouquet*.

L

■ **LACRIMA CHRISTI:** Vino blanco, elaborado en la región próxima a Nápoles (Italia), de las uvas que crecen en las laderas del volcán Vesuvio. Las palabras "del Vesuvio" identifican al *Lacrima Christi* original de versiones que se elaboran en otras regiones de Italia.

■ **LIEFRAUMILCH:** Vino blanco, dulce y fuerte. Es elaborado en Alemania, en las márgenes del río Rín, y su nombre significa "Leche de la Madre Bendita".

M

■ **MACON:** Vinos tintos y blancos, producidos al sur de la Borgoña, en Francia.

■ **MADEIRA (VINOS DE):** El término se refiere a vinos que son elaborados en la isla de Madeira (posesión portuguesa en el Océano Atlántico). Su sabor fluctúa desde muy seco hasta muy dulce. Son altamente apreciados en la preparación de algunos platos gourmet, y generalmente se toman como aperitivos o con el postre.

■ **MANZANILLA:** Es similar al jerez, sumamente seco. Se elabora en la región al oeste de Jerez (España), y su color se va oscureciendo a medida que envejece.

■ **MARGAUX:** Vino tinto, francés. Tiene una textura sedosa, delicada y un perfume dulce.

■ **MARSALA:** Elaborado en la región de Marsala, en Sicilia (Italia). Generalmente es servido como aperitivo.

■ **MEDOC:** Vinos tintos, franceses, de superior calidad. Se elaboran al norte de Burdeos, y generalmente son conocidos por los nombres de *Lafite, Latour, Mouton-Rothschíld*.

■ **MONTILLA:** Vino aperitivo español, producido cerca de la ciudad de Córdoba. Tiene alto contenido de alcohol, y un sabor muy delicado. Muchas veces se presenta como vino de mesa.

■ **MONTRACHET:** Vino blanco. Es, probablemente, el mejor

vino blanco elaborado en Francia (con uvas *chardonnay*). Tiene un sabor muy suave, y muchos conocedores lo califican de extraordinario.

- **MOSELLE:** Vino blanco, alemán. Elaborado de las uvas que crecen en los viñedos junto al río Mosela (Moselle). Los llamados "vinos del Mosela" tienen cierto sabor a flores, y un ligero tono verdoso.
- **MOULIN-A-VENT:** Vino tinto, francés. Tiene un color intenso y debe permitirse que envejezca hasta por espacio de diez años.
- **MUSCADET:** Vino blanco, del Valle del Loira (Francia). Seco, con ligero sabor a frutas.
- **MUSIGNY:** Un vino de Borgoña (Francia), sumamente delicado.

N

- **NEUCHATEL:** Estos vinos pueden ser tintos o blancos, y se elaboran en Suiza, en la región junto al Lago Neuchatel. El vino blanco de esta variedad está considerado por los catadores como mejor que el tinto.

O

- **OPORTO:** Vino dulce, elaborado en la región de Oporto (Portugal). Es ideal para servir como aperitivo, o con los postres.
- **ORVIETO:** Vino blanco, italiano. Tiene sabor dulce.

P

- **PAUILLAC:** Vino tinto, francés. Tiene cuerpo y un formidable bouquet.
- **PINOT CHARDONNAY:** Vino blanco, elaborado en California (Estados Unidos). Está considerado como el mejor vino blanco de mesa producido en los Estados Unidos.
- **POMEROL:** Vino tinto, elaborado en la región próxima a Burdeos (Francia). Está considerado como uno de los mejores vinos de Burdeos, y su textura aterciopelada y su sabor profundo hacen que sea altamente apreciado por los conocedores.
- **POMMARD:** Vino tinto, de la Borgoña (Francia). Tiene un ligero sabor a frutas.
- **POUILLY FUME:** Vino blanco, del Valle del Loira (Francia). Es seco, y generalmente está elaborado con la uva *sauvignon*. Debe ser consumido uno o dos años después de embotellado.

R

- **RESERVA DE TALCA:** Vino chileno (blanco, rosé y tinto). El blanco y el rosé deben ser servidos fríos; el tinto a temperatura ambiente.

- **RETSINA:** Vino blanco, elaborado en Grecia. Tiene un marcado sabor a resina debido a que el pino es empleado en su proceso de fermentación.

- **RIN (VINO DEL):** Vinos blancos, elaborados con las uvas riesling que crecen junto a las márgenes del río Rín, en Alemania.

- **RIOJA:** Vino tinto, español, elaborado en la región del río Ebro. Es más ligero que el vino francés de Burdeos, con un contenido de alcohol más bajo; su costo es moderado.

- **ROMANEE-CONTI:** Vino tinto elaborado en la región de Borgoña (Francia).

- **ROSE:** Es un término francés que significa "rosado", y que identifica el color de estos vinos. Deben ser servidos siempre fríos y bebidos mientras son jóvenes. Dependiendo de la marca, pueden ser secos o dulces.

S

- **SAINT EMILION:** Vinos tintos, de la región de Burdeos (Francia). Son ricos y fuertes. Los mejores son *Cheval Blanc,* más rico, y elaborado cerca de Pomerol. También es bueno el *Chaeau Ausone.*

- **SAINT JULIEN:** Vino tinto, suave, elaborado en la región de Burdeos (Francia).

- **SANCERRE:** Vino blanco, elaborado en la región del Valle del Loira (Francia).

- **SANTENAY:** Vinos tintos y blancos elaborados en la región Cote d'Or, en la Borgoña francesa. Sus precios son moderados, y la calidad de los vinos tintos es considerada mejor que la de los vinos blancos.

- **SAUMUR:** Vino blanco, ligeramente burbujeante. Elaborado en la región del Valle del Loira (Francia).

- **SALITERNES:** Vino blanco, elaborado en la región de Burdeos (Francia). Tradicionalmente son vinos que se sirven con los postres, y pueden envejecer por varios años (el tiempo acentúa su sabor).

- **SOAVE:** Italiano, blanco y seco. Se elabora en el norte de Italia, y se recomienda beberlo antes de tres años después de embotellado.

T

▪ **TAVEL:** Vino rosé, elaborado en la región del río Ródano, al Norte de Avignon (Francia). Tiene un sabor y un bouquet fuertes. Debe ser consumido antes de los dos años después de embotellado.

▪ **TERLANO:** Es un vino blanco, italiano. Seco, de sabor fuerte.

V

▪ **VALLE DEL LOIRA (VINOS DEL):** Generalmente son vinos blancos, elaborados con las uvas que crecen en los viñedos junto a las márgenes del río Loira, en Francia. También hay algunos vinos del Valle del Loira que son tintos.

▪ **VERMOUTH:** Es un vino con sabor a hierbas, semillas, raíces y especias. Generalmente se sirve como aperitivo. También se mezcla para preparar cócteles. El elaborado en Francia es pálido y seco; en Italia es rojo intenso y dulce.

▪ **VEUVE CLICQUOT:** Vea *Etiqueta del Champagne* (página 224).

▪ **VOLNAY:** Vino tinto, elaborado en la región de Borgoña (Francia). Suave y delicado.

▪ **VOLIVIRAY:** Vino blanco, elaborado en la región del Valle del Loira (Francia). Puede ser seco o burbujeante.

APENDICE **II**

LOS 30 COCTELES MAS POPULARES

1
BELLINI

Ingredientes:
- ❐ Champagne
- ❐ Albaricoques frescos (pelados y cortados en rodajas)
- ❐ Cubitos de hielo

Cómo se prepara:
- ❐ En la licuadora, vierta los albaricoques frescos y los cubitos de hielo.
- ❐ Bata.
- ❐ Sírvalo en copas de champagne, y agregue el champagne frío a su gusto.

2
BLACK RUSSIAN

Ingredientes:
- ❐ 2 onzas de vodka
- ❐ 2 onzas de licor de café
- ❐ Cubitos de hielo

Cómo se prepara:

☐ Bata bien los ingredientes en una coctelera,
☐ Cuele la mezcla y viértala sobre cubitos de hielo en un vaso corto (enfríelo previamente).

3
BLOODY MARY

Ingredientes:

☐ 2 onzas de vodka (o ginebra)
☐ Unas gotas de Tabasco
☐ Unas gotas de Salsa Worcestershire
☐ Unas gotas de zumo de limón
☐ Una pizca de sal
☐ Una pizca de sal de apio
☐ 3 onzas de jugo de tomate

Cómo se prepara:

☐ Coloque todos estos ingredientes en una coctelera con cubitos de hielo.

- ❏ Agite bien.
- ❏ Sírvalo en un vaso alto de cóctel (pasando la mezcla por el colador). Puede decorarlo con un tallo de apio o con una rodaja de limón.

4
BRANDY ALEXANDER

Ingredientes:
- ❏ 1 onza de Crema de Cacao
- ❏ 2 onzas de cognac
- ❏ 1 onza de leche de vaca
- ❏ Cubitos de hielo

Cómo se prepara:
- ❏ Mezcle todos los ingredientes en una coctelera y sirva en copas de cóctel.
- ❏ Si así lo prefiere, puede espolvorearlo con canela en polvo.

5
CAMPARI CON SODA

Ingredientes:
- ❏ 3 1/2 onzas de Campari
- ❏ 5 1/2 onzas de agua de soda
- ❏ Cubitos de hielo

Cómo se prepara:
- ❏ Mezcle el Campari y la soda en un vaso alto de cóctel.

6
CHAMPAGNE COCKTAIL

Ingredientes:
- ❏ Champagne
- ❏ 1 cucharadita de zumo de limón
- ❏ Unas gotas de angostura

☐ 1/2 cucharadita de azúcar

Cómo se prepara:

☐ En una copa de champagne, mezcle el azúcar y las gotas de angostura.

☐ Rellene la copa con el champagne frío... y no revuelva.

☐ Si así lo prefiere, puede decorar con una cascarita de limón.

7
CUBA LIBRE

Ingredientes:

☐ 2 onzas de ron blanco
☐ Coca Cola
☐ El zumo de 1/2 limón
☐ Cubitos de hielo

Cómo se prepara:

☐ Vierta el ron directamente sobre los cubitos de hielo, en un vaso de cóctel.

☐ Rellene el vaso con la Coca Cola.

☐ Agregue el zumo de limón, y revuelva.

8
DAIQUIRI

Ingredientes:

☐ 2 onzas de ron blanco
☐ 1/2 onza de zumo de limón
☐ 1/2 cucharadita de azúcar
☐ Hielo

Cómo se prepara:

☐ Puede hacerlo en la coctelera (preparando antes las copas con hielo frapé), o en la licuadora. En este caso, coloque los cubitos de hielo para que adquieran forma frapé.

☐ Sírvalo en copas que haya enfriado previamente.

- Si lo prefiere, puede aumentar la cantidad de azúcar... será un Daiquirí más dulce.

Otras variaciones:

- **DAIQUIRI MULATA:** sustituya el azúcar refinado por azúcar moreno.
- **DAIQUIRI DE FRESA:** agregue a la receta básica del Daiquirí 112 onza de crema de fresa y 1/2 taza de fresas frescas (o congeladas).
- **DAIQUIRI DE PLATANO:** agregue a la receta básica del Daiquirí 1/2 onza de crema de plátano, 1/2 onza de zumo de limón, y un plátano maduro (no muy grande).

DESTORNILLADOR: Vea **SCREWDRIVER**.

9
FLAUTA MAGICA

Ingredientes:
- Champagne
- Cointreau
- Zumo de limón

Cómo se prepara:
- En una copa de champagne, eche un golpe de Cointreau.
- Rellene la copa con el Champagne frío.
- Agregue unas gotas de zumo de limón.

10
GIN FIZZ

Ingredientes:
- 2 onzas de ginebra
- El zumo de 1/2 limón
- 2 cucharaditas de azúcar
- Cubitos de hielo

Cómo se prepara:

- ❏ Vierta todos los ingredientes en la coctelera y bata bien.
- ❏ Sírvalo en vasos largos y rellene los mismos con soda.
- ❏ Si lo prefiere, puede añadir una guinda. También, algunas personas prefieren añadir una clara de huevo a la mezcla anterior para darle mayor consistencia a este coctel.

11
GIN TONIC
(GIN & TONIC)

Ingredientes:

- ❏ 2 onzas de ginebra
- ❏ 1 rodaja de limón
- ❏ Agua tónica
- ❏ Cubitos de hielo

Cómo se prepara:

- ❏ Coloque los cubitos de hielo en un vaso alto, y sobre ellos exprima el limón.
- ❏ Agregue entonces la ginebra y rellene (lentamente) el vaso con el agua tónica.
- ❏ Revuelva bien.
- ❏ Si prefiere, puede decorar con una rodaja de limón.

12
GRASS-HOPPER

Ingredientes:

- ❏ 1 onza de crema de menta verde
- ❏ 1 onza de crema·de cacao
- ❏ 1 onza de crema

Cómo se prepara:

- ❏ Vierta todos los ingredientes en una coctelera.
- ❏ Agite con fuerza.
- ❏ Sirva en copas de cóctel.

13
MAI-TAI

Ingredientes:
- ❑ 3 onzas de ron blanco
- ❑ 1 cucharadita de Triple Seco
- ❑ 2 cucharaditas de zumo de limón
- ❑ 1 cucharadita de extracto de almendras
- ❑ 1 cucharadita de sirope de azúcar
- ❑ Hielo

Cómo se prepara:
- ❑ Mezcle en la coctelera y agite.
- ❑ Sirva en vasos altos.
- ❑ Puede decorarlo con una rodaja de limón o piña.

14
MANHATTAN

Ingredientes:
- ❑ 1 onza de vermouth (italiano, dulce)
- ❑ 3 onzas de whisky
- ❑ Unos cubitos de hielo
- ❑ Unas gotas de angostura (si lo prefiere)

Cómo se prepara:
- ❑ Coloque todos los ingredientes en la coctelera.
- ❑ Agite.
- ❑ Sirva en vasos de cóctel.

Variaciones:
- ❑ **DRY MANHATTAN:** sustituya el vermouth dulce por otro que sea seco (francés).

15
MARGARITA

Ingredientes:
- ❏ 3 onzas de tequila blanco
- ❏ 1 onza de Triple Seco
- ❏ Unas gotas de zumo de limón
- ❏ Cubitos de hielo

Cómo se prepara:
- ❏ Mezcle muy bien todos los ingredientes con hielo picadito, y bata fuertemente.
- ❏ Sírvalo en una copa de cóctel, pero previamente humedezca sus bordes con zumo de limón y sal.

16
MARTINI

Ingredientes:
- ❏ 2 onzas de ginebra
- ❏ 1/2 onza de vermouth seco
- ❏ Cubitos de hielo

Cómo se prepara:
- ❏ Agite bien todos los ingredientes, incluyendo el hielo.
- ❏ Sirva en copas especiales (con cubitos de hielo).
- ❏ Si así lo prefiere, puede decorarlo con una aceituna.

Otras variaciones:
- ❏ Si prefiere el **MARTINI MUY SECO,** utilice sólo unas gotas de vermouth y disminuya también la cantidad de ginebra.
- ❏ **MARTINI CON RON:** Sustituya la ginebra en la receta clásica del Martini por ron blanco. Puede decorar con una cascarita de limón.
- ❏ **MARTINI EN LA ROCA:** Es la misma receta del Martini clásico, pero en vez de mezclar los ingredientes en una coctelera, éstos deben ser servidos directamente sobre cubos de hielo en un vaso *old fashioned.*

17
MIMOSA

Ingredientes:
- Champagne
- Jugo de naranja

Cómo se prepara:
- Mezcle iguales porciones de Champagne y de jugo de naranja.
- No agregue cubitos de hielo, ya que puede diluir la bebida.

18
PIÑA COLADA

Ingredientes:
- 4 onzas de jugo de piña
- 3 onzas de ron
- 2 onzas de crema de coco
- Hielo

Cómo se prepara:
- Mezcle todos los ingredientes en la batidora (incluyendo el hielo) y bata.
- Sirva en vasos *old fashioned;* decore con una guinda y con rodajas de piña.

RON Y COCA COLA: Vea **CUBA LIBRE**.

19
ROYAL KIR

Ingredientes:
- Champagne
- Un golpe de Crema de Casis

Cómo se prepara:

- ❏ Eche el golpe de Crema de Casis en una copa de champagne.
- ❏ Rellene con el Champagne. ¡Ideal para el desayuno!

20
SARATOGA

Ingredientes:
- ❏ 2 onzas de cognac
- ❏ Unas gotas de marrasquino
- ❏ Unas gotas de angostura
- ❏ Unas gotas de jarabe de piña (o jugo, en su defecto)
- ❏ Soda
- ❏ Cubitos de hielo

Cómo se prepara:
- ❏ Bata bien todos los ingredientes en la coctelera.
- ❏ Sirva en vasos largos.
- ❏ Rellene con el agua de soda.

21
SCOTCH & AGUA

Ingredientes:
- ❏ 2 onzas de scotch
- ❏ Agua
- ❏ Cubitos de hielo

Cómo se prepara:
- ❏ Vierta el scotch sobre los cubitos de hielo, en un vaso *old fashioned*.

22
SCOTCH EN LA ROCA

Ingredientes:
- ❏ 2 onzas de scotch
- ❏ Cubitos de hielo

Cómo se prepara:
- [ ] Vierta el scotch sobre los cubitos de hielo, en un vaso *old fashioned*.
- [ ] Mueva bien para enfriar.

23
SCREWDRIVER

Ingredientes:
- [ ] 2 onzas de vodka
- [ ] Jugo de naranja
- [ ] 1 rodaja de naranja
- [ ] Cubitos de hielo

Cómo se prepara:
- [ ] En un vaso alto, eche los cubitos de hielo.
- [ ] Vierta el vodka sobre los mismos.
- [ ] Rellene el vaso con jugo de naranja.
- [ ] Puede decorar con la rodaja de naranja.

Otras variaciones:
- [ ] **SCREWDRIVER CON RON:** Sustituya el vodka en la receta clásica del Screwdriver por ron blanco.
- [ ] **SCREWDRIVER CON TEQUILA:** Sustituya el vodka en la receta clásica del Screwdriver por tequila. Vierta todos los ingredientes (incluyendo los cubitos de hielo) en la licuadora, y vierta seguidamente en copas de cóctel, previamente enfriadas.

24
SIDECAR

Ingredientes:
- [ ] 2 onzas de cognac
- [ ] 1 onza de Cointreau
- [ ] 1 onza de zumo de limón
- [ ] 1 cucharadita de azúcar
- [ ] Cubitos de hielo

Cómo se prepara:
- ❐ Vierta todos los ingredientes en una coctelera.
- ❐ Bata bien.
- ❐ Sirva en copas de cóctel.
- ❐ Puede decorarlo con una guinda.

25
STINGER

Ingredientes:
- ❐ 2 onzas de cognac
- ❐ 1/2 onza de crema de menta

Cómo se prepara:
- ❐ Mezcle bien los dos ingredientes con hielo.
- ❐ Sirva en una copa de Martini, previamente enfriada.

26
TEQUILA SUNRISE

Ingredientes:
- ❐ 1 onza de tequila
- ❐ 5 onzas de jugo de naranja
- ❐ 1 onza de granadina
- ❐ Cubitos de hielo

Cómo se prepara:
- ❐ En un vaso alto, vierta la granadina y los cubitos de hielo.
- ❐ Agregue el tequila.
- ❐ Rellene el resto del vaso con jugo de naranja.

27
TOM COLLINS

Ingredientes:
- ❐ 2 onzas de ginebra

- ❒ 2 cucharaditas de azúcar
- ❒ 3 onzas de zumo de limón
- ❒ Soda
- ❒ 1 rodaja de limón
- ❒ Cubitos de hielo

Cómo se prepara:
- ❒ Mezcle todos los ingredientes (exceptuando la soda) con los cubitos de hielo.
- ❒ Sirva en un vaso alto con cubitos de hielo.
- ❒ Rellene con la soda.
- ❒ Puede decorarlo con una guinda, con la rodaja de limón, e inclusive con una rodaja de naranja.

Otras variaciones:
- ❒ **RON COLLINS:** La misma receta básica del Tom Collins, pero sustituya la ginebra por ron blanco.

28
VODKA EN LA ROCA

Ingredientes:
- ❒ 3 onzas de vodka
- ❒ 1 cáscara de limón
- ❒ Cubitos de hielo

Cómo se prepara:
- ❒ Vierta el vodka sobre los cubitos de hielo en un vaso *old fashioned*.
- ❒ Agregue la cáscara de limón.

29
VODKA TONIC

Ingredientes:
- ❒ 3 onzas de vodka
- ❒ Soda
- ❒ 1 rodaja de limón

☐ Cubitos de hielo

Cómo se prepara:
☐ Mezcle todos los ingredientes en un vaso alto.
☐ Utilice la rodaja de limón para decorarlo.

30
WHISKEY SOUR

Ingredientes:
☐ 3 onzas de whisky
☐ 1 onza de zumo de limón
☐ 1 cucharadita de azúcar
☐ 1 rodaja de naranja
☐ Cubitos de hielo

Cómo se prepara:
☐ En una coctelera, bata bien todos los ingredientes anteriores.
☐ Pase por un colador antes de servir, de manera que el hielo no pase a la copa (alargada y estrecha).
☐ También puede utilizar una copa de cóctel para servirlo.
☐ Puede decorarlo con una guinda.

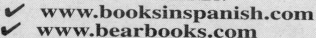

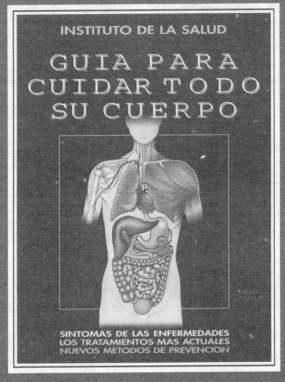

TODO SOBRE EL CANCER

A pesar de la guerra definitiva que hoy se libra contra el cáncer, los especialistas están de acuerdo que, para poder detectarlo en sus fases iniciales (mientras aún puede ser controlado) es fundamental que la persona esté informada. ¿Está usted al día sobre LO ULTIMO EN CANCER? Este libro le ofrece toda la información necesaria para prevenir el cáncer y controlar los muchos factores de riesgo que causan esta enfermedad. Además, le permite identiviar los más leves síntomas del cáncer que comienza, y las opciones de tratamiento más efectivas. **(U.S.$5.95)**

LAS MEJORES CURAS Y REMEDIOS NATURALES

La Naturaleza nos proporciona todas las formas para curarnos sin tener que recurrir a fórmulas químicas que todavía ningún científico ha logrado determinar cómo actúan en nuestro organismo. Este libro ofrece ALTERNATIVAS NATURALES a todos los productos químicos que el hombre promedio actual infiere en su afán por "mantenerse saludable", y que sólo logran saturarlo de toxinas y sustancias nocivas. ¡Un libro esencial para prolongar sus años de vida!
(U.S.$5.95)

¡PARA PROTEGER SU SALUD!

ESTRATEGIAS PARA BAJAR DE PESO... ¡COMIENDO!

No es un libro más de las tantas "dietas milagrosas" que se ponen de moda cada cierto tiempo. Ha sido escrito por una GORDA-DE-TODA-LA-VIDA que ha sufrido en carne propia todos los complejos y frustraciones que significa cargar con kilos de más.

Si tiene un exceso de peso del cual no logra librarse, este libro le ayudará a perder kilos en una forma sensata, y realista... sin mayores sacrificios. Incluye **Menús de 1000, 1200 y 1500 calorías** y la **Tabla de calorías** (U.S.$5.95)

TRASTORNOS DIGESTIVOS

El sistema digestivo es uno de los más importantes del cuerpo humano. Sin embargo, rara vez alguna molestia menor (como pueden ser las diarreas, el dolor de estómago, o la acidez estom-acal nos llevan a consultar la situación con el médico. ¿Qué puede hacer usted para prevenir los desajustes de su sistema digestivo? Informarse debida-mente; aprender a identificar sus síntomas; y mantenerse al día sobre los nuevos tratamientos que permiten controlar (y prevenir) el desarrollo de las enfermedades digestivas. ¡Este libro le informa! (U.S.$5.95)

LIBROS POR CORREOS...

CONFLICTOS CONYUGALES

Cuando el amor une a una pareja, ésta piensa que ese sentimiento es eterno y que la unión será para toda la vida. Pero... ¿sucede así? ¡No siempre! Los conflictos conyugales surgen en cualquier momento. Muchos pueden ser resueltos; otros pueden resquebrajar el matrimonio más feliz y estable. Este libro considera muchos de los problemas que con más frecuencia amenazan hoy la felicidad conyugal: desde la falta de armonía sexual hasta el egoísmo en la intimidad de la pareja. **(U.S.$5.95)**

CONFLICTOS EMOCIONALES DEL NIÑO

Todo niño nace con un temperamento que comienza a manifestarse desde muy temprano, aunque se define más una vez que el bebé comienza a caminar, a hablar, y a incorporarse cada vez más a la vida en familia. No obstante, no hay duda de que la educación y el medio ambiente en que el niño crece (y la influencia de los padres) son factores que prevalecen en su desarrollo emocional. Este libro orienta a los padres para ayudar al niño en este proceso. **(U.S.$5.95)**